Etudes Françaises

Grundgrammatik

von
Hans-Wilhelm Klein
und
Hartmut Kleineidam

Neubearbeitung

Ernst Klett Verlag
Stuttgart Düsseldorf Leipzig

Etudes Françaises

Grundgrammatik

von
Professor Dr. Hans-Wilhelm Klein, Aachen;
Professor Dr. Hartmut Kleineidam, Duisburg.

Neubearbeitung
von
Professor Wolfgang Fischer, Sindelfingen.

Weitere Mitarbeit:
Dr. Günter Freitag, Münster i. W.; Klaus-Dieter Schnierl, Bückeburg;
Sabine Rongère-Schnierl, Bückeburg; Michel Vincent, Essen.

Verwendete Symbole und Abkürzungen:

F/D	Vergleich des Französischen mit dem Deutschen
F/E	Vergleich des Französischen mit dem Englischen
☞	Symbol für Zusatzinformationen und besondere Lernschwierigkeiten
> / <	wird zu / wird gebildet aus
m / f	masculin / féminin
N / Sg / Pl	Nomen / Singular / Plural
S / V / advB	Subjekt / Verb / adverbiale Bestimmung
dirO / indO	direktes Objekt / indirektes Objekt

Bei Querverweisen beziehen sich die fettgedruckten Zahlen auf die Paragraphen, Zahlen im Normaldruck auf Unterpunkte innerhalb derselben.

1. Auflage A 1 15 14 13 12 | 2015 14 13 12

Alle Drucke dieser Auflage können im Unterricht nebeneinander benutzt werden, sie sind untereinander unverändert.
Die letzte Zahl bezeichnet das Jahr dieses Druckes.

Internetadresse: http://www.klett-verlag.de

Redaktion: Thomas Eilrich

Umschlag: Christian Dekelver, Weinstadt.
Satz: Karlheinz Häussler, Aichwald und DTP Verlag.
Druck: Beltz Druckpartner GmbH & Co. KG, Hemsbach.
Printed in Germany.
ISBN 3-12-521715-6

9 783125 217157

Vorwort

Etudes Françaises – Grundgrammatik ist eine lehrwerkunabhängige systematische Grammatik. Sie ist gedacht zum wiederholenden und vertiefenden Lernen in der Schlussphase und nach Abschluss der Arbeit mit dem Lehrwerk: sie wendet sich also primär an Schülerinnen und Schüler der ausgehenden Sekundarstufe I und der Sekundarstufe II. Diesem Lernniveau entsprechend enthält die *Grundgrammatik* alle diejenigen Inhalte, die nach den Lehrplänen in der Jahrgangsstufe 11–13 der Gymnasien und beruflichen Gymnasien als bekannt vorausgesetzt werden oder noch zu erarbeiten bzw. zu vertiefen sind. Darüber hinaus verweist sie auf einige seltenere Formen und Konstruktionen der geschriebenen Sprache, die in den meistgelesenen Texten dieser Altersstufe vorkommen und daher einer Erklärung bedürfen.

Die *Grundgrammatik* beruht auf den gleichen Prinzipien der grammatischen Beschreibung wie die *Grammatik des heutigen Französisch*, geht aber in der Auswahl und Darstellung der Inhalte eigene Wege. Die für die Adressaten neu bedachte Auswahl der grammatischen Inhalte spiegelt sich in der Betonung der Formenlehre und der elementaren Satzgrammatik wider und setzt in den einzelnen Kapiteln eigene Schwerpunkte. Der primären Konzeption des Buches als Lerngrammatik entsprechen in zahlreichen Fällen neue, adressatengemäße Darstellungen. Dazu gehören neben den sprachlich einfachen, häufig situativ eingebetteten Beispielen die einprägsame Gestaltung des Regelwortlauts und die systematische Steuerung der Aufmerksamkeit durch

- Hinweise auf besondere Lernschwierigkeiten,
- Hinweise auf fehlerträchtige Sprachkontraste sowie durch
- nach Wichtigkeit gestufte Zusatzinformationen.

Zur Neubearbeitung

« Car le mot, qu'on le sache, est un être vivant ». (Victor Hugo)
Veränderung ist eines der Grundgesetze der Sprache. Daher ist es nur folgerichtig, wenn ein so bewährtes Standardwerk wie die *Grundgrammatik* nach fast zehn Jahren eine Neubearbeitung erfährt. Neu aufgenommen wurden u.a. Erscheinungen des *code oral*, die in der Zwischenzeit zum *français standard* gehören, Toleranzen und Reformansätze (*rectifications*), welche heute als Alternativen gleichberechtigt sind. Außerdem sollten Anregungen und Hinweise aus dem Kreis der Benutzer eingearbeitet werden. Dabei entstand keine neue Grammatik: die inhaltliche Konzeption sowie die Gliederung des Werkes blieben unangetastet.

Das Hauptaugenmerk der Neubearbeitung gilt vor allem einer übersichtlicheren und benutzerfreundlicheren Darstellung grammatischer Sachverhalte. Durch die Verringerung inhaltlich bedingter Kästchen sollen der Lesefluss gewährleistet und Zusammenhänge deutlich gemacht werden. Nach lernpsychologischen Gesichtspunkten gewählte farbliche Abstufungen und teilweise neugestaltete Symbole heben wichtige Elemente heraus, erleichtern aber auch die rasche Orientierung. Die gewählten Beispiele sind aktualisiert und möglichst schülernah formuliert. Zahlreiche metasprachliche Ausführungen wurden so weit wie möglich behaltenswirksam vereinfacht, gerafft oder konkretisiert.

Benutzer, die einen auf Französisch geführten Grammatikunterricht gewöhnt sind, erhalten in einem zweisprachigen *Verzeichnis der grammatischen Begriffe* terminologische Hilfestellung. Neu aufgenommen wurden zudem Auszüge aus den *Rectifications de l'orthographe* von 1990. Zu guter Letzt ermöglicht ein deutlich erweitertes *Wort- und Sachregister* zielsicheres und zeitsparendes Auffinden des jeweiligen grammatischen Phänomens.

Inhalt

Kapitel 5: Die Pronomen

Kapitel 6: Das Verb und seine Formen

Kapitel 7: Das Verb und seine Ergänzungen

Inhalt

Kapitel 13: Indikativ und Subjonctif im untergeordneten Satz

Kapitel 14: Gérondif – Participe présent – Adjectif verbal

Kapitel 15: Der Gebrauch der Tempora

Anhang

1 Das Nomen

1 Die grammatischen Eigenschaften des Nomens

1. Das Nomen, auch Substantiv genannt, kann im Französischen **maskulin** (masculin) oder **feminin** (féminin) sein.
   Es steht entweder im **Singular** (le singulier) oder im **Plural** (le pluriel). – Beispiele:

	Singular		**Plural**	
Maskulinum	le joueur	**der** Spieler	les joueurs	**die** Spieler
Femininum	la joueuse	**die** Spielerin	les joueuses	**die** Spieler**innen**
Maskulinum	le vélo	**das** Fahrrad	les vélos	**die** Fahrr**äder**
Femininum	la voiture	**das** Auto	les voitures	**die** Auto**s**
Maskulinum	l' ordinateur	**der** Computer	les ordinateurs	**die** Computer
Femininum	l' usine	**die** Fabrik	les usines	**die** Fabrik**en**

- Das französische Nomen ist also – wie das deutsche – nach **Genus** (le genre) und **Numerus** (le nombre) bestimmt.
- Abweichend vom Deutschen gibt es im Französischen kein Neutrum.

2. Das französische Nomen hat in der Regel einen **Begleiter** (le déterminant) bei sich, z. B. einen **Artikel** (l'article):

	Maskulinum		**Femininum**	
Singular	le camion	[ləkamjõ]	la voiture	[lavwatyr]
Plural	les camions	[lekamjõ]	les voitures	[levwatyr]
	(Schriftbild)	***[Lautbild]***	***(Schriftbild)***	***[Lautbild]***

- Der Begleiter kennzeichnet den **Numerus** (Singular und Plural) des Nomens.
- Im Singular kennzeichnet er vor konsonantischem Anlaut auch das **Genus**.
- Vor Vokal und *h muet* werden *le* und *la* zu *l'* verkürzt. In diesem Fall und im Plural ist das Genus des Nomens nicht am Artikel zu erkennen:
  l'ami [lami] – *l'amie* [lami]; *les‿amis* [lezami] – *les‿amies* [lezami]; *l'hôtel* [lotɛl] – *les‿hôtels* [lezotɛl].
- Da das französische Nomen in der Regel keine **hörbaren** Pluralendungen hat, wird der Numerus der meisten Nomen im **Lautbild** nur durch den Begleiter markiert.
- Im **Schriftbild** erkennt man den Plural außerdem an der nicht hörbaren Pluralendung (meist *-s*).

3. Das Nomen ist das wichtigste Element der **Nominalgruppe** (le groupe nominal).
   Diese besteht in ihrem **Kern** (le noyau) aus Begleiter + Nomen.
   Die Nominalgruppe kann in verschiedener Weise **erweitert** werden. – Beispiele:

Kern der Nominalgruppe	une		voiture	
Erweiterte Nominalgruppe	une	vieille	voiture	
	ma	vieille	voiture	de sport
	cette	vieille	voiture	de sport, que j'ai achetée il y a 10 ans

- Innerhalb der Nominalgruppe stimmen die Begleiter und die Adjektive mit dem Nomen in Genus und Numerus überein.

Maskulinum und Femininum – Le masculin et le féminin

2 Bezeichnungen für Lebewesen

Bei Nomen, die Menschen und größere Säugetiere bezeichnen, entspricht das **Genus** oder **grammatische Geschlecht** (maskulin und feminin) in der Regel dem natürlichen Geschlecht (männlich und weiblich). Bei vielen dieser Nomen wird das Genus darüber hinaus auch durch die **Endung** (la terminaison, la désinence → 1) oder durch unterschiedliche **Wortstämme** (le radical → 2) markiert. Einige Personenbezeichnungen haben jedoch nur eine (hörbare) Form für beide natürlichen Geschlechter (→ 3/4).

1. Nomen mit unterschiedlichen Endungen für Maskulinum und Femininum

			Endungen	
un Français une Française	un Anglais une Anglaise	un Marseillais une Marseillaise	**-ais** **-aise**	[-ɛ] [-ɛz]
un bourgeois une bourgeoise	un villageois une villageoise	un Danois (Däne) une Danoise	**-ois** **-oise**	[-wa] [-waz]
un Allemand une Allemande	un Normand (Normanne) une Normande	un marchand (Händler) une marchande	**-and** **-ande**	[-ɑ̃] [-ɑ̃d]
un correspondant une correspondante	un habitant une habitante	un étudiant une étudiante	**-ant** **-ante**	[-ɑ̃] [-ɑ̃t]
un client une cliente	un adolescent une adolescente	un président une présidente	**-ent** **-ente**	[-ɑ̃] [-ɑ̃t]
un avocat une avocate	un candidat (Kanditat) une candidate	un lauréat (Preisträger) une lauréate	**-at** **-ate**	[-a] [-at]
un Africain une Africaine	un Américain (Amerikaner) une Américaine	un Romain (Römer) une Romaine	**-ain** **-aine**	[-ɛ̃] [ɛn]
un voisin une voisine	un cousin une cousine	un gamin (Bub) une gamine (kl. Mädchen)	**-in** **-ine**	[-ɛ̃] [-in]
un lycéen une lycéenne	un Européen une Européenne	un Autrichien une Autrichienne	**-(i)en** **-(i)enne**	[-(j)ɛ̃] [(j)ɛn]
un champion une championne	un patron (Chef) une patronne	un Breton (Bretone) une Bretonne	**-(i)on** **-(i)onne**	[-(j)õ] [-(j)ɔn]
un ouvrier une ouvrière	un étranger une étrangère	un cuisinier une cuisinière	**-(i)er** **-(i)ère**	[-(j)e] [-(j)ɛr]
un chanteur une chanteuse	un employeur une employeuse	un danseur une danseuse	**-eur** **-euse**	[-œ] [-øz]
un directeur une directrice	un instituteur une institutrice	un électeur une électrice	**-teur** **-trice**	[-tœr] [-tris]
un âne une ânesse	un prince (Prinz, Fürst) une princesse	un hôte (Gast, Gastgeber) une hôtesse	**-e** **-esse**	[-] [-ɛs]

☞ un copain – une copine

2. Nomen mit unterschiedlichen Wortstämmen im Maskulinum und Femininum

un **homme** – une **femme**	le **mari** – la **femme**	le **neveu** – la **nièce**
un **fils** – une **fille**	le **frère** – la **sœur**	le **coq** – la **poule**
un **garçon** – une **fille**	le **père** – la **mère**	le **roi** – la **reine**
un **monsieur** – une **dame**	l' **oncle** – la **tante**	l' **empereur** – l' **impératrice**

3. *Nomen mit nur einer hörbaren Form für Maskulinum und Femininum*

[ɛ̃nelɛv]	**un** élève	**un** camarade	**un** interprète	**un** journaliste
[ynelɛv]	**une** élève	**une** camarade	**une** interprète	**une** journaliste
[ɛ̃nɛ̃vite]	**un** invité	**un** employé	**un** blessé	**un** ami
[ynɛ̃vite]	**une** invitée	**une** employée	**une** blessée	**une** amie

- Im **Lautbild** wird bei diesen Nomen das Genus in der Regel **nur** durch den **Begleiter** oder aber gar nicht gekennzeichnet; vgl. [sɛtelɛv] = cet élève oder cette élève.
- Im **Schriftbild** ist das Femininum bei den Nomen, die auf *-é* oder *-i* enden, zusätzlich durch ein nicht hörbares *-e* markiert.

4. *Nomen mit nur maskuliner Form für beide natürlichen Geschlechter*

Mme Gilbert est **un** très bon **médecin.**
Le nouveau **ministre** de la Santé est **une femme.**
Mme Legrand est **le professeur** de français de notre fils.
(**Aber** Kurzform: **la** prof de français.)
Le témoin le plus important de l'accident, c'est **Nicole.**

Nomen mit nur maskuliner Form:

l'architecte	le maire
l'auteur	le médecin
le chef	le ministre
le député	le professeur
l'écrivain	le reporter
l'ingénieur	le témoin

☞
- Geht das Femininum aus dem Zusammenhang nicht hervor, so kann es durch das Wort *femme* eindeutig bezeichnet werden. – Beispiel: Il y a aujourd'hui plus |de **femmes ingénieurs** qu'autrefois.
|d'**évrivains femmes** qu'autrefois.
- Einige wenige Nomen haben eine feminine Form für beide natürlichen Geschlechter.
  Beispiele: Gérard Depardieu est **une vedette** de cinéma très connue. ... ein Filmstar
  Charles et Serge sont **de(s) vieilles connaissances.** ... alte Bekannte.

3 Bezeichnungen für Dinge

Bei Nomen, die keine Lebewesen bezeichnen, hat das Genus rein grammatische Funktion.
Allgemeingültige Regeln für die Erkennbarkeit des Genus gibt es nicht.
In einigen Fällen gestattet der **Wortausgang** die Bestimmung des Genus.

1. *Endungen zur Kennzeichnung maskuliner Nomen*

-age	le courage, le visage, le garage **Aber: la** page, **la** plage, **une** image	**-et**	le filet, le billet, un objet
		-ier	le papier, le métier, le cahier
-ail	le travail, le détail	**-in**	le dessin, le magasin, le raisin
-al	le canal, un hôpital, un animal	**-isme**	le tourisme, le nationalisme
-eau	le bureau, le panneau, le manteau **Aber: une** eau minérale, **la** peau	**-ment**	le département, un instrument, le logement
-ent	le talent, l'argent, le vent **Aber: la** dent	**-oir**	le trottoir, le mouchoir le devoir, un espoir

☞ Bei den **einsilbigen Nomen** ***la** page* und ***la** plage* gehört *-age* zum Wortstamm, ebenso in ***une** image*, ***une** cage* (Käfig), ***la** rage* (Wut), ***la** nage* (Schwimmen).
Das Gleiche gilt für *-ent* in ***le** vent*, ***la** dent* und für *eau* in ***une** eau*.

2. Endungen zur Kennzeichnung femininer Nomen

-ade	la promenade, la salade	**-esse**	la jeunesse (Jugend), la vieillesse (Alter)
-ance	la connaissance, une ambulance	**-ise**	la bêtise, une crise
-ence	la différence, une expérience **Aber:** le silence	**-sion**	la décision, la conclusion, la télévision
		-tion	la protection, la nation
-ée	la journée, une idée, une arrivée **Aber:** le lycée, le musée	**-ité**	la nationalité, l'autorité, la réalité
		-tié	la moitié, une amitié
-erie	la boulangerie, la boucherie	**-ure**	la voiture, une couverture

3. Das Genus der Namen von Ländern, Regionen, Departements und Flüssen

la France, la Suisse, l'Allemagne, l'Italie; la Bretagne, la Drôme. **Aber:** le Mexique	le Canada, le Venezuela, le Japon, le Maroc, le Danemark; le Languedoc, le Calvados
la Loire, la Seine, la Moselle, la Saône [son] **Aber:** le Rhône, le Danube (Donau)	le Rhin, le Mississippi, le Saint-Laurent **Aber:** la Ruhr (Ruhr; Ruhrgebiet)

- **Feminin** sind die Namen der meisten Länder, Regionen, Departements und Flüsse, die im **Schriftbild** auf *-e* enden.
- **Maskulin** sind die Namen der meisten Länder, Regionen, Departements und Flüsse, die im **Schriftbild nicht** auf *-e* enden.

☞
- Die Namen der Kontinente sind feminin: l'Afrique noire, l'Asie centrale, l'Europe unie.
- Die Namen von Automarken und -typen sind feminin, also:
  une Citroën, **une** Peugeot, **une** Renault, **une** 306, **une** Mercedes, **une** Mégane.
- Die Namen fast aller Bäume sind maskulin: **un** chêne (Eiche), **un** pommier (Apfelbaum), **un** sapin (Tanne).

4 Nomen mit ähnlichem Lautbild und unterschiedlichem Genus im Französischen und Deutschen

F/D *1. Nomen, die im Französischen maskulin sind*

le banc	die (Sitz-)Bank	**un** épisode	eine Episode	**un** opéra	eine Oper
le chocolat	die Schokolade	le geste	die Geste	le parti	die Partei
le CD	die CD	le groupe	die Gruppe	le rôle	die Rolle
le contrôle	die Kontrolle	le mark	die Mark	le tube	die Tube
le domaine	die Domäne	le numéro	die Nummer	**un** uniforme	eine Uniform

sowie
- die Nomen auf *-age*: ***un** étage, **le** garage, **le** reportage, **le** visage* u. a. (vgl. **3**,1);
- die Nomen, die **Zahlen** bezeichnen: ***le** nombre, **le** zéro, **un** cinq, **un** million, **un** milliard.*

Unterscheide: le banc [bɑ̃] (Sitzbank) – la banque [bɑ̃k] (Geldinstitut); le parti (Partei) – la partie (Teil).

F/D *2. Nomen, die im Französischen feminin sind*

une auto	ein Auto	la photo	das Foto	la rime	der Reim
la danse	der Tanz	la planète	der Planet	la salade	der Salat
la date	das Datum	la place	der Platz	la salle	der Saal
une interview	ein Interview	la radio	das Radio	la vitamine	das Vitamin

1 Das Nomen

☞ ***Gleichlautende Nomen mit unterschiedlichem Genus (Homonyme)***

Im Französischen gibt es eine Reihe gleichlautender Nomen, deren Bedeutung durch das Genus unterschieden wird. – Unterscheide:

un	critique	ein Kritiker	**le** parti	die Partei
une	critique	eine Kritik	**la** partie	der Teil
un	livre	ein Buch	**le** physique	das Aussehen einer Person
une	livre	ein Pfund	**la** physique	die Physik
le	mode	die Art und Weise; der Modus	**le** poste	der Posten, die Stellung
la	mode	die Mode	**la** poste	die Post, das Postamt
le	moral	die Stimmung	**le** tour (de France)	die Rundfahrt, Tour
la	morale	die Moral	**la** tour (Eiffel)	der Turm.

Singular und Plural – Le singulier et le pluriel

5 Nomen ohne hörbare Pluralform

Die meisten französischen Nomen haben keine **hörbare** Pluralform.
Im **Lautbild** wird der Numerus dieser Nomen **nur** durch den Begleiter markiert. – Beispiele:

Singular:	[ləlivr]	[lafam]
Plural:	[lelivr]	[lefam]

Bei vokalisch und mit *h muet* anlautenden Nomen wird der Plural im Lautbild doppelt gekennzeichnet: durch den Begleiter **und** durch die Bindung (la liaison) des Begleiters mit dem Nomen. – Beispiele:

Singular:	[lɑ̃fɑ̃]	[sɔ̃nɑ̃fɑ̃]	[listwar]	[sɔ̃nistwar]
Plural:	[lezɑ̃fɑ̃]	[sezɑ̃fɑ̃]	[lezistwar]	[sezistwar]

Beispiele	Im **Schriftbild** wird der Numerus doppelt gekennzeichnet:
le livre / les livres; la femme / les femmes; un enfant / des enfants	• durch den **Begleiter** und, im Plural, • durch ein nicht hörbares *-s* am Wortende.
un bateau / des bateaux; le tuyau / les tuyaux Rohr	Ein nicht hörbares *-x* als Pluralzeichen haben • die Nomen auf *-eau* und auf *-au*;
un cheveu / des cheveux; un feu / des feux; **Aber:** un pneu / des pneus	• die meisten Nomen auf *-eu*.
un cours / des cours; le prix / les prix; un gaz Gas / des gaz	**Unverändert** bleiben • Nomen, die im Singular auf *-s*, *-x*, *-z* enden.
les Meunier die Familie Meunier (die Schreibung mit **-s** wird toleriert: les Meuniers, les Rigots)	• Eigennamen, die die ganze Familie bezeichnen.
un Concorde / des Concorde; une Peugeot / des Peugeot; un Martini / des Martini	• Typen-, Firmen- und Markenbezeichnungen.

☞ Die Nomen auf *-ou* erhalten bis auf wenige Ausnahmen ein Plural-*s*:

le cou (Hals) les cous	le trou (Loch) les trous	le clou (Nagel) les clous	**Aber:** le genou (Knie) les genoux	le chou (Kohl) les choux.

6 Nomen mit hörbarer Pluralform

	le journal les journaux	un animal des animaux	le canal les canaux	**-al** [-al] **-aux** [-o]	● Die **meisten** Nomen auf *-al* bilden den Plural auf *-aux*.
Aber:	les festivals	les bals	Tanzfeste u. a.		
	le travail les travaux	le vitrail les vitraux	Kirchen- fenster	**-ail** [-aj] **-aux** [-o]	● Ebenso **einige** Nomen auf *-ail*.
Aber:	les détails	les rails	Schienen u. a.		

Sonderformen:

madame **mesdames**	mademoiselle **mesdemoiselles**	(un) monsieur (des) **messieurs**
un œil [ɛ̃nœj] des **yeux** [dezjø]	un œuf [ɛ̃nœf] des œufs [dezø]	le bœuf [ləbœf] les bœufs [lebø]

☞ ● Einige Nomen werden im Französischen **nur im Plural** gebraucht, z. B.

les honoraires *m*	das Honorar	les environs *m*	die Umgebung
les mathématiques *f*	die Mathematik	les épinards *m*	der Spinat.

● Einige Nomen haben in Singular und Plural **unterschiedliche Bedeutung**.

Unterscheide:				
	un échec	ein Misserfolg	**les** échecs	das Schachspiel
	le fruit	die Frucht	**les** fruits	das Obst
	la lunette	das Fernrohr	**les** lunettes	die Brille
	la toilette	die Körperpflege	**les** toilettes	die Toilette.

7 Der Plural der zusammengesetzten Nomen

Im Plural können nur diejenigen Teile des zusammengesetzten Nomens ein Pluralzeichen erhalten, die auch bei Einzelgebrauch zwischen Singular und Plural unterscheiden, nämlich **Nomen** und **Adjektive**. Verbale Bestandteile sind grundsätzlich unveränderlich.

1. une station de métro des stations de métro	un thé au citron des thés au citron	**Nomen + Präpositionalgruppe (mit *à* oder *de*):** ● Nur das erste Nomen (Grundwort) erhält ein Pluralzeichen.
une salle de séjour des salles de séjour	une pomme de terre des pommes de terre	
un marché aux puces des marchés aux puces	une brosse à dents des brosses à dents	**Beachte:** Bei einigen Komposita steht das Bestimmungswort immer im Plural.
une salle de bains des salles de bains		

2. une cassette vidéo des cassettes vidéo	un timbre -poste des timbres-poste	**Nomen + Nomen:** • Wenn das zweite Nomen das erste im Sinne einer präpositionalen Ergänzung näher bestimmt, erhält nur das Grundwort ein Pluralzeichen.
un club -théâtre des clubs-théâtre	une station -service des stations-service	
un train -navette des trains-navettes	un café -tabac des cafés-tabacs	• Wenn die Nomen im Sinne einer Verknüpfung mit ‚und' nebengeordnet sind, erhalten beide ein Pluralzeichen.
3. mon grand -père mes grands-pères	un petit déjeuner des petits déjeuners	**Adjektiv + Nomen/Nomen + Adjektiv:** • Beide bekommen ein Pluralzeichen.
une carte postale des cartes postales	le personnage principal les personnages principaux	
4. un ouvre-bouteille des ouvre-bouteilles*	un chasse-neige des chasse-neiges*	**Verb + Nomen:** • Das Verb bleibt unverändert. • Das Nomen erhält ein Pluralzeichen.
un porte-monnaie des porte-monnaies*		
5. un après-midi des après-midis*	un sans-abri des sans-abris*	**Präposition + Nomen:** • Die Pluralmarkierung erscheint nur beim Nomen. • Das Nomen erhält ein *-s*.
6. un **Nord**-Africain des **Nord**-Africains	un **Sud**-Américain des **Sud**-Américains	**Unveränderlich** sind • die Elemente *nord, est, sud, ouest*; (Vgl. **40**, 2)
un micro-ordinateur des micro-ordinateurs	un Franco-Canadien des Franco-Canadiens	• die Elemente auf *-o*; (Vgl. **40**, 3)
le **ciné**-club les **ciné**-clubs	un appareil **photo** des appareils **photo**	• abgekürzte Nomen.

Komposita, die in einem Wort geschrieben werden, bilden den Plural wie einfache Nomen; z. B. les autoroutes, les passeports (Pässe).

* Die traditionelle Schreibweise ohne *-s* ist bei diesen zusammengesetzten Nomen auch möglich; vgl. auch Auszug aus den *Rectifications de l'orthographe* von 1990 (**195**, 1).

8 Die grammatischen Eigenschaften der Begleiter

Die Begleiter sind Wörter, die nur in Verbindung **mit einem Nomen** vorkommen.
Sie gehen dem Nomen voran und bilden mit diesem eine **Nominalgruppe**. (Vgl. **1**, 3) – Beispiele:

la France; **un** beau pays; **mes** photos de **cette** région.

Innerhalb der Nominalgruppe stimmt der Begleiter grammatisch mit dem ihm folgenden Nomen überein. Im **Lautbild** erkennt man Genus und Numerus des Nomens häufig nur an seinem Begleiter.

un tour [ɛ̃tur]	**un** élève [ɛ̃nelɛv]	**ma** photo [mafɔto]	**le** pays [ləpei]
une tour [yntur]	**une** élève [ynelɛv]	**mes** photos [mefɔto]	**les** pays [lepei].

Die Begleiter unterscheiden sich also von den **Pronomen** (les pronoms), die nicht **mit** einem Nomen, sondern **für** ein Nomen oder eine Nominalgruppe stehen. (Vgl. **54**)

Die Artikel – Les articles

9 Die Formen der Artikel

1. Der bestimmte Artikel – L'article défini

	Nomen im Singular		Nomen im Plural	
Maskulinum	le client	[lə]	les clients	[le]
	le hamster	[lə'amstɛr]	les hamsters	[le'amstɛr]
	l' hôtel	[lotɛl]	les‿hôtels	[lezotɛl]
	l' escalier	[lɛskalje]	les‿escaliers	[lezɛskalje]
Femininum	la cliente	[la]	les clientes	[le]
	la Hollandaise	[la'ɔlɑ̃dɛz]	les Hollandaises	[le'ɔlɑ̃dɛz]
	l' histoire	[listwar]	les‿histoires	[lezistwar]
	l' expérience	[lɛksperjɑ̃s]	les‿expériences	[lezɛksperjɑ̃s]

- Vor Vokal und vor *h muet* werden *le* und *la* im Schriftbild zu *l'*.
- Vor Vokal und vor *h muet* wird *les* im Lautbild als [lez] gebunden.
- Vor *h aspiré* wird nicht apostrophiert und nicht gebunden.
- F/D Abweichend vom Deutschen gibt es im Französischen keinen sächlichen Artikel.

Mit den Präpositionen *à* und *de* verschmelzen die Artikel *le* und *les* zu einer Form:

Nomen im Singular		Nomen im Plural		Formen
Jean est allé **au** bureau. [o]	Luc est allé	**aux** sports d'hiver.	[o]	*(à + le) > **au***
		aux‿Etats-Unis.	[ozetazyni]	*(à + les) > **aux***
Jean revient **du** bureau. [dy]	Luc revient	**des** sports d'hiver.	[de]	*(de + le) > **du***
		des‿Etats-Unis.	[dezetazyni]	*(de + les) > **des***

Man nennt die Formen *du*, *des*, *au*, *aux* **zusammengezogene Artikel** (les articles contractés).

2. Der unbestimmte Artikel – L'article indéfini

	Nomen im Singular		Nomen im Plural	
Maskulinum	**un** client	[ɛ̃/œ̃]	**des** clients	[de]
	un hamster	[ɛ̃'amstɛr]	**des** hamsters	[de'amstɛr]
	un‿hôtel	[ɛ̃notɛl]	**des**‿hôtels	[dezotɛl]
	un‿escalier	[ɛ̃nɛskalje]	**des**‿escaliers	[dezɛskalje]
Femininum	**une** cliente	[yn]	**des** clientes	[de]
	une Hollandaise	[yn'ɔlɑ̃dɛz]	**des** Hollandaises	[de'ɔlɑ̃dɛz]
	une‿histoire	[ynistwar]	**des**‿histoires	[dezistwar]
	une‿expérience	[ynɛksperjɑ̃s]	**des**‿expériences	[dezɛksperjɑ̃s]

- Vor Vokal und *h muet* werden *un*, *une* und *des* in der Aussprache gebunden.
- Vor *h aspiré* wird nicht gebunden.
- F/D Abweichend vom Deutschen hat der französische unbestimmte Artikel auch eine **Pluralform**:
  J'ai acheté **des** bananes *(f)* et **des** citrons *(m)*.
  Ich habe Bananen und Zitronen gekauft.

3. Der Partitiv – L'article partitif

Nomen Maskulinum	**de l'** air	Luft	
	du pain	Brot	
Nomen Femininum	**de l'** eau	Wasser	
	de la musique	Musik	

- Der Partitiv *(du, de la, de l')*, auch Teilungsartikel genannt, wird gebildet aus *de* und dem bestimmten Artikel *(le, la, l')*. Achtung: *de* + *le* > ***du***.

F/D Der Partitiv hat im Deutschen keine Entsprechung. (Vgl. Je bois **de l'**eau. Ich trinke ___ Wasser.)

10 Die Funktionen der Artikel

1. Der bestimmte Artikel

1. Der bestimmte Artikel bezeichnet, wie im Deutschen, zusammen mit dem jeweiligen Nomen **eindeutig bestimmte** Lebewesen, Dinge und Sachverhalte.
   Dies ist der Fall, wenn die Lebewesen, Dinge oder Sachverhalte
   - **einmalig** sind oder **allgemein bekannt** sind, z. B.
     Aujourd'hui, **le ciel** est bleu.
     Le président de **la République** parlera, ce soir, à **la télévision**.
     L'équipe de France a encore gagné.
   - aus der Redesituation oder aus dem sprachlichen Kontext **als bekannt vorausgesetzt** werden, z. B.
     Redesituation: *A la maison:* N'oubliez pas de nourrir **le chien.**
     A table: Passe-moi **le sel**, s'il te plaît.
     Dans le train: Ne pas ouvrir avant **l'arrêt du train.**
     Kontext: Tu as déjà lu le **livre** *que je t'ai offert?*
2. Der bestimmte Artikel kann auch **verallgemeinernde Funktion** haben.
   Er bezeichnet dann mit dem Nomen eine ganze Gattung. – Beispiele:
   Le chien est le meilleur ami de l'homme. Der Hund (= alle Hunde) ist der beste Freund des Menschen.
   L'argent ne fait pas le bonheur. Geld macht nicht glücklich. (Vgl. **14**)

3. Wie im Deutschen können auch im Französischen Wörter aus anderen Wortarten durch Voranstellen eines Begleiters in Nomen verwandelt werden. – Beispiele:
être **pour/contre** qc → peser **le pour** et **le contre** (das Für und Wider abwägen)
Yves porte un pull **bleu.** → **Ce bleu** lui va très bien.
Je t'invite **à déjeuner** avec moi. → Après **le déjeuner,** on ira au cirque.

2. Der unbestimmte Artikel und der Partitiv

Der unbestimmte Artikel und der Partitiv bezeichnen zusammen mit dem jeweiligen Nomen Lebewesen, Dinge und Sachverhalte, die **nicht eindeutig bestimmt** sind.

- Der **unbestimmte Artikel** steht dabei vor Nomen, die Lebewesen und **zählbare** Dinge bezeichnen:
  Il était une fois **un** roi et **une** reine qui habitaient **un** beau château.
  – On prépare **une** salade de fruits?
  – Bonne idée. Je vais acheter **des** pommes, **des** bananes et **des** oranges. (unbestimmte Anzahl)

- Der **Partitiv** steht vor Nomen, die **nicht zählbare** Dinge bezeichnen:
  – Si vous avez faim, mangez donc un sandwich. Il y a **du pain** tout frais et **du jambon.** (unbestimmte Menge)
  – On écoute **de la musique**? – Oui, je veux bien. – Tu veux **du rock** ou **du rap**? (abstrakte Begriffe)

☞ • Bestimmte Nomen können sowohl der Kategorie ‚zählbar' als auch der Kategorie ‚nicht zählbar' angehören, z. B.:
  – Tu as acheté **du fromage**? (Nahrungsmittel)
  – J'ai pris **deux fromages, un** camembert et **un** bleu d'Auvergne. (einzelner Käse)
  – Vous faites **du vélo**? (Sportart)
  – Ah oui, j'ai même **un vélo** de course. (Fahrzeug)

Der Gebrauch des bestimmten Artikels

11 *Der Artikel bei Personennamen*

Im Französischen steht der bestimmte Artikel

• vor **Familiennamen**, wenn sie mehrere Personen dieses Namens bezeichnen;	Les Rigot habitent à Paris. J'admire **les** Curie.	Rigots/Die Familie Rigot
• vor **Titel + Familienname**;	**Le** docteur Martin/ **Le** professeur Petit aimerait vous parler.	Doktor Martin/ Professor Petit möchte Sie sprechen.
• in der **Anrede** nach *monsieur* und *madame*, wenn ein Titel folgt;	Bonjour, monsieur **le** Maire/ madame **la** directrice. **Aber:** Bonjour, docteur.	Guten Tag, Herr Bürgermeister/ Frau Direktorin ... Herr/Frau Doktor (zum Arzt)
• in der **Anrede** an mehrere Personen.	Bonjour, **les** élèves. Salut, **les** copains.	... Schülerinnen und Schüler ... Freunde

☞ Vor *Madame/Mesdames* und *Mademoiselle/Mesdemoiselles* steht kein Artikel, – Vergleiche:

Madame/Mesdames	la dame/les dames
Mademoiselle/Mesdemoiselles	la demoiselle/les demoiselles
Monsieur/Messieurs	le monsieur/les messieurs

12 *Der Artikel bei geographischen Bezeichnungen*

1. Im Französischen steht der bestimmte Artikel

• vor **Ländernamen** (Namen von Kontinenten, Ländern und auch Regionen, Provinzen); (Zum Genus der Ländernamen vgl. **3**, 3.)	Visitez l' Afrique *f* l' Amérique *f* la Bavière l' Espagne *f* la Normandie la Pologne	le Bade-Wurtemberg le Canada l' Iran *m* le Japon le Portugal le Roussillon u.a.	**Aber** (ohne Artikel): Israël *m* Cuba *m* Monaco *m* Haïti *m* Madagascar *m* u. a.
• vor einer Reihe von meist **femininen Inselnamen** im **Singular**.	Visitez la Corse la Crète la Sardaigne la Sicile	l' Islande *f* la Réunion la Guadeloupe la Martinique u.a.	**Aber** (ohne Artikel): Chypre Majorque Corfou Ténériffe Malte Hawaï u. a.

2. Wenn Ländernamen und Inselnamen mit Artikel die Funktion einer **adverbialen Bestimmung** haben, ist Folgendes zu beachten:

	Gedachte Frage: *Wo? Wohin?*			Gedachte Frage *Woher?*	
Marc est journaliste.			Marc a été en voyage.		
Il ne veut pas rester	**en**	France. *f*	Il vient de rentrer	**de**	Belgique *f*
On lui a proposé d'aller	**en**	Iran *m*		**d'**	Irak *m*
ou	**en**	Sicile. *f*	et	**de**	Sicile. *f*
Marc préférerait aller	**au**	Japon	Son ami Luc est de retour	**du**	Japon.
ou	**aux**	Etats-Unis.	Une de ses copines est rentrée	**du**	Canada
Mais d'abord, il passera			et	**des**	Etats-Unis.
un mois	**aux**	Baléares.	Marc leur enverra une carte	**des**	Baléares.

Auf die Frage *wo? wohin?* steht

- *en* + Nomen ohne Artikel
  - bei **femininen** Länder- und Inselnamen;
  - bei **vokalisch** anlautenden **maskulinen** Ländernamen im **Singular**;
- *au* bei **konsonantisch** anlautenden **maskulinen** Ländernamen im **Singular**;
- *aux* bei Länder- und Inselnamen im **Plural**.

Auf die Frage *woher?* steht

- *de/d'* + Nomen ohne Artikel
  - bei **femininen** Länder- und Inselnamen;
  - bei **vokalisch** anlautenden **maskulinen** Ländernamen im **Singular**;
- *du* bei **konsonantisch** anlautenden **maskulinen** Ländernamen im **Singular**;
- *des* bei Länder- und Inselnamen im **Plural**.

☞ • Auf die Frage *wo? wohin? woher?* steht
– vor Inselnamen **ohne** Artikel *à* bzw. *de*: aller **à** Majorque/**à** Ibiza; revenir **de** Majorque.
– vor Ländernamen **ohne** Artikel *à* bzw. *de*: aller **à** Cuba; revenir **de** Cuba.
Aber: aller **en** Israël (vor Vokal); revenir **d'**Israël.

• Bei einigen **Ortsnamen** ist der bestimmte Artikel Bestandteil des Namens, z. B.

La Rochelle: Je vais à **La Rochelle**. Je viens **de La Rochelle**.
Le Puy: Je vais **au** Puy. Je viens **du** Puy.

• In einigen festen Begriffen steht zum Ausdruck der **Zugehörigkeit** *de* + **feminines** Nomen **ohne** Artikel. Diese Begriffe bezeichnen

– **typische Erzeugnisse eines Landes:**	les vins **d'**Alsace; les fromages **de** Hollande;
– offizielle **Titel:**	la reine **d'**Angleterre; les rois **de** France;
– Einrichtungen und Ereignisse des **öffentlichen Lebens:**	le consulat **d'**Allemagne; l'équipe **de** Suisse; l'histoire **d'**Espagne; le Tour **de** France.

13 *Der Artikel bei den Namen der Wochentage und Monate*

Aujourd'hui, c'est **mardi**. Mon cousin est arrivé **dimanche** matin; il repartira **vendredi** après-midi. On se verra **jeudi** prochain.	Die Namen der **Wochentage** stehen • **ohne** Artikel, wenn sie einen Tag der laufenden, vergangenen oder kommenden Woche bezeichnen;
Luc est arrivé { **le** dimanche **21 avril.** / **le** dimanche **après Pâques.** / **le 21 avril.** Il est reparti **le** vendredi **suivant.**	• **mit** dem bestimmten Artikel, bei genauer Angabe des (Fest)Tages oder Datums;
Le mardi, les musées nationaux sont fermés en France. — Dienstags … Les infirmières qui travaillent **le dimanche** ont congé **le lundi.**	• **mit** dem bestimmten Artikel, wenn etwas regelmäßig an einem bestimmten Tag stattfindet. Der bestimmte Artikel entspricht hier dem angehängten *-s* im Deutschen.

☞ • **Unterscheide also:** Luc doit travailler **dimanche.** … am (kommenden) Sonntag.
Luc travaille **le dimanche.** … jeden Sonntag/sonntags.

• Bei Datumsangaben steht im Französischen der Artikel vor dem Namen des Wochentages:
Aujourd'hui, nous sommes **le** jeudi 15 mai.
Heute ist Donnerstag, **der** 15. Mai. (Vgl. **51**)

• Das Datum kann im Brief folgendermaßen angegeben werden:
Lyon, (le) 21 avril 1998; Lyon, (le) 21-4-1998; Lyon, (le) 21/4/1998.

Céline a passé les derniers jours de **juin** en Lorraine. **Janvier/Le mois de janvier** est très froid dans cette région.	• **Monatsnamen** stehen **ohne** Artikel oder mit vorausgehendem *le mois de*.
En janvier, les skieurs sont moins nombreux ici qu'en mars/**au mois de mars.**	• Auf die Frage *wann?* steht *en* oder *au mois de* + Monatsnamen.

2 Die Begleiter

14 *Der Artikel in verallgemeinernden Aussagen*

Les vrais **amis** sont rares.	**Wahre Freunde** sind selten.
Les **oranges** sont riches en vitamines.	**Orangen** sind reich an Vitaminen.
Le lait est très bon pour **les enfants.**	**Milch** ist gut für (die) **Kinder**.
François ne supporte pas **le café.**	François kann **Kaffee** nicht vertragen.
Ahmed aime beaucoup **la musique pop.**	Ahmed mag **Popmusik** sehr.

- Der bestimmte Artikel hat hier eine **verallgemeinernde Funktion**:
  Er bezeichnet zusammen mit dem Nomen eine **Gattung** (wahre Freunde, Orangen, Kinder), eine **Stoffart** (Milch, Kaffee) oder etwas **Abstraktes** (Popmusik).
- Der bestimmte Artikel steht meist nach Verben, die eine Vorliebe oder eine Abneigung ausdrücken; z. B.: aimer (aimer bien, aimer mieux), adorer, préférer, détester, haïr (hassen).
- (F/D) Im Deutschen steht in dieser Funktion das Nomen meist ohne Artikel.

☞ **Unterscheide:**

Souvent, on croit avoir **des amis.**	= ein paar/eine gewisse Anzahl von Freunden (Teilmenge).
Les vrais amis sont rares.	= die Kategorie „wahre Freunde".
Les oranges sont riches en vitamines.	= die Ware/Obstsorte „Orangen".
En hiver, il faut manger **des oranges.**	= möglichst viele Apfelsinen (Teilmenge). (Vgl. auch **16**)

15 *Der Artikel in erweiterten Nominalgruppen*

Bei erweiterten Nominalgruppen, die aus Begleiter + Nomen + präpositionaler Ergänzung bestehen, ist zu unterscheiden zwischen **Zugehörigkeit** und **Typ**.

Zugehörigkeit	**Typ**
En arrivant, nous avons remarqué que les **portes de la maison** étaient fermées. ... die Türen **des Hauses** ...	La **porte d'entrée** était fermée. Die **Haustür** ...
Dans la cour, il y avait Daniel, le **fils d'un voisin.** ... der Sohn **eines Nachbarn.**	Daniel est un **fils d'ouvrier.** ... ein **Arbeiterkind.**

- Die Ergänzung *de* + Nomen **mit** Artikel bezeichnet eine **Zugehörigkeit**. (Frage: *Wessen?*)
- Die Ergänzung *de* + Nomen **ohne** Artikel bezeichnet einen **Typ**. (Frage: *Was für ein(e)?*)

- (F/D) Im Deutschen steht anstelle der Ergänzung *de* + Nomen **ohne** Artikel häufig ein zusammengesetztes Nomen.
- ☞ In einigen Wendungen werden zur Bezeichnung eines bestimmten Typs auch andere Präpositionen verwendet. – Beispiele:

une cuillère **à** soupe	Suppenlöffel	un mouchoir **en** papier	Papiertaschentuch
un livre **pour** enfants	Kinderbuch	une boîte **aux** lettres	Briefkasten.

Zum Gebrauch der Artikel nach Präpositionen vgl. auch **21**.

Der Gebrauch des unbestimmten Artikels Plural und des Partitivs

16 *Bei Gattungsnamen, Stoffnamen und abstrakten Begriffen*

Nous avons regardé **des photos** ... Fotos et écouté **des CD.** ... CDs	• **Unbestimmter Artikel Plural** + Nomen bezeichnet eine **unbestimmte Anzahl** zählbarer Dinge.
On a bu **de l'eau minérale** ... Mineralwasser et **du jus de pomme.** ... Apfelsaft.	• **Partitiv** + Nomen bezeichnet eine **unbestimmte Menge** eines Stoffes. (nicht zählbar)
Nous avons écouté **de la musique pop** ... Popmusik et **du rock.** ... Rock Vous avez **de la chance:** ... Glück vous pouvez faire **du ski.** ... skilaufen	• Der Partitiv steht auch vor **abstrakten Begriffen**, wenn diese in **nicht** verallgemeinerndem Sinn gebraucht werden. (Vgl. hingegen **14**)

F/D Im Deutschen steht in diesen Fällen das Nomen ohne Artikel.

☞ **Unterscheide:**

– Tu veux **du** café ou **du** thé? – Je préférerais **du** thé.	zum augenblicklichen Zeitpunkt:	Partitiv
J'aime mieux/Je préfère **le** thé. Le café est trop fort pour moi.	als grundsätzliche Aussage:	Bestimmter Artikel

Ebenso:

Tu aimes **la** musique classique? Non? Alors, on va écouter **du** rock. (Vgl. auch **14**)

17 *Vor Nomen mit vorangehendem Adjektiv*

Nous avons mangé **du bon fromage.** C'est du caviar? – Oui, et **du vrai caviar.** Nous avons écouté **de la bonne musique.**	• Vor der Gruppe **Adjektiv + Nomen Singular** steht der Partitiv.
Mets **d'autres chaussures**, il pleut.	• Vor **Adjektiv + Nomen Plural** steht *d'*, wenn das Adjektiv mit Vokal oder *h muet* beginnt.
Odile a reçu de sa tante **de(s) vieux** meubles, **de(s) beaux** tableaux et **de(s) jolis** verres. Sa tante lui a également donné des bijoux (Schmuckstücke), **de(s) faux** bijoux, malheureusement.	• In der **Umgangssprache** und zunehmend auch in der **geschriebenen Sprache** steht *des*. In der **gepflegten Sprache** verwendet man aber *de*.
des jeunes gens — des grands magasins Kaufhäuser des grands-parents — des petits pains Brötchen	• Wenn **Adjektive + Nomen Plural** einen **festen Begriff** bilden, steht nur *des*.

18 *Nach Mengenausdrücken (Partitives de)*

1. Nach Mengenangaben (les expressions marquant la quantité) steht partitives *de* + Nomen **ohne Artikel**. – Beispiele:

Beispiele		• **Nominalgruppen:**	
un groupe d'élèves	**une bouteille de** bière	un groupe de	une bouteille de
une foule de jeunes	**un paquet de** sucre	une foule de (Menge)	un paquet de
un grand nombre de gens	**un verre d'**eau	un grand nombre de	un verre de
un tas de choses	**un kilo de** pommes	un tas de (Menge)	un kilo de

Beispiele	• **Adverbien:**	
Nous mangeons **peu de** viande;	peu de	wenig
mais **beaucoup de/pas mal de/**	beaucoup de/pas mal de	viel
énormément de légumes.	énormément de	sehr viel
Je n'ai pas **assez d'**argent. Il me manque 20 F.	assez de	genug
Les Français boivent **plus de** vin,	plus de	mehr
mais **moins de** bière que les Allemands.	moins de	weniger
J'ai **tant de/tellement de** problèmes!	tant de/tellement de	soviel
Et je **n'**ai **pas d'**amis à qui en parler.	ne...pas de/ne...plus de	keine/keine ... mehr
Il y a **trop de** jeunes au chômage.	trop de	zuviel
Tu reçois **combien d'**argent de poche par mois?	combien de	wieviel

☞ Nach Mengenausdrücken steht das Nomen im **Plural**, wenn es **zählbare** Dinge bezeichnet.

(Beispiel: beaucoup d'oranges)

Es steht im **Singular**, wenn es **nicht zählbare** Dinge bezeichnet.

(Beispiel: beaucoup de lait)

2. *De* + Nomen **mit bestimmtem Artikel** steht nach folgenden Mengenausdrücken:

une partie de la salle/**des** auditeurs	une partie du/de la/des + N	ein Teil
la plus grande partie de la classe/**des** élèves	la plus grande partie du/de la/des + N	der größte Teil
la moitié du gâteau/**des** invités	la moitié du/de la/des + N	die Hälfte
la plupart des gens	la plupart des + N	die meisten
la majorité des personnes interrogées	la majorité des + N	die Mehrheit
Où est **le reste de l'**argent?	le reste du/de la/des + N	der, die, das übrige ...
Bien des gens croient aux horoscopes.	bien des + N (Plural)	sehr viele
Je vous souhaite **bien du** plaisir/**bien de la** chance.	bien du/de la + N (Sing.)	sehr viel

☞
- Das Verb kann sich im Numerus nach dem Mengenausdruck oder nach der *de*-Ergänzung richten:

  La plus grande partie des élèves **était** malade/**étaient** malades.
- Nach *la plupart des* + N und *bien des* + N steht das Verb immer im Plural.

19 Der Gebrauch der Artikel bei der prädikativen Ergänzung

Grasse et Nice **sont des villes** de Provence.	… sind	Städte in der Provence.
Grasse est devenu **un centre touristique**.	… ist ein	Touristenort geworden.
C'était **le domicile** du peintre Fragonard.	… war der	Wohnort …
Ça, c'est **de la lavande** que j'ai achetée là-bas.	Das ist	Lavendel, …

- Nach den Verben *être, devenir, rester* u. a. steht das Nomen **mit** einem der drei **Artikel** (bestimmter/unbestimmter Artikel oder Partitiv).

Anna et Luc	sont	étudiants.	… sind Studenten.
Ils	veulent devenir	architectes.	Sie wollen Architekten werden.
Luc	est	Français/protestant.	… ist Franzose/evangelisch.
Anna	est	Italienne/socialiste.	… ist Italienerin/Sozialistin.

- Wie im Deutschen steht nach *être, devenir* und einigen anderen Verben das Nomen **ohne Artikel**, wenn es **Angaben zur Person** bezeichnet, z. B. Beruf, Staatsangehörigkeit, Religionszugehörigkeit oder politische Einstellung.

Aber:

M. Martin est **un excellent**	chirurgien.		… ist **ein hervorragender** Chirurg.
M. Martin est le	médecin	**de mon père.**	… ist **der** Arzt **meines Vaters**.
M. Martin est le	chirurgien	**qui l'a opéré.**	… ist **der** Arzt, **der ihn operiert hat**.

- Wie im Deutschen steht auch hier das Nomen **mit dem Artikel**, wenn es **näher bestimmt** ist, z. B. durch ein Adjektiv, eine *de*-Ergänzung, einen Relativsatz.

Anna,	**c' est**	**une**	Italienne.	wörtl.:	Anna,	**das ist**	eine Italienerin.
Anna et Luc,	**ce sont**	**des**	étudiants.		…,	**das sind**	Studenten.
Mme Curie,	**c' était**	**une**	Polonaise.		…,	**das war**	eine Polin.
Ça, ce	**n'est pas**	**de la**	lavande,	Das ist	kein		Lavendel,
c'	est	**du**	romarin.	das ist			Rosmarin.
Grasse	**n'est pas** resté	**une**	petite ville.	… ist	keine		Kleinstadt geblieben.
C'	est devenu	**un**	centre touristique.				

- **Mit dem Artikel** steht das Nomen – nach **c'est/c'était** und **ce sont/c'étaient** sowie
  – im **verneinenden Satz** mit *être*.

Unterscheide: Gilles est **ingénieur diplômé.** … Diplomingenieur (Berufsbezeichnung)
Gilles est **un** ingénieur **très doué.** … ein sehr begabter Ingenieur.
C' est **un** ingénieur diplômé.

☞ Nach **verneintem** *être* steht **kein** partitives *de*, sondern der entsprechende Artikel!

20 Der Gebrauch der Artikel beim direkten Objekt in verneinenden Sätzen

1. Bejahender Satz		Verneinender Satz	
Luc aime beaucoup	**les** films policiers.	Mais il **n' aime**	**pas les** westerns.
Oui, j'apprends	**le** latin (Latein).	Mais je **n'** apprends	**pas le** grec (Griechisch).
Bon, je vais faire	**la** cuisine.	Mais je **ne** ferai	**pas les** courses.

- Wenn das direkte Objekt im bejahenden Satz den **bestimmten Artikel** bei sich hat, wird es auch im verneinenden Satz mit dem **bestimmten Artikel** konstruiert.

2. Bejahender Satz		Verneinender Satz			
Luc fait encore	**du** tennis.	Mais il	**ne** fait	**plus**	**de** volley.
Il veut s'acheter	**une** voiture.	Il	**ne** veut	**plus**	**de** moto.
On va avoir	**des** problèmes.	Mais on	**n'** aura	**pas**	**de** problèmes sérieux.
Luc m'écrit toujours	**des** cartes postales.	Il	**ne** m'écrit	**jamais**	**de** lettres.

- Wenn das direkte Objekt im bejahenden Satz mit dem **Partitiv** oder mit dem **unbestimmten Artikel** konstruiert wird, steht im verneinenden Satz **partitives** *de*.

☞ Kein partitives *de* steht
1. nach verneintem *être*; in diesem Fall steht der unbestimmte Artikel oder der Teilungsartikel; (Vgl. **19**)
2. wenn das direkte Objekt im bejahenden Satz ohne Artikel steht, z. B.

Jean **a** **peur** du chien.	Jean **a** toujours **soif.**
Anne **n'a** pas **peur** des animaux.	Il **n'a** jamais **faim.** (Vgl. auch **22**)

21 Der Gebrauch der Artikel nach Präpositionen

Mes cousins ont fait un voyage **autour du monde.** Ils sont revenus **avec des** photos sensationnelles, qu'ils veulent vendre **à des** agences.

- Nach Präpositionen steht das Nomen in der Regel **mit** dem Artikel (oder einem anderen Begleiter).

être **sans argent**	une lettre pleine **de fautes**
sans travail	avoir besoin **de conseils**
un café **sans sucre**	manquer **de courage**
une montre **en or**	rêver **de voyages**
agir **en ami**	pleurer **de joie**

- Nach den Präpositionen *sans*, *en* und *de* **entfallen** der Partitiv und der unbestimmte Artikel Plural vor dem folgenden Nomen.

Auf *de* kann **kein** *du/de la/de l'* oder *des* folgen. Unterscheide:

Je n'ai pas besoin **des** conseils **de Pierre.** — *des* (< *de* + *les*) (conseils de Pierre). (Ich brauche **die** Ratschläge von Pierre nicht.)

Je n'ai pas besoin **de** conseils. — *de*, weil (*de* + *des*) (**conseils**) nicht möglich ist. (Ich brauche **keine** Ratschläge.)

Zum Artikel bei Ländernamen vgl. **12**; in erweiterten Nominalgruppen vgl. **15**.

22 Feste Wendungen mit und ohne Artikel

1. *Wendungen mit dem bestimmten Artikel*

avoir	**les** yeux bleus	blaue Augen	avoir	**le** temps (de …)	Zeit haben
	les mains sales	schmutzige Hände haben	avoir	**le** minitel	einen Minitelanschluss haben
avoir	**les** cheveux blonds	blonde Haare	écouter	**la** radio	Radio hören
	le teint clair	helle Haut haben	regarder	**la** télévision	fernsehen
avoir	**l'** air content/triste	zufrieden/traurig aussehen	sentir	**l'** ail [laj]/ **le** poisson	nach Knoblauch/ nach Fisch riechen

☞

- **Verneinung:** Elle **n'**a **pas les** yeux bleus. Elle **n'**a **pas l'**air content(e). On **n'**a **pas le** temps d'attendre. On **n'**a **pas le** minitel. (Vgl. auch **20**)

- Vor Körperteilen kann das Nomen auch mit dem **unbestimmten Artikel** stehen:
  avoir **les** yeux bleus oder avoir **des** yeux bleus
  avoir **les** cheveux bruns avoir **des** cheveux bruns.
  Aber nur: avoir **les** mains **sales**/**les** yeux **rouges** u. a.,
  wenn es sich um **vorübergehende** Eigenschaften handelt.

- Der unbestimmte Artikel steht in der Regel, wenn das Adjektiv dem Nomen vorangeht. – Unterscheide:
  avoir **les** yeux **bleus** – **Aber:** avoir **de(s) beaux** yeux.
  avoir **les** mains **sales** avoir **de(s) petites** mains.

2. *Avoir + Nomen ohne Artikel*

		Aber (mit Erweiterung):	
avoir peur de qn/de qc	Angst haben	avoir **une** peur **panique**	
avoir faim/soif	Hunger/Durst haben	avoir **une** faim **de loup**	einen Bärenhunger …
avoir envie de (faire) qc	Lust haben	avoir **une grande envie** de	
avoir confiance en qn	Vertrauen haben	avoir **une** confiance **totale** en qn	
avoir mal à la tête/ mal à la gorge	Kopfschmerzen/ Halsschmerzen haben	avoir **un** mal terrible à faire qc	furchtbare Schwierigkeiten haben …
		avoir **le** mal **de** mer	seekrank sein

☞

- **Verneinung:** Je **n'**ai **pas** peur/faim/soif. Je **n'**ai **pas** eu **le** mal de mer.

- Weitere Wendungen ohne Artikel: **avoir raison/tort** (Recht/Unrecht haben),
  avoir honte de qc (sich schämen).

3. *Sonstige Verben + Nomen ohne Artikel*

		Aber:	
perdre patience	die Geduld verlieren	avoir **de la** patience	Geduld haben
perdre courage	den Mut verlieren	avoir **du** courage	Mut haben
reprendre courage	wieder Mut fassen	avoir **le** courage de faire qc	
parler (le) français	französisch sprechen	apprendre/comprendre/savoir **le** français	

☞

- **Verneinung:** Ne perdez **pas** patience/courage. Ce garçon **n'**a **pas de** patience/**pas de** courage.
  Il **n'**a **pas le** courage de conduire une moto.
  Mon ami **ne** parle **pas** (le) français. Il **ne** comprend/sait **pas le** français.

2 Die Begleiter

☞ • Weitere Wendungen ohne Artikel:
faire appel à qc (sich wenden/appellieren an), faire plaisir à qn (eine Freude machen), faire mal à qn (wehtun).

Die Demonstrativbegleiter – Les déterminants démonstratifs

23 Die Formen der Demonstrativbegleiter

1.	**Nomen im Singular**		**Nomen im Plural**	
Maskulinum	ce monsieur	[sə]	ces messieurs	[se]
	ce hamster	[sə'amstɛr]	ces hamsters	[se'amstɛr]
	cet‿hôtel	[sɛtotɛl]	ces‿hôtels	[sezotɛl]
	cet‿employé	[sɛtɑ̃plwaje]	ces‿employés	[sezɑ̃plwaje]
Femininum	cette dame	[sɛt]	ces dames	[se]
	cette Hollandaise	[sɛt'ɔlɑ̃dɛz]	ces Hollandaises	[se'ɔlɑ̃dɛz]
	cette‿histoire	[sɛtistwar]	ces‿histoires	[sezistwar]
	cette‿employée	[sɛtɑ̃plwaje]	ces‿employées	[sezɑ̃plwaje]

- Die Demonstrativbegleiter richten sich in Genus und Numerus nach dem ihnen folgenden Nomen.
- Vor vokalischem Anlaut und vor *h muet* wird die **maskuline Singularform** *ce* im Schriftbild zu *cet* und im Lautbild zu [sɛt]. Es besteht also kein **hörbarer** Unterschied zwischen *cet (ami)* und *cette (amie)*.
- Im Plural gibt es nur eine einzige Form: *ces*.
- *Ces* und *ses* werden gleich ausgesprochen. Beim Hören entscheidet der Kontext über die richtige Schreibung.

2.	ce livre-ci	**dieses** Buch **hier**, **das** Buch **hier**	cette photo-là	**dieses/das** Foto **da/hier**
	ces CD-ci	**diese/die** CDs **hier**	ces cassettes-là	**diese/die** Kassetten **da/hier**

- Die Demonstrativbegleiter können durch die Elemente *-ci* und *-là* erweitert werden. Diese werden an das Nomen, das sie näher bestimmen, angehängt (vgl. *voici – voilà*).

24 Funktion und Gebrauch der Demonstrativbegleiter

1. Die **Demonstrativbegleiter** haben im Französischen die gleiche Funktion wie im Deutschen.

- Sie verweisen zusammen mit einem Nomen auf Lebewesen und Dinge, die sich in **räumlicher** oder **zeitlicher Nähe** zum **Sprecher** befinden. – Beispiele:

Est-ce que vous connaissez **ce monsieur**?	Kennen Sie diesen Herrn?
Tu peux ouvrir **cette bouteille**?	… diese Flasche?
Cet été, il a fait très chaud.	Diesen Sommer …
J'ai vu Jacques **ce matin/ce soir**.	… **heute** Morgen/**heute** Abend …

- Sie verweisen zusammen mit einem Nomen auf Personen oder Sachen, die im Text **bereits erwähnt** wurden. – Beispiel:

La police a arrêté **Jacques Duval. Cet homme** aurait volé de nombreuses voitures.
↑_____________|

2. An das durch einen Demonstrativbegleiter bestimmte Nomen wird, besonders in der **gesprochenen Sprache**, häufig *-là* angehängt. Dieses *-là* steht

- im Sinne einer **Zeigegeste**:
  Tu vois, **cette chemise-là**, elle me plaît. … das Hemd da (hier) …
- in **abwertender Bedeutung**:
  Il n'a rien à faire, **cet homme-là**? … der Mann da …
- wenn **zwei Dinge zur Wahl** stehen:
  Tu prends **ces chaussures-là** ou les autres? … die Schuhe da oder die anderen?

Bei einer Gegenüberstellung kann das Nomen, welches auf das erste verweist, durch *-ci* hervorgehoben werden:
Ce couteau-ci ne coupe pas bien. Dieses Messer … Donnez-moi **celui-là**. … das da.

Vgl. die Demonstrativpronomen **66–67**.

3. Wendungen mit Demonstrativbegleiter:

à ce moment	in diesem Augenblick	à ce sujet	diesbezüglich
en ce moment	zur Zeit	en/dans ce cas	in diesem Fall

Die Possessivbegleiter – Les déterminants possessifs

25 Die Formen der Possessivbegleiter

1. Die Formen der 1.–3. Person Singular (ein einziger Besitzer)

Besitzer	Nomen im Singular				Nomen im Plural	
1. Person Singular (mein …)	mon frère	[mõ]	ma sœur	[ma]	mes frères / sœurs	[me]
	mon‿ami	[mõnami]	mon‿amie	[mõnami]	mes‿amis / mes‿amies	[mezami]
2. Person Singular (dein …)	ton frère	[tõ]	ta sœur	[ta]	tes frères / sœurs	[te]
	ton‿ami	[tõnami]	ton‿amie	[tõnami]	tes‿amis / tes‿amies	[tezami]
3. Person Singular (sein/ihr …)	son frère	[sõ]	sa sœur	[sa]	ses frères / sœurs	[se]
	son‿ami	[sõnami]	son‿amie	[sõnami]	ses‿amis / ses‿amies	[sezami]
	Nomen: Maskulinum		**Nomen: Femininum**		**Nomen: Maskulinum u. Femininum**	

2 Die Begleiter

- Die Possessivbegleiter richten sich im **Numerus** (Singular oder Plural) nach dem Nomen (dem „Besitztum"), das sie begleiten.
- Sie richten sich auch im **Genus** (Maskulinum oder Femininum) nach dem Nomen, wenn dieses mit einem **Konsonanten** beginnt. Steht das Nomen im Plural, gibt es nur eine Form *(mes, tes, ses)*.
- Beginnt das folgende Nomen mit einem **Vokal** oder mit *h muet*, so steht im Singular immer *mon, ton, son*, also auch, wenn das folgende Nomen **feminin** ist; z. B. **mon** amie, **ton** amie, **son** amie, **son** habitude.
- *Mon, ton, son* und *mes, tes, ses* werden vor Vokal oder *h muet* im Lautbild gebunden (z. B. [mõnami], [sezami], [sezabityd]).
- Die Formen *mon, ton, son* stehen auch, wenn dem femininen Nomen ein vokalisch anlautendes Adjektiv vorangeht: **ma** sœur Julie – aber: **mon autre** sœur.

(F/D) **Abweichend vom Deutschen** richtet sich der Possessivbegleiter der 3. Person nicht nach dem Genus des „Besitzers", sondern nur nach dem **Genus des folgenden Nomens** (des „Besitztums"). Dadurch kann Mehrdeutigkeit entstehen, die nur aus dem Kontext erschlossen werden kann. – Unterscheide also:

Jean attend / Nathalie attend	Jean erwartet	Nathalie erwartet
↓	↓	↓
son frère,	**seinen/ihren** Bruder,	**ihren/seinen** Bruder,
sa sœur,	**seine/ihre** Schwester,	**ihre/seine** Schwester,
ses amis.	**seine/ihre** Freunde.	**ihre/seine** Freunde.

2. Die Formen der 1.–3. Person Plural (mehrere Besitzer)

	Nomen im Singular			Nomen im Plural	
1. Person Plural (unser …)	**notre**	fils / fille	[nɔtrə]	**nos** fils / filles	[no]
		ami / amie	[nɔtrami]	**nos** amis / **nos** amies	[nozami]
2. Person Plural (euer/Ihr …)	**votre**	fils / fille	[vɔtrə]	**vos** fils / filles	[vo]
		ami / amie	[vɔtrami]	**vos** amis / **vos** amies	[vozami]
3. Person Plural (ihr …)	**leur**	fils / fille	[lœr]	**leurs** fils / filles	[lœr]
		ami / amie		**leurs** amis / **leurs** amies	[lœrzami]

- Die Possessivbegleiter der 1.–3. Person **Plural** richten sich nur im **Numerus** (Singular oder Plural) nach dem Nomen (dem „Besitztum"), das sie begleiten. Sie haben für Maskulinum und Femininum die gleiche Form.
- Vor vokalisch oder mit *h muet* anlautenden Nomen werden die Pluralformen *nos, vos* und *leurs* im Lautbild gebunden (z. B. nos amis [nõzami], nos hôtes (Gast, Gastgeber) [nozot]).
- Die Formen *votre/vos* werden auch als Höflichkeitsformen in der Anrede benutzt:
C'est **votre** valise? Ist das **Ihr**/euer Koffer? Ce sont **vos** valises? Sind das **Ihre**/eure Koffer?

☞ **Unterscheide** in der 3. Person folgende Beziehungen zwischen Besitzern (●) und Besitztümern/-objekten (■):

Ein Besitzer – **ein** Objekt:	**Il/Elle** cherche	**son**	vélo.	son + N **Sg m**
		son	ami.	
		sa	voiture.	sa + N **Sg f**
		son	amie.	son + N (Vokal) **Sg f**
Ein Besitzer **mehrere** Objekte:	**Il/Elle** cherche	**ses**	tickets.	ses + N **Pl**
Mehrere Besitzer – **ein** Objekt:	**Ils/Elles** montent dans	**leur**	voiture.	leur + N **Sg**
Mehrere Besitzer – **mehrere** Objekte:	**Ils/Elles** montent sur	**leurs**	vélos.	leurs + N **Pl**

Um mögliche Missverständnisse im Besitzverhältnis auszuschließen, kann man der Gruppe Possessivbegleiter + Nomen *à lui/à elle* bzw. *à eux/à elles* hinzufügen:

C'est **sa** voiture **à lui.** ... **sein** Wagen. C'est **leur** voiture **à eux.**
C'est **sa** voiture **à elle.** ... **ihr** Wagen. C'est **leur** voiture **à elles.**

26 Funktion und Gebrauch der Possessivbegleiter

Die Possessivbegleiter haben im Französischen die **gleiche Funktion** wie im Deutschen: Sie kennzeichnen ein **Besitzverhältnis** oder ein **Zugehörigkeitsverhältnis**. – Beispiele:

Passe-moi **mon sac,** s'il te plaît. Gib mir bitte meine Tasche.
Françoise, je te présente **mon père.** Françoise, darf ich dir meinen Vater vorstellen?

F/D **Abweichend vom Deutschen** steht im Französischen in der Regel der Possessivbegleiter in Verbindung mit **Kleidungsstücken**. – Beispiele:

Enlève **ton** pull. Il fait chaud ici. Zieh deinen/Zieh dir den Pullover aus.
Mets **ta** jupe noire et **ton** blouson rouge. Zieh den/deinen schwarzen Rock und den/deinen roten Blouson an.

Die indefiniten Begleiter – Les déterminants indéfinis

27 *Tout*

Nous avons rangé	**tout**	**l'**appartement	[tu]	... die ganze Wohnung ...
Nous avons fait	**toute**	**la** vaisselle.	[tut]	... das ganze Geschirr ...
Qui a acheté	**tous**	**ces** journaux?	[tu]	... alle diese Zeitungen ...?
Où avez-vous mis	**toutes**	**mes** revues?	[tut]	... alle meine Zeitschriften ...?

- *Tout* steht normalerweise vor einem anderen Begleiter: dem bestimmten Artikel, dem Demonstrativ- oder dem Possessivbegleiter.
- *Tout* stimmt wie Adjektive in Genus und Numerus mit dem Nomen, das es näher bestimmt, überein.
- Im **Lautbild** gibt es nur zwei Formen: [tu] für das Maskulinum (Singular und Plural),
  [tut] für das Femininum (Singular und Plural).
- Die maskuline Pluralform von *tout* ist *tous* (ohne *t*).

2 Die Begleiter

☞ **Merke:**

en tout cas	auf jeden Fall	toutes sortes de …	alle möglichen …
à tout prix	unbedingt	de toute façon/manière	jedenfalls, auf jeden Fall
tous (les) deux *m* / **toutes** (les) deux *f*	(alle) beide.		

Zum indefiniten Pronomen bzw. Adverb *tout* vgl. **70** und **112**.

28 *Tous les – chaque*

Tous les élèves de la classe ont donné leur avis. **Alle** Schüler der Klasse …	**Chaque** élève a donné son avis personnel. **Jeder** (einzelne) Schüler …

- *Tous les/toutes les* + Nomen im Plural bezeichnet **alle insgesamt**.
- *Chaque* + Nomen im Singular bezeichnet **jeden/jede einzelne(n)**.

☞ Un sur cinq/sur dix — jeder Fünfte/Zehnte

Zu *chacun* vgl. **71**.

29 *Certains, différents, divers, plusieurs, quelques, un certain*

La grève a duré	**plusieurs**	jours.	plusieurs	+ N Pl	mehrere
J'y ai rencontré	**quelques**	amis.	quelques	+ N Pl	einige
On a pu parler à	**différents**	députés/	différents/divers		
à	**diverses**	personnes.	différentes/diverses	+ N Pl	verschiedene
Il y a eu une discussion					
concernant	**certains**	projets/	certains		
	certaines	personnes.	certaines	+ N Pl	gewisse
Un certain M. Dixier	a fait des propositions		un certain		ein gewisser
Une certaine Mme Dixier	intéressantes.		une certaine	+ N Sg	eine gewisse

- *Plusieurs* und *quelques* haben **nur eine Form** für Maskulinum und Femininum.
- *Certains, différents, divers, plusieurs* und *quelque* werden wie Adjektive behandelt. Daher steht **kein** partitives *de* und **kein** unbestimmter Artikel Plural. Das Nomen wird direkt angeschlossen.

30 *Ne … aucun, ne … pas un (seul)*

1. Je **n'ai** vu **aucun**	cinéma	dans cette ville.	… kein (einziges) Kino.
Je **n'ai pas** vu **un seul**	cinéma		
2. **Aucune**	église	**ne m'a plu.**	Keine (einzige) Kirche …
Pas une seule	église		

- *Aucun/aucune* und *pas un (seul)/pas une (seule)* stehen nur vor Nomen im Singular. Sie stimmen mit diesem auch im Genus überein.
- Sie verbinden sich mit dem Verneinungselement *ne*. Dieses steht immer vor dem konjugierten Verb.
- *Aucun* + Nomen und *pas un (seul)* + Nomen können in der Funktion eines Subjekts (am Satzanfang → 2) oder eines Objekts (nach dem Verb → 1) stehen.

☞ sans doute wahrscheinlich; sans aucun doute ohne (jeden) Zweifel.

Zu den entsprechenden Pronomen vgl. **73**.

31 Der Interrogativbegleiter *quel* – Le déterminant interrogatif *quel*

1.	**Nomen im Singular**			**Nomen im Plural**		
	Vous prenez			Vous prenez		
Maskulin	**quel** livre?	[kɛl]	welches …?	**quels** livres?	[kɛl]	welche …?
	quel exemple?	[kɛl]		**quels** exemples?	[kɛlzɛgzɑ̃pl]	
Feminin	**quelle** valise?	[kɛl]	welchen …?	**quelles** valises?	[kɛl]	welche …?
	quelle orange?	[kɛl]	welche …?	**quelles** oranges?	[kɛlzɔrɑ̃ʒ]	

- Der Interrogativbegleiter *quel* richtet sich im **Schriftbild** in Genus und Numerus nach dem Nomen, das er begleitet.
- Im **Lautbild** hat er nur zwei Formen: [kɛl] und
[kɛlz] vor vokalisch oder mit *h muet* anlautenden Nomen Plural.

2. Auch in Verbindung mit *être* (prädikative Verwendung) und im Ausruf (als Ausrufbegleiter) richtet sich *quel* nach dem Nomen, auf das es sich bezieht:

Quelle est **la cassette** de Pierre? **Quels** sont **tes** CD préféres, Nicole?
Quel match! Was für ein Spiel!
Quelle chance! Was für ein Glück!

3. **Wendungen** mit *quel* und ihre deutschen Entsprechungen:

Quel âge avez-vous?	Wie alt sind Sie?
Quelle est votre taille?	Wie groß sind Sie?
Quel est votre nom?	Wie heißen Sie?
Quelle est votre adresse?	Wie ist Ihre Anschrift?
Quelle heure est-il?	Wieviel Uhr (Wie spät) ist es?
Vous habitez à quel étage?	Im wievielten Stock wohnen Sie?
Quel jour sommes-nous aujourd'hui?	Was für einen Tag haben wir heute?
On est/C'est/Nous sommes quel jour aujourd'hui?	Welchen Tag/Den wievielten haben wir heute?
Vous venez de quelle ville?	Aus welchem Ort/Woher kommen Sie?

Vgl. die Interrogativpronomen **74–75**.

3 Das Adjektiv

32 Die grammatischen Eigenschaften des Adjektivs

1. Das französische Adjektiv hat im Satz die gleichen Funktionen wie das deutsche.

- Das Adjektiv kann eine **Nominalgruppe** erweitern:

  Ils habitent une **grande** ville, une ville **importante.**

  In diesem Fall spricht man vom **attributiven Adjektiv** (l'adjectif **épithète**).

- Das Adjektiv kann eine **Verbalgruppe** bilden; es ist dann durch Verben wie *être, devenir, sembler, rester* mit dem Nomen verbunden. – Beispiel:

  Cette ville **est (devenue) grande.** Elle **semble importante.**

  In diesem Fall ist das Adjektiv Bestandteil des **Prädikats.**
  Man bezeichnet es daher als **prädikatives Adjektiv** (l'adjectif **attribut**).

2. Das Adjektiv stimmt mit dem Nomen, das es näher bestimmt, in Genus und Numerus überein:

Franck a acheté **un** journal **allemand** et **une** revue **allemande.**

De temps en temps, il lit **des** journaux **allemands** et **des** revues **allemandes.**

(F/D) 3. Abweichend vom Deutschen und Englischen stehen im Französischen die meisten attributiven Adjektive **nach** dem Nomen, z. B. une chanson **française;** un conseil **amical.**
(F/E) Vergleiche: ein **französisches** Lied; a **French** song.

Nur wenige Adjektive stehen grundsätzlich vor dem Nomen, z. B.
une **belle** chanson; un **bon** conseil. (Vgl. **41–43**)

33 Die Angleichung des Adjektivs – L'accord de l'adjectif

Attributives Adjektiv		Prädikatives Adjektiv	
un petit village **une** petite ville	ein klein**es** Dorf eine klein**e** Stadt	**Ce** village est petit. **Cette** ville est petite.	... ist klei**n**.
les petits villages **des** petites villes	die klein**en** Dörfer klein**e** Städte	**Ces** villages sont petits. **Ces** villes sont petites.	... sind klei**n**.
des villes et des villages français	französisch**e** ...	Ces villes et ces villages sont petits.	... sind klei**n**.

(F/D)
- Abweichend vom Deutschen richtet sich nicht nur das attributive, sondern auch das **prädikative** Adjektiv in Genus und Numerus nach dem Nomen, das es näher bestimmt.
- Bezieht sich ein Adjektiv auf **mehrere Nomen mit verschiedenem Genus**, so steht das Adjektiv in der **maskulinen Form Plural**.

☞ **Vergleiche:** Laurent, Sophie et Yasmina (= ils) sont **gentils.**
Sophie et Yasmina (= elles) sont **gentilles.**

Die Formen des Adjektivs

Maskulinum und Femininum – Le masculin et le féminin

34 *Adjektive mit nur einer Form in Lautbild und Schriftbild*

Über 50% der Adjektive haben in **Lautbild** und **Schriftbild** nur **eine Form** für Femininum und Maskulinum: Sie enden im **Schriftbild** immer auf *-e*.

un	immeuble	moderne	
une	maison	moderne	[mɔdɛrn]
un	homme	riche	
une	femme	riche	[riʃ]

Ebenso u. a.:

bête	nécessaire
difficile	rapide
facile	tranquille [-kil]
immense	utile

35 *Adjektive mit nur einer Form im Lautbild und zwei Formen im Schriftbild*

Die Adjektive dieser Gruppe haben für Maskulinum und Femininum im **Lautbild** die gleiche Form. Im **Schriftbild** wird das Femininum durch ein *-e* gekennzeichnet.

Lautbild			Schriftbild
[blø]	**un**	ciel	**bleu**
	une	mer	**bleue**
[amikal]	**un**	conseil	**amical**
	une	lettre	**amicale**
[nwar]	**un**	cheval	**noir**
	une	chemise	**noire**
[kɔrɛkt]	**un**	exemple	**correct**
	une	phrase	**correcte**

Ebenso u. a.:

gai,e	joli,e	absolu,e	
vrai,e	poli,e	nu,e	nackt
général,e	national,e	original,e	
spécial,e	génial,e	idéal,e	
clair,e		majeur,e	volljährig
dur,e		meilleur,e	besser
direct,e		intact,e	vollständig, ganz
strict,e		compact,e	fest, dicht

Zu dieser Gruppe gehören auch die adjektivisch gebrauchten Participes passés auf *-é*, *-i*, *-u*:

un	magasin fermé	**un**	pull bien choisi	**un**	ticket perdu
une	porte fermée	**une**	jupe bien choisie	**une**	photo perdue.

Adjektive mit besonderer Schreibweise

Lautbild			Schriftbild
[natyrɛl]	**un**	garçon	**naturel**
	une	fille	**naturelle**

Ebenso u. a.:

sensationnel,le	réel,le	wirklich
culturel,le	pareil,le	ähnlich

und cher / chère [ʃɛr] fier / fière [fjɛr] public / publique [pyblik] öffentlich.

3 Das Adjektiv

36 *Adjektive mit zwei Formen in Lautbild und Schriftbild*

1. Lautbild: Maskulinum auf Vokal – Femininum auf Konsonant

Lautbild	Schriftbild		
[p(ə)ti]	un	**petit**	village
[p(ə)tit]	une	**petite**	maison
[frɑ̃sɛ]	un	mot	**français**
[frɑ̃sɛz]	la	langue	**française**
[ʃo]	un	repas	**chaud**
[ʃod]	de	l'eau	**chaude**

Ebenso u. a.:

étroit,e	eng	content,e
immédiat,e		intelligent,e
anglais,e		gris,e
mauvais,e		surpris,e
froid,e		allemand,e
profond,e	tief	rond,e

Adjektive mit besonderer Schreibweise

Lautbild	Schriftbild		
[kõplɛ]	un	repas	**complet**
[kõplɛt]	une	phrase	**complète**
[ɑ̃tje]	le	pays	**entier**
[ɑ̃tjɛr]	la	ville	**entière**
[serjø]	un	garçon	**sérieux**
[serjøz]	une	fille	**sérieuse**
[gro]	un	**gros**	camion
[gros]	une	**grosse**	voiture
[blɑ̃]	un	pull	**blanc**
[blɑ̃ʃ]	une	chemise	**blanche**

Ebenso u. a.:

secret, -ète		inquiet, -ète	besorgt
premier, -ière		étranger, -ère	
dernier, -ière		léger, -ère	
particulier, -ière			
curieux, -se		harmonieux, -se	harmonisch
ambitieux, -se	ehrgeizig	jaloux, -se	
bas, basse		épais, épaisse	dick, dicht
franc	frei-		
franche	mütig		

☞ **Sonderformen:**

doux	[du]	faux	[fo]	frais	[frɛ]	**gentil**	[ʒɑ̃ti]	**long**	[lõ]	**muet**	[myɛ]
douce	[dus]	fausse	[fos]	**fraîche**	[frɛʃ]	**gentille**	[ʒɑ̃tij]	**longue**	[lõg]	**muette**	[myɛt]

Beachte: un petit‿avion; un mauvais‿exemple; un grand‿artiste [grɑ̃tartist]; durch die in der Bindung hörbaren Endkonsonanten darf die maskuline Form nicht mit der femininen verwechselt werden.

2. Lautbild: Maskulinum auf Nasalvokal – Femininum auf entnasalierten Vokal + [n]

Lautbild		Schriftbild	Lautbild		Schriftbild	Lautbild		Schriftbild
[prɔʃɛ̃]	vendredi	**prochain**	[vwazɛ̃]	le village	**voisin**	[brɛ̃]	un cheveu	**brun**
[prɔʃɛn]	la semaine	**prochaine**	[vwazin]	la ville	**voisine**	[bryn]	une femme	**brune**

Ebenso u. a.:

certain,e	mexicain,e	divin,e	göttlich	commun,e	allgemein
américain,e	plein,e	fin,e	fein		gemeinschaftlich

☞ **Beachte** die Aussprache von le divin‿enfant [lədivinɑ̃fɑ̃].

Schriftbild: Doppel-n im Femininum:

Lautbild			**Schriftbild**
[-eɛ̃]	un	pays	**européen**
[-eɛn]	la	culture	**européenne**
[italjɛ̃]	l'	art	**italien**
[italjɛn]	une	voiture	**italienne**

Ebenso u. a.:

moyen,ne mittelmäßig
ancien,ne
autrichien,ne österreichisch

sowie:

bon,ne
breton,ne bretonisch
piéton,ne Fußgänger-
paysan,ne bäuerlich

☞ Vor Nomen, die mit Vokal oder *h muet* beginnen, werden Adjektive dieser Rubrik mit [-n-] gebunden. Sie haben dann das gleiche **Lautbild** ohne Nasal wie die feminine Form. – Vergleiche:

une bonne amie } [bɔnami]
un bon‿ami }
un bon‿hôtel [bɔnotɛl]

une ancienne élève } [ɑ̃sjɛnelɛv]
un ancien‿élève }
le Moyen‿Age [mwajɛnaʒ] Mittelalter

3. Lautbild: Maskulinum und Femininum mit unterschiedlichen Endkonsonanten

Lautbild		**Schriftbild**	**Lautbild**		**Schriftbild**	**Lautbild**		**Schriftbild**
[aktif]	un homme	**actif**	[kur]	un récit	**court**	[mɑ̃tœr]	Il est	**menteur.**
[aktiv]	une vie	**active**	[kurt]	une lettre	**courte**	[mɑ̃tøz]	Elle est	**menteuse.**

Ebenso:

neuf, neuve
bref, brève kurz, knapp
naïf, naïve
vif, vive lebhaft
définitif, -ve endgültig
compréhensif, -ve verständnisvoll

vert,e
fort,e
lourd,e
divers,e

flatteur, -euse schmeichlerisch
moqueur, -euse spöttisch
prometteur, -euse vielversprechend
rieur, -euse lachend

Sonderformen:

sec [sɛk], trocken
sèche [sɛʃ]

destructeur [dɛstryktœr], zerstörerisch
destructrice [-tris]

conservateur,
conservatrice konservativ

37 *Zusammenfassung*

Vom **Schriftbild** her gesehen, kann man die Bildung der femininen Form der Adjektive wie folgt zusammenfassen:

1. Im **Normalfall** wird die feminine Form durch **Anhängen von** *-e* an die maskuline Form gebildet (**36**):

a)	un pull	**bleu**	un conseil	**amical**
	une chemise	**bleue**	une lettre	**amicale**
b)	un livre	**français**	un **petit**	garçon
	une revue	**française**	une **petite**	fille
c)	le village	**voisin**		
	la ville	**voisine**		

Dabei verändert sich in vielen Fällen das **Lautbild**

- durch Hörbarwerden des Endkonsonanten (**36**, 1) oder
- durch Entnasalierung des Endvokals in der femininen Form (**36,** 2).

2. Bei einer Reihe von Adjektiven treten **weitere Veränderungen** ein:

	Beispiele		*m*	*f*	Weitere Adjektive
a) **Verdoppelung des Endkonsonanten**	naturel	– naturelle	-el	-elle	Vgl. **35**
	gentil [-i]	– gentille [-ij]	-il	-ille	**36**, 1
	européen	– européenne	-en	-enne	**36**, 2
	bon	– bonne	-on	-onne	**36**, 2
	muet	– muette	-et	-ette	**36**, 1
	gros	– grosse	-s	-sse	**36**, 1
b) *-è-* **im Femininum**	complet	– complète	-et	-ète	Vgl. **36**, 1
	cher	– chère	-er	-ère	**35**
	entier	– entière	-ier	-ière	**36**, 1
c) **Veränderung des Endkonsonanten**	actif	– active	-f	-ve	Vgl. **36**, 3
	sérieux	– sérieuse	-x	-se	**36**, 1
	faux	– fausse	-x	-sse	**36**, 1
	doux	– douce	-x	-ce	**36**, 1
	blanc	– blanche	-c	-che	**36**, 1
	public	– publique	-c	-que	**35**
	sec	– sèche	-ec	-èche	**36**, 3
	frais	– fraîche	-ais	-aîche	**36**, 1

38 *Die Adjektive beau, nouveau und vieux*

Schriftbild	Lautbild	Schriftbild	Lautbild	Schriftbild	Lautbild
un **beau** village	[bo]	un **nouveau** lycée	[nuvo]	un **vieux** monsieur	[vjø]
un **bel** hôtel	[bɛl]	un **nouvel** ami	[nuvɛl]	un **vieil** homme	[vjɛj]
une **belle** chambre	[bɛl]	une **nouvelle** classe	[nuvɛl]	une **vieille** dame	[vjɛj]

- Die Adjektive *beau*, *nouveau* und *vieux* haben eine zweite maskuline Form, allerdings nur im Singular: *bel*, *nouvel*, *vieil*.
- Diese Formen stehen nur **vor maskulinen** Nomen mit **vokalischem** Anlaut oder mit *h muet*. Sie haben das gleiche **Lautbild** wie die femininen Formen *belle*, *nouvelle*, *vieille*.
- Die Singularformen *bel*, *nouvel* und *vieil* stehen **nicht nach** dem Nomen und **nicht** bei **prädikativem** Gebrauch. – Also: un **vieil** homme; **aber:** **un** homme **vieux** de 80 ans;
Cet homme **est** déjà **vieux** (prädikativer Gebrauch).
- Im Plural gibt es abweichend vom Singular nur eine Form vor maskulinen Nomen. Das *-x* der maskulinen Form wird vor Vokal und *h muet* als [z] gebunden. Beispiel: de(s) beaux‿immeubles [z]; de(s) nouveaux‿immeubles [z].

39 Singular und Plural – Le singulier et le pluriel

Wie die Nomen kennzeichnen die meisten Adjektive den Plural nur im **Schriftbild**.
Die meisten Pluralformen haben daher dasselbe **Lautbild** wie die entsprechenden Singularformen.

1. Die regelmäßige Pluralbildung

Lautbild	Schriftbild			Lautbild	Schriftbild			
[grɑ̃]	un de(s)	**grand** **grands**	garçon garçons	[grɑ̃d]	une de(s)	**grande** **grandes**	fille filles	• Im **Lautbild** haben die meisten Adjektive **kein** Numeruszeichen. • Im **Schriftbild** wird der Plural meist durch ein nicht hörbares **End**-*s* markiert.
[bo]	un de(s)	**beau** **beaux**	jour jours	[bɛl]	une de(s)	**belle** **belles**	surprise surprises	• **Maskuline** Singularformen auf [o], geschrieben *-eau*, erhalten im Plural ein *-x*. Die entsprechende feminine Form erhält ein *-s*.
[gro]	un de(s)	**gros** **gros**	souci soucis	[gros]	une de(s)	**grosse** **grosses**	valise valises	• **Maskuline** Singularformen auf *-s* und *-x* erhalten kein Pluralzeichen. Vergleiche auch: le cours – les cours; le prix – les prix. (Vgl. **5**)
[serjø]	un des	homme hommes	**sérieux** **sérieux**	[serjøz]	une des	fille filles	**sérieuse** **sérieuses**	

2. Adjektive mit abweichender Pluralform

Lautbild	Schriftbild		
[amikal]	**un**	conseil	**amical**
[amiko]	**des**	conseils	**amicaux**
[amikal]	**une**	lettre	**amicale**
	des	lettres	**amicales**

Die meisten Adjektive auf [-al], geschrieben *-al,e*, bilden den Plural
- im **Maskulinum** auf [-o], geschrieben *-aux*;
- im **Femininum** auf [-al], geschrieben *-ales*.

(Vgl. **6**)

Ebenso u. a.:

idéal, -aux	
brutal, -aux	
national, -aux	
moral, -aux	moralisch
principal, -aux	hauptsächlich
tropical, -aux	tropisch

40 Besonderheiten bei der Angleichung einiger Adjektive

1. **Farbadjektive** sind normalerweise veränderlich. Sie sind jedoch **unveränderlich**,
   - wenn sie **adjektivisch gebrauchte Nomen** sind oder
   - wenn es sich um **zusammengesetzte Farbadjektive** handelt.

   Unterscheide also: *Normale Farbadjektive:* des blousons verts, des cahiers jaunes
   Adjektivisch gebrauchte Nomen: des anoraks **olive**, des cahiers **orange**
   une chemise **citron** (zitronengelb)
   des jupes **azur** (azur-/himmelblau)
   une cravate **argent** (silbergrau)
   Zusammengesetzte Farbadjektive: des anoraks **vert bouteille** (flaschengrün)
   des cahiers **bleu ciel/rouge foncé** (dunkelrot)

2. **Unveränderlich** sind die Bezeichnungen der **Himmelsrichtungen** *nord, sud, est* und *ouest*:
   la côte **est/nord** de la Corse — les villes **sud**-américaines
   la partie **sud** de notre ville — les pays **ouest**-européens.
3. **Unveränderlich** sind die **Adjektive auf** *-o* bei zusammengesetzten Adjektiven sowie **verkürzte Adjektive**, z. B.
   l'amitié **franco**-allemande — des CD **rock**
   des villes **gallo**-romaines — des personnes **sympa**.
4. **Unveränderlich** ist die Wendung *bon marché*: des meubles **bon marché**.
5. *Chic* hat keine feminine Form, kann aber ein Plural-*s* haben: des robes **chic(s)**.
   Extra und *Super* haben kein Plural-*s*: des vacances extra, des copains super.

Die Stellung des attributiven Adjektivs

41 Grundsätzliches zur Stellung des Adjektivs

F/D Abweichend vom Deutschen kann im Französischen das attributive Adjektiv **vor** oder **nach** dem Nomen stehen: un **grand** hôtel – un hôtel **moderne**.

Grundregeln:
- Die **meisten** Adjektive stehen **nach** dem Nomen:
  des yeux **bleus** – une voiture **française** – un texte **facile** – la main **gauche**. (Vgl. **42**)
- Eine kleine Anzahl von Adjektiven steht grundsätzlich **vor** dem Nomen:
  une **petite** fille – une **belle** voiture – un **grand** auteur – une **haute** tour. (Vgl. **43**)
- Einige Adjektive stehen, je nach ihrer Bedeutung, **vor** oder **nach** dem Nomen:
  le **dernier** train der letzte Zug; la semaine **dernière** vorige Woche. (Vgl. **44**)
- Adjektive, die eine nominale Ergänzung bei sich haben, stehen **nach** dem Nomen:
  une **haute** tour; **aber:** une tour **haute de 30 mètres**. (Vgl. **42**)

42 Nachstehende Adjektive

la main **droite/gauche** un train **régulier/spécial/rapide** un cas **normal/extraordinaire** un texte **facile/difficile** une porte **ouverte/fermée** sa jupe **blanche/verte/grise** une table **ronde/basse** un homme **content/malheureux** la religion **catholique/protestante** un touriste **français/allemand** un député **socialiste/écologiste**	Die **nach** dem Nomen stehenden Adjektive informieren über **unterscheidende Eigenschaften** und **besondere Kennzeichen**. Solche Eigenschaften und Kennzeichen sind z. B. • Farben • Formen • körperliche, geistige und seelische Zustände • Religionszugehörigkeit • Nationalität • politische Zugehörigkeit.
une fenêtre **ouverte**, des objets **disparus**; une ville **vieille de 500 ans**	Ebenfalls **nach dem Nomen** stehen: • Participes passés • Adjektive, die durch eine Ergänzung näher bestimmt sind.

☞ Einige der üblicherweise nachstehenden Adjektive werden u. a. in der Sprache der Medien zur Hervorhebung auch vorangestellt. Beispiele:

Terrible accident sur l'autoroute A6. *(France-Soir)*
L'équipe de Paris-St-Germain a remporté une **écrasante** victoire. *(L'Equipe)* … einen überwältigenden Sieg …

43 Voranstehende Adjektive

Vor dem Nomen stehen nur wenige (meist kurze) Adjektive:

un **grand** arbre une **grande** influence	grand,e ↕	groß bedeutend	un **beau** visage un **bel** homme une **belle** femme	beau,bel belle	schön
un **petit** village une **petite** faute	petit,e	klein unbedeutend	une **jolie** femme	joli,e	hübsch
un **jeune** chien une **jeune** femme	jeune ↕	jung	un **gros** livre une **grosse** voiture une **grosse** faute	gros,se	dick groß schwer (wiegend)
un **vieux** mur un **vieil** ami une **vieille** maison	vieux, vieil, vieille	alt langjährig	une **haute** tour un **haut** fonctionnaire (Beamter)	haut,e	hoch hochgestellt
une **bonne** action le **bon** chemin	bon,ne ↕	gut richtig			
de **mauvaise** qualité un **mauvais** tour la **mauvaise** direction	mauvais,e	schlecht böse falsch			

☞ Geht diesen Adjektiven ein Adverb voraus, stehen sie in der Regel nach dem Nomen:

un chien **encore jeune**; une femme **extrêmement** (besonders) **belle**;
une voix **particulièrement jolie**.

In einigen Fällen ist aber auch Voranstellung möglich, z. B.:

une **très/si/aussi belle** femme; un **très/si/aussi mauvais** exemple.

44 Adjektive mit wechselnder Bedeutung bei Voran- und Nachstellung

ancien	l'**ancien** maire	ehemalig	une maison **ancienne**	sehr alt
certain	**certains** problèmes **certaines** personnes	gewiss manche	des informations **certaines**	sicher, verlässlich
cher	**Cher** Olivier	Lieber …	une voiture **chère**	teuer
dernier	le **dernier** train	letzter	la semaine **dernière**	vorig
nouveau	un **nouvel** emploi	neu, anderer	une musique **nouvelle**	neuartig
pauvre	le **pauvre** malade	bedauernswert	les gens **pauvres**	arm
propre	ta **propre** faute	eigen	un hôtel **propre**	sauber
seul	un **seul** homme	einzig	un femme **seule**	einsam, alleinstehend
vrai	un **vrai** problème	wirklich, regelrecht	une histoire **vraie**	wahr, nicht erfunden

☞ **Unterscheide:**

un **drôle** de livre	seltsam, komisch	– un livre **drôle**	lustig
une **drôle** d'histoire		– une histoire **drôle**	
des **drôles** de dessins		– des dessins **drôles**	
un **court** moment	**zeitlich** kurz	– une jupe **courte**	**räumlich** kurz
un **long** voyage	**zeitlich** lang	– une jupe **longue**	**räumlich** lang
un **grand** homme	bedeutend	– un homme **grand**	groß gewachsen
un **jeune** professeur	jung (an Jahren)	– un visage **jeune**	jugendlich

45 Die Stellung zweier Adjektive beim Nomen

Beispiele	Erklärung
un hôtel **calme et pas cher** un **petit** hôtel **sympathique**	Wenn ein Nomen von zwei Adjektiven begleitet wird, kann jedes Adjektiv an der Stelle stehen, an der es bei Einzelgebrauch steht.
une **grande et belle** rue une rue **grande et belle**	Wenn zwei Adjektive **vor** oder **nach** dem Nomen stehen, werden beide durch *et* verbunden.

Die Vergleichsformen des Adjektivs

46 Die Bildung der Vergleichsformen

Beispiel			Form
Paul est grand.			**Positiv** (le positif)
			Komparativ (le comparatif)
Paul est **aussi** grand **que** sa mère.	so groß wie		Gleichheit: aussi … que
Il est **plus** grand **que** sa sœur Sandra,	größer als		Überlegenheit: plus … que
mais **moins** grand **que** son père.	kleiner als		Unterlegenheit: moins … que
			Superlativ (le superlatif)
M. Duc est la personne **la plus** grande **de** la famille.	die größte		le/la/les plus … de
Sandra est la personne **la moins** grande.	die kleinste		le/la/les moins … de

- Der **Komparativ** des Adjektivs wird mit den Vergleichsadverbien *aussi*, *plus* oder *moins* gebildet.
- Der **Superlativ** wird mit den Vergleichsadverbien *le/la/les plus* bzw. *le/la/les moins* gebildet.
- Das **Vergleichswort** wird beim Komparativ mit *que*, beim Superlativ mit *de* angeschlossen.

Sonderformen:

un **bon** nageur	une **bonne** suprise	bon	bonne	gut
un **meilleur** nageur	une **meilleure** suprise	meilleur	meilleure	besser
le **meilleur** nageur	la **meilleure** suprise	le meilleur	la meilleure	beste(r)

47 Die Stellung des Superlativs in der Nominalgruppe

Sandra est	**la**	personne	**la moins paresseuse**	de sa famille.
C'est	**mon**	amie	**la plus gentille.**	
Sandra est	**la moins grande**	personne		de la famille.
C'est	**ma plus gentille**	amie.		

- Der Superlativ kann dem Nomen nachgestellt werden oder ihm vorangehen.
- Wenn er dem Nomen vorangeht, steht der Superlativ ohne Artikel, da das Nomen bereits einen Begleiter hat (hier: *la/ma*).

☞ In der Bedeutung ‚gering' entspricht dem Positiv *petit* der Superlativ *le/la moindre*. Der Komparativ *moindre* kommt selten vor.
In der Bedeutung ‚schlimm' entspricht dem Positiv *mauvais* der Komparativ *pire* und der Superlativ *le/la pire*. Unterscheide also:

	Ce gâteau est **plus petit** que l'autre.	... **kleiner** als der andere.
Aber:	Je n'ai pas **la moindre** idée de ce qui s'est passé.	... nicht die **geringste** Ahnung.
	Cette chanteuse est **la plus mauvaise** de toutes.	... die **schlechteste** von allen.
Aber:	La soif est **pire** que la faim.	... noch **schlimmer** ...
	Etre malade, c'est **la pire** des choses.	... das **Schlimmste**.

48 Adjektive und ihre Ergänzungen

Eine Reihe von Adjektiven können nominale Ergänzungen oder Infinitivergänzungen bei sich haben, die mit festen Präpositionen, meist mit *de* oder *à*, angeschlossen werden. – Beispiele:

1. Adjektive mit nominaler Ergänzung

Sandra est **amoureuse de** François.	être amoureux **de** qn	verliebt in
Elle est **jalouse de** moi/**de** mon succès.	jaloux **de** qn/qc	eifersüchtig auf
Encore une lettre **pleine de** fautes!	plein **de** qc	voll von
Ce professeur est **différent des** autres.	différent **de** qn/qc	verschieden von
Il est **prêt à** partir.	prêt **à** qc	bereit zu
Ce n'est pas **conforme à** la loi.	conforme **à** qc	entsprechend
C'est un homme **fidèle à** ses principes.	fidèle **à** qc	treu
Etes-vous **fort(s) en** mathématiques?	fort **en** qc	stark, gut in
M. Meunier est **âgé de 80 ans.**	âgé **de ...** ans	... Jahre alt
Cette avenue est **large de 35 mètres** et **longue de 2 kilomètres.**	large **de ...** m long **de ...** km	... m breit ... km lang
La tour Eiffel est **haute de 320 mètres.**	haut **de ...** m	... m hoch

☞ **Unterscheide:**

différent **de** qn/qc	verschieden von	pareil **à** qc	ähnlich
synonyme **de** qc	gleichbedeutend mit	contraire **à** qc	in Widerspruch zu
caractéristique **de** qn/qc	charakteristisch für	comparable **à** qn/qc	vergleichbar mit

2. Adjektive mit nominaler Ergänzung und mit Infinitivergänzung

Anne est **certaine/sûre de son succès.** Elle est **certaine/sûre de réussir** son bac.	être certain/sûr **de** qc certain/sûr **de** faire qc	gewiss/ sicher
Mon père était **content de moi/de mon travail.** Mon père était **content de retrouver** un emploi.	content **de** qn/qc content **de** faire qc	froh/zufrieden
Nadine est **fière de son frère.** Nadine est **fière d'avoir** un frère célèbre.	fier **de** qn/qc fier **de** faire qc	stolz
Nous sommes **heureux de l'arrivée** de Françoise. Nous sommes **heureux de** la **revoir.**	heureux **de** qc heureux **de** faire qc	glücklich

3. Adjektive mit Infinitivergänzung

Mme Curie a été **la première** femme **à avoir** le prix Nobel, et **la seule** **à** le **recevoir** deux fois.	 être le premier **à** faire qc le seul **à** faire qc	 der erste, der … der einzige, der …
Jacques est toujours **le dernier à se décider.**	le dernier **à** faire qc	der letzte, der …

☞ • **Unterscheide:**

Cette règle est facile/difficile/impossible **à** comprendre. Subj. = Nominalgruppe: *à* + Inf.
Il/C' est facile/difficile/impossible **de** la comprendre. Subj. = **unpersönl.** *il/ce: de* + Inf.

• Infinitivergänzungen mit à finden sich auch nach **Zahlwörtern** und **Mengenausdrücken**. Beispiele:

Nous étions **trois à écouter** le CD. … waren drei, die …
Nous étions **beaucoup à** en **avoir mangé.** … waren viele, die …

Die Grundzahlen – Les numéraux cardinaux

49 Die Grundzahlen von 0 bis 60

0 zéro	[zero]	10 dix	[dis]	20 vingt	[vɛ̃]
1 un, une	[ɛ̃/yn]	11 onze	[õz]	21 vingt et un/une	[vɛ̃teɛ̃/yn]
2 deux	[dø]	12 douze	[duz]	22 vingt-deux	[vɛ̃tdø]
3 trois	[trwa]	13 treize	[trɛz]	30 trente	[trɑ̃t]
4 quatre	[katr]	14 quatorze	[katɔrz]	31 trente et un/une	[trɑ̃teɛ̃/yn]
5 cinq	[sɛ̃k]	15 quinze	[kɛ̃z]	32 trente-deux	[trɑ̃tdø]
6 six	[sis]	16 seize	[sɛz]	40 quarante	[karɑ̃t]
7 sept	[sɛt]	17 dix-sept	[disɛt]	41 quarante et un/une	[karɑ̃teɛ̃/yn]
8 huit	[ɥit]	18 dix-huit	[dizɥit]	50 cinquante	[sɛ̃kɑ̃t]
9 neuf	[nœf]	19 dix-neuf	[diznœf]	60 soixante	[swasɑ̃t]

- Von der Zahl 17 an werden die Zahlen aus Zehnern und Einern gebildet.
- Der Einer wird mit *et*, die übrigen Einer werden mit Bindestrich angeschlossen.

☞ • Bei den Zahlen 21, 31 usw. richtet sich der Einer 1 – wie der unbestimmte Artikel – im Genus nach dem ihm folgenden Nomen. – Beispiele:

un livre — vingt et **un** livres — trente et **une** minutes.
une page — vingt et **une** pages

- Folgt der Einer 1 jedoch dem Nomen, steht immer die maskuline Form.

Beispiele: scène **un**; page **un**.

Besonderheiten im Lautbild

quatre	cinq	six	huit	dix	
[kat(r)]	[sɛ̃k]	[sis]	[ɥit]	[dis]	• **alleinstehend**
quatre francs [kat(rə)frɑ̃]	cinq francs [sɛ̃(k)frɑ̃]	six francs [sifrɑ̃]	huit francs [ɥifrɑ̃]	dix francs [difrɑ̃]	• **vor** Nomen mit **Konsonant**
quatre‿ans [katrɑ̃]	cinq‿ans [sɛ̃kɑ̃]	six‿ans [sizɑ̃]	huit‿hommes [ɥitɔm]	dix‿hommes [dizɔm]	• **vor** Nomen mit **Vokal** + *h muet*

☞ • Die Endkonsonanten von *sept* [-t] und *neuf* [-f] werden immer gesprochen:

sept francs [sɛtfrɑ̃], *neuf avions* [nœfavjɔ].

- Das [f] von *neuf* wird als [v] gebunden in *neuf ans* [nœvɑ̃], *neuf hommes* [nœvɔm] und *neuf heures* [nœvœr].
- Vor Zahlwörtern wird in der Regel nicht gebunden und nicht apostrophiert. – Beispiele:

les huit/**les** onze personnes qui sont venues [leɥi/leõz]. **Ausnahme:** dix-huit [dizɥit].
le train **de** huit heures/**de** onze heures (**d'**onze heures ist möglich); compter **de** un à dix.

50 2. Die Grundzahlen über 60

60 soixante [-s-]	80 **quatre-vingts** [katrəvɛ̃]	100 cent [sɑ̃]
61 soixante **et** un/une	81 quatre-vingt-**un/une** [katrəvɛ̃ɛ̃]	101 cent **un/une** [sɑ̃ɛ̃]
62 soixante-deux	82 quatre-vingt-deux [katrəvɛ̃dø]	110 cent dix
69 soixante-neuf	89 quatre-vingt-neuf	200 deux cents
70 soixante-dix	**90 quatre-vingt-dix**	1 000 mille [mil]
71 soixante **et** onze	91 quatre-vingt-onze	1 001 mille **un/une**
72 soixante-douze	92 quatre-vingt-douze	2 000 deux mille
79 soixante-dix-neuf	99 quatre-vingt-dix-neuf	1 000 000 un million [miljɔ̃]

2 586 deux mille cinq cent quatre-vingt-six
3 450 464 trois millions quatre cent cinquante mille quatre cent soixante-quatre

- Vor vokalischem Anlaut werden *quatre-vingts* und *deux/trois* etc. *cents* im Lautbild gebunden:
  quatre-vingts‿ans [katrəvɛ̃zɑ̃]; cinq cents‿ans [sɛ̃sɑ̃zɑ̃].
- *Mille* ist unveränderlich: trois mille francs; l'an deux mille.
- Auf *quatre-vingt, cent* und *mille* folgt der Einer unmittelbar: *quatre-vingt-un, cent un, mille un.*
- *Un million* ist ein Nomen (Mengenausdruck) und bildet somit einen Plural.
  Ein folgendes Nomen wird mit partitivem *de* angeschlossen:
  neuf millions **d'**habitants. (**Aber:** neuf millions cinq cent mille habitants.)

☞ **Unterscheide** bei *quatre-vingt(s)* und *cent:*

- quatre-vingts (personnes)/deux cents (pages) — **Plural**-*s*, wenn **keine weitere Zahl** folgt.
- quatre-vingt-**une/deux** (personnes)/deux cent **trente** (pages) — **Kein** Plural-*s* bei **folgender Zahl**.
- **page** deux cent (quatre-vingt) — **Kein** Plural-*s* bei **vorangehendem** Nomen.

Den *Rectifications de l'orthographe* (**195**, 2) zufolge können die Einzelelemente zusammengesetzter Zahlen durch Bindestriche verbunden werden. Beispiele:
cent-deux, deux-cents, deux-cent-soixante-et-onze, sept-cent-mille-trois-cent-vingt-et-un.

51 Die Ordnungszahlen – Les numéraux ordinaux

1er le premier [prəmje]	11e le, la onzième	22e le, la vingt-deuxième
1re la première [prəmjɛr]	12e le, la douzième	23e le, la vingt-troisième
2e le, la deuxième [døzjɛm]	13e le, la treizième	30e le, la trentième [trɑ̃tjɛm]
2^nd(e)^ le second, la seconde [-g-]	14e le, la quatorzième	40e le, la quarantième
3e le, la troisième [trwazjɛm]	15e le, la quinzième	50e le, la cinquantième
4e le, la quatrième	16e le, la seizième	60e le, la soixantième
5e le, la cinquième	17e le, la dix-septième	70e le, la soixante-dixième
6e le, la sixième [sizjɛm]	18e le, la dix-huitième	80e le, la quatre-vingtième
7e le, la septième [sɛtjɛm]	19e le, la dix-neuvième	90e le, la quatre-vingt-dixième
8e le, la huitième	20e le, la vingtième	100e le, la centième [sɑ̃tjɛm]
9e le, la neuvième	21e le, la vingt et unième [vɛ̃teynjɛm]	200e le, la deux centième
10e le, la dixième [dizjɛm]		1 000e le, la millième [miljɛm]

- Nur bei *premier* und *second* gibt es eine **maskuline** und eine **feminine** Form.
- Vor *huitième* und *onzième* wird nicht apostrophiert.
- *premier* und *second* können nicht mit einer anderen Zahl verbunden werden.

☞ **Unterscheide:**

son premier fils	[sõprəmjefis]	Vor vokalisch anlautenden maskulinen Nomen wird *premier* wie die feminine Form [prəmjɛr] ausgesprochen.
son premier‿enfant	[sõprəmjɛrãfã]	
sa première fille	[saprəmjɛrfij]	

F/D Abweichend vom Deutschen steht im Französischen in **Datumsangaben** und bei **Herrschernamen** die **Grundzahl**, außer bei der Zahl 1, und zwar immer ohne Punkt:
le deux/trois janvier (le 2-1-1998 oder le 2/1/1998); Napoléon III (trois); Louis XIV (quatorze);
Aber: le 1er (premier) janvier; Napoléon Ier (premier).

52 Die Bruchzahlen – Les fractions

$\frac{1}{2}$	= un demi	$\frac{3}{7}$	= trois septièmes	$\frac{1}{4}$ Jahr	= trois mois
$\frac{1}{3}$	= un tiers [tjɛr]	$\frac{9}{10}$	= neuf dixièmes	$\frac{1}{2}$ Jahr	= six mois
$\frac{1}{4}$	= un quart [kar]	$1\frac{2}{5}$	= un deux cinquièmes	$\frac{3}{4}$ Jahr	= neuf mois
$\frac{3}{4}$	= trois quarts	$1\frac{3}{7}$	= un trois septièmes	$1\frac{1}{2}$ Jahr	= un an et demi (oder: dix-huit mois)
$\frac{1}{5}$	= un cinquième	1,5 km	= un km et demi	3,5	= trois virgule cinq
$\frac{1}{6}$	= un sixième	2,5 kilos	= deux kilos et demi	ein Ganzes die Hälfte	= un entier [ãtje] = la moitié

☞ Die Bruchzahlen sind Nomen. Ist der Zähler größer als 1, so bekommt der Nenner ein Plural-*s*: **trois quarts.**

Unterscheide:

• une **demi-heure** une **demi-**bouteille	eine halbe Stunde eine halbe Flasche	*Demi* ist **unveränderlich,** wenn es **vor** dem Nomen steht. Schreibweisen wie *une demie heure* und *une demie sœur* werden jedoch nicht mehr als Fehler gewertet.
• une **heure** et **demie** deux **bouteilles** et **demie** trois **millions** et **demi**	anderthalb Stunden zweieinhalb Flaschen dreieinhalb Millionen	Steht *demi* **nach** dem Nomen, so richtet es sich im **Genus** nach diesem.

F/D Abweichend vom Deutschen steht im Französischen der **bestimmte** Artikel bei Bruchzahlen, deren Zähler größer als 1 ist. – Beispiele: **Les trois** quarts des élèves sont malades.
La bouteille est vide **aux deux** tiers.

53 Die Sammelzahlen auf *-aine* – Les nombres collectifs en *-aine*

		Ebenso:		
une douzaine d'huîtres	ein Dutzend Austern	une quarantaine de	etwa	40
une huitaine de jours	(ungefähr) 8 Tage	une cinquantaine de	etwa	50
une dizaine d'années	(etwa) 10 Jahre	une soixantaine de	etwa	60
une quinzaine de personnes	(an die) 15 Personen	une centaine de	etwa	100
une vingtaine d'invités	(zirka) 20 Gäste	**Aber:**		
un homme **d'une trentaine d'**années	(etwa) 30 Jahre alt	un millier de	etwa	1000

- Sammelzahlen mit der Endung *-aine* können nur aus **einfachen** Grundzahlen gebildet werden:
  une soixantaine d'années.
  Bei **zusammengesetzten Zahlen steht** *environ* oder *à peu près* + Zahlwort:
  environ soixante-dix ans; environ quatre-vingts/quatre-vingt-dix; à peu près quatre-vingts.
- Wie bei den meisten Mengenausdrücken wird das folgende Nomen mit partitivem *de* (ohne Artikel) angeschlossen. (Vgl. **18**)

54 Die grammatischen Eigenschaften der Pronomen

1. Im Unterschied zu den Begleitern sind die meisten Pronomen **Stellvertreter**. In einem Satz vertritt das Pronomen eine Nominalgruppe (d. h. ein Nomen oder Nomen + Begleiter). – Beispiele:

   C'est ton vélo, ça? – Non, c'est **celui** (= le vélo) de Pierre.
   Le mien (= Mon vélo à moi) est en panne.
   Pierre est chez vous? – Oui, **il** (= Pierre) est dans le jardin.

   Pronomen werden also verwendet, um auf ein Nomen oder eine Nominalgruppe zu **verweisen**. Mit diesem Bezugselement stimmen die Pronomen im Genus und im Numerus überein.

2. Einige Pronomen können die gesamte Aussage eines vorangehenden Satzes wieder aufnehmen, z. B.

   Tu as trop mangé, c' est clair. – Je le sais.

   Va faire une promenade. Cela/Ça te fera du bien.

3. Pronomen können auch einen noch folgenden Sachverhalt ankündigen, z. B.

   Il est certain **que vous vous êtes trompée, madame.**

   Cela/Ça me plaît **de faire de longues promenades.**

☞ **Die Personalpronomen** *je, tu* und einige indefinite Pronomen haben keine Stellvertreterfunktion und verweisen auch nicht auf ein vorangehendes oder folgendes Textelement. Beispiele:

Tu attends des copains? – Oui, **j'**attends Jean-Claude.
Quelqu'un peut m'expliquer ce qui se passe? Je ne comprends **rien** à cette affaire.

Die verbundenen Personalpronomen und die Adverbialpronomen *y* und *en*

55 Die verbundenen Personalpronomen – Les pronoms personnels conjoints

Die verbundenen Personalpronomen können nur in enger Verbindung mit einem Verb gebraucht werden.
Im Satz haben sie die Funktion des **Subjekts** (les pronoms sujets), des **direkten Objekts** oder des **indirekten Objekts** (les pronoms objets).

5 Die Pronomen

1. Die Subjekt- und Objektpronomen der 1. und 2. Person

Subjekt		Direktes Objekt		Indirektes Objekt	
Je rentre.	ich	On **me** voit.	mich	On **me** fait signe.	mir
J' arrive.		On **m'** appelle.			
		Attendez- **moi.**		Dites- **moi** pourquoi.	
Tu rentres.	du	On **te** voit.	dich	On **te** fait signe.	dir
		On **t'** appelle.			
		Dépêche- **toi.**		Demande- **toi** pourquoi.	
On‿arrive.	wir	On **nous** voit.			
Nous rentrons.	wir	On **nous**‿appelle.	uns	On **nous** fait signe.	uns
Nous‿arrivons.					
Vous rentrez.	ihr/Sie	On **vous** voit.	euch/Sie	On **vous** fait signe.	euch/Ihnen
Vous‿arrivez.		On **vous**‿appelle.			

- *Me, te, nous, vous, moi* und *toi* können im Satz direktes oder indirektes Objekt sein.
- Vor vokalisch anlautender Verbform (und vor *y/en*) werden *je, me, te* zu *j', m', t'*; *on, nous* und *vous* werden im Lautbild gebunden.

☞
- Als Objektpronomen der 1.+2. Person Singular steht **vor** dem Verb *me* und *te* und **nach** dem Verb, beim Imperativ, *moi* und *toi*. Zur Stellung der Objektpronomen im Imperativsatz vgl. **60**.
- Die Pronomen der 2. Person Plural werden auch als Höflichkeitsformen verwendet. Sie können sich, wie das dt. ‚Sie', auf eine einzelne oder auf mehrere Personen beziehen.
  Beispiele: Bonjour, **madame**. Comment allez-**vous**? On ne **vous** a pas oubliée …
  Vous avez choisi un dessert, **messieurs**? Non? Alors, je **vous** conseille notre gâteau au chocolat.

Zum Gebrauch von *on* vgl. auch **72**.

2. Die Subjekt- und Objektpronomen der 3. Person

Subjekt		Direktes Objekt		Indirektes Objekt	
Il rentre.	er	On **le** voit.	ihn	On **lui** fait signe.	ihm
		On **l'** appelle.			
Elle rentre.	sie	On **la** voit.	sie	On **lui** fait signe.	ihr
On dit.	man	On **l'** appelle.			
Ils rentrent.	sie *m*	On **les** voit.	sie	On **leur** fait signe.	ihnen
Ils‿arrivent.		On **les**‿appelle.			
Elles rentrent.	sie *f*	On **les** voit.	sie	On **leur** fait signe.	ihnen
Elles‿arrivent.		On **les**‿appelle.			

- Die **direkten Objektpronomen** *le, la, les* haben die gleichen Formen wie der bestimmte Artikel. Vor vokalisch anlautender Verbform und *h muet* werden *le* und *la* zu *l'*; *les* wird im Lautbild gebunden.
- Die **indirekten Objektpronomen** der 3. Person haben für Maskulinum und Femininum nur jeweils **eine** Form: die Singularform *lui* (ihm/ihr) und die Pluralform *leur* (ihnen).
- Die **Subjektpronomen** *ils* und *elles* werden vor vokalisch anlautenden Verbformen und *h muet* im Lautbild gebunden.

- Das indirekte **Objektpronomen** *leur* ist unveränderlich.
- Der **Possessivbegleiter** *leur/leurs* hingegen hat eine Singular- und eine Pluralform. **Unterscheide**:

Je **leur** ai montré { notre voiture. / nos vélos.	*Leur* + **Verb**	= indirektes Objektpronomen: **unveränderlich**.
Ils m'ont montré { **leur** voiture. / **leurs** vélos.	*Leur/leurs* + **Nomen**	= Possessivbegleiter: **veränderlich** im Numerus. (Vgl. **25**, 2)

- *Il* und *le* werden auch als neutrale Pronomen verwendet. – Beispiele:
  Il pleut. **Es** regnet. **Il** va y avoir un orage. **Il** faut rentrer.
  Tu sais que Pierre est malade. – Oui. Sa mère me **l'**a dit. ... hat **es** mir gesagt.

3. *Das Reflexivpronomen* – Le pronom réfléchi

Singular			**Plural**		
Pierre **se** dépêche.	... beeilt sich.		Mes amis **se** présentent.	... stellen sich vor.
Anne **s'** excuse.	... entschuldigt sich.			
Je **m'** excuserai.	... mich entschuldigen.		Vous **vous** souvenez de Marc?	Erinnert ihr euch...?
Je **me** fais des reproches.	Ich mache mir ...			
Tu ne **t'** excuses pas?	... du dich nicht?		Nous **nous** demandons où il est.	Wir fragen uns ...,
Excuse-**toi.**	Entschuldige dich.			

- Wie im Deutschen hat auch im Französischen das Reflexivpronomen nur für die **3. Person** eine Form, die sich von den Objektpronomen unterscheidet: *se* (sich).
- In der 1. und 2. Person stehen die Objektpronomen *me*, *te*, *nous*, *vous*.
- **Nach** dem **Imperativ** steht die Form *toi* statt *te*. (Vgl. Attendez-**moi**; **55**, 1) **Aber:** Va-**t'en**. (Vgl. **60**)

Die Adverbialpronomen *y* und *en* – Les pronoms adverbiaux *y* et *en*

56 *Y* und *en* in der Funktion einer adverbialen Bestimmung und eines indirekten Objekts

Die Adverbialpronomen *y* und *en* vertreten im Satz **Präpositionalgruppen**, die in der Regel **Sachen** bezeichnen.

Marc habite **à Beaune, en Bourgogne, dans une vieille maison près de l'Hôtel de Ville.** Il **y** habite avec sa famille.	*Y* vertritt im Satz • **adverbiale Bestimmungen des Ortes** mit *à, en, dans, sur, sous, près de* u. a. Präpositionen
Marc s' intéresse **à son travail.** Il s'**y** intéresse même beaucoup.	und • **indirekte Objekte** mit *à*.
Marc est rentré **d'un voyage.** Il **en** est rentré hier soir.	*En* vertritt im Satz • **adverbiale Bestimmungen des Ortes** mit *de*
Marc parle **de son voyage.** Il **en** parle longuement. (davon, darüber)	und • **indirekte Objekte** mit *de*.

☞ • **Unterscheide: Sachobjekte** *(y - en)*

Marc a téléphoné **à la mairie.**
Il **y** a téléphoné ce matin.

Anne a parlé **de sa nouvelle voiture.**
Elle **en** a parlé à un voisin.

Personenobjekte (Personalpronomen)

Marc a téléphoné **au maire.**
Il **lui** téléphone souvent.

Anne a parlé **de ses enfants.**
Elle a parlé **d'eux** à une amie.
(Elle **en** a parlé à une amie.)

Für indirekte **Personen**objekte mit *à* kann *y* in der Regel nicht stehen.
Für indirekte **Personen**objekte mit *de* kann *en* stehen.

- Beachte: J'y pense. Ich denke daran. (= Sache) Je pense **à toi/à lui/à elle,** etc. (= Person)
- *Y* entfällt vor den mit *i*-anlautenden Futurformen von *aller*. – Beispiel:
  Vous irez à cette réunion? – Oui, on ira. (Aber: Oui, on va **y** aller.)

Verben mit indirekter Objektergänzung vom Typ *penser* vgl. **64**.

57 Partitives *en*

1\.
- Je viens de faire **du café.**
Vous **en** voulez? ... welchen?
– Non, merci. Je **n'en** veux **pas.** ... keinen.
Je **n'en** bois **plus.** ... keinen mehr.

– Vous avez **des timbres?**
– Oui, j' **en** ai. ... welche.
– Moi, je **n'en** ai **plus.** ... keine mehr.

- Partitives *en* bezeichnet eine Teilmenge einer bereits erwähnten Menge.
- *En* vertritt in dieser Funktion Nominalgruppen mit dem **Partitiv** *(du/de la/de l')* oder mit dem **unbestimmten Artikel Plural** *(des)*, die im Satz die Funktion eines direkten Objekts haben.
- *En* bezeichnet
  im **bejahenden** Satz eine **unbestimmte Anzahl** oder eine **unbestimmte Menge** (dt. ‚welche[n]'),
  im **verneinenden** Satz eine **Nullmenge** (dt. ‚keine[n]').

2\. Serge a fait **trop** de café.
Il **en** a fait **trop** pour trois personnes.
Pour avoir **assez** de café pour tout le monde,
Serge **en** a fait **un litre.**
Il **en** a fait **deux tasses** pour chacun.

En steht in Verbindung mit Mengenausdrücken wie
- **Mengenadverbien**, z. B. *beaucoup, trop, peu, assez, combien* (*de* + Nomen), und
- **Nominalgruppen**, z. B. *une tasse, un litre, un kilo, une bouteille* (*de* + Nomen).

En vertritt dabei partitives *de* + Nomen.

3\. – C'est toi qui voulais des timbres?
– Oui. Il m' **en** faut **un.**

Serge a **plusieurs timbres.**
Il **en** offre **trois** à Joëlle.

– Tiens. Voilà **quelques timbres.**
– C'est trop. Il m' **en** faut **un (seul).**/
Merci. Il ne m' **en** faut pas.

En steht ebenso in Verbindung mit **Zahlwörtern** und **Indefinita**.

Es vertritt dabei das Nomen, das dem Zahlwort oder dem indefiniten Begleiter folgen würde.
Das Mengen- oder Zahlwort wird im *en*-Satz wieder aufgegriffen oder durch eine andere Mengenangabe ersetzt. An Stelle von *un/une* im bejahten *en*-Satz steht im verneinten *en*-Satz kein Mengen- oder Zahlwort.

F/D Im Unterschied zum Deutschen können im Französischen Mengenausdrücke, Zahlwörter und indefinite Pronomen, die auf eine bereits erwähnte Menge zurückverweisen, im Satz mit konjugiertem Verb nicht allein stehen. – **Vergleiche:**

– Habt ihr CDs?	– Est-ce que vous avez	**des CD?**
– Ja, ich habe **viele/ein paar**.	– Oui. Moi, j' **en** ai	**beaucoup/quelques-uns.**

☞ Unterscheide:

Eric a **de** beaux timbres.	Il **en** a qui sont très rares.	welche
	Il me **les** a montrés hier.	sie (= alle)
– Il y a encore **des** biscuits?	– Non, il n'y **en** a plus.	keine mehr
– Qui a mangé **les** biscuits?	– Je **les** ai mangés.	sie (= alle).

Die Stellung der Objektpronomen und der Adverbialpronomen im Aussage- und im Fragesatz

58 Typ: Ein pronominales Objekt + Verb

Voilà Bernard qui arrive.			
Tu	**le**	connais?	Non?
Mais tu	**lui**	dis	bonjour quand même!
Nous, on		va aller	au cinéma.
On	**y**	joue	un bon film.
Tout le monde	**en**	parle.	
– Tu		vas	souvent au théâtre?
– Non, je **n'**	**y**	vais	**pas** souvent.
– Alors tu **n'**		as	**pas** vu la pièce de Sartre?
– Si. Mais je **ne**	**l'**	ai	**pas** comprise.

- Die **Objektpronomen** und die **Adverbialpronomen** *y* und *en* stehen unmittelbar **vor dem konjugierten Verb**.
- Die **Verneinungselemente** *ne… pas/plus/jamais* etc. **umschließen** die Gruppe **Pronomen + konjugiertes Verb** bzw., bei den zusammengesetzten Verbformen, **Pronomen + Hilfsverb**.

Zur Stellung der Pronomen im Imperativsatz vgl. **60**; zur Angleichung des Participe passé vgl. **89**.

59 Typ: Zwei pronominale Objekte + Verb

1. Wenn **zwei Objektpronomen** oder ein Objektpronomen und ein Adverbialpronomen zusammentreffen, stehen sie ebenfalls vor dem konjugierten Verb. (Vgl. aber **60**)

a) Elle est très bonne, cette cassette. Je		**te**	la		prête, si tu veux./		
Je		**vous**	la		prête, si vous voulez.		
Nadine a beaucoup de livres. Elle		**se**	les		paie avec son argent de poche.		
C'est elle qui		**me**	l'		a		dit.
Elle	**ne**	**vous**	les		a	**pas**	montrés?
b) Claire a eu un accident.							
Ses parents **ne** le savent **pas** encore. Claire	**ne**		le	leur	a	**pas**	encore dit.
Son père est très sévère. C'est pourquoi elle	**ne**		le	lui	dit	**pas**.	

- Zwei Objektpronomen können nur kombiniert werden, wenn **eines von ihnen** das direkte Objektpronomen *le*, *la* oder *les* ist.
- Dabei stehen die indirekten Objektpronomen *me*, *te*, *se*, *nous*, *vous* **vor** *le*, *la*, *les* (Beispiele a) und I).
- Die indirekten Pronomen *lui* und *leur* stehen **nach** den direkten Objektpronomen *le*, *la*, *les* (Beispiele b) und II).
- Die direkten Objektpronomen *me*, *te*, *se*, *nous* können nie mit *lui*, *leur* verbunden werden.
- Wenn *me*, *te*, *se*, *nous*, *vous* die Funktion eines **direkten** Objekts haben, steht als indirektes Objekt *à* + unverbundenes Pronomen. – Beispiel:

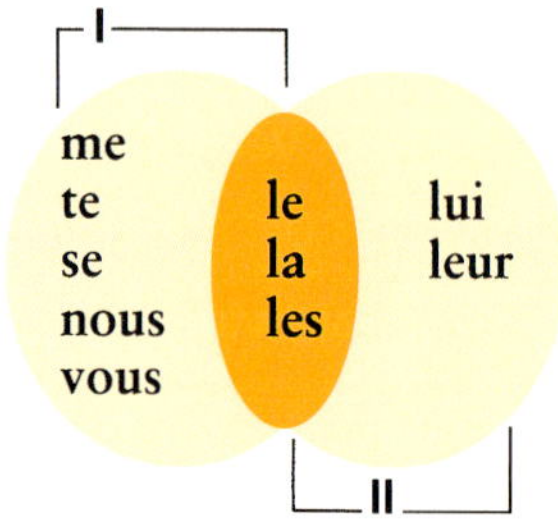

Vous permettez que je *me* présente *à eux* ? ... mich ihnen ...

Diese Konstruktion findet sich häufig bei reflexiven Verben. – Beispiel:

Mon ami Eric s'est joint *à nous*. Vous savez que M. Duval s'intéresse *à vous*?

Vgl. auch **64**: *penser à qn* etc. und **60**: Verben mit zwei Personenobjekten im Imperativsatz.

2. Die **Adverbialpronomen** *y* und *en* können nach allen verbundenen Objektpronomen stehen.

Mme Lacombe fait du très bon thé. Elle	**m'**	**en**	**a**		**servi** une tasse.
Cela m'étonne qu'elle **ne**	**vous**	**en**	**ait**	**pas**	**servi.**
Quand elle a des invités, elle	**leur**	**en**	**sert**		toujours.
Vous avez vu le nouveau bâtiment place Pasteur?					
Eh bien, la poste	**s'**	**y**	**trouve**		aussi.
Je crois qu'il vaut mieux que je	**les**	**y**	**accompagne.**		

- Die Adverbialpronomen *y* und *en* stehen **nach** dem Objektpronomen, unmittelbar vor dem konjugierten Verb.
- Die Verbindungen *lui/leur* + *y* werden gemieden.
- Die Verbindung von *y* + *en* kommt nur in der Wendung *il y en a/avait/aurait* etc. vor:

– C'est vrai qu'il y a un métro à Lyon? – Oui, **il y en a** un depuis 1978.

60 Die Stellung der Objektpronomen und der Adverbialpronomen im Imperativsatz

1. Si Mme Blanchard vient, **faites- la** entrer et **donnez- lui** quelque chose à boire. **Pensez-y**, s'il vous plaît.
Corinne, sois gentille. **Apporte- moi** le journal, s'il te plaît. Et **dépêche- toi** un peu.

2. – Tu veux que je te passe le pain? – Oui, passe- **le -moi**, s'il te plaît.
– Je peux donner ma viande à Luc? – Bien sûr. Donne- **la -lui**.

– On va manger les glaces maintenant? – Oui, sers- **les -nous**, si tu veux.
– Tu veux de l'eau avec? – Oui, apporte-**m' en** un verre.

3. Il faut tout ranger maintenant. **Ne** t'en va **pas.**
Et fais attention aux verres. **Ne** me les casse **pas.**

- Beim **bejahenden** Imperativ stehen die Objekt- und Adverbialpronomen **nach** diesem.
  Sie werden mit Bindestrich angeschlossen. (→ 1)
  In der 1. Person Singular steht die Form *moi*, in der 2. Person Singular die Form *toi*.
- Im Satz mit **zwei** Objekten stehen *le, la, les* **vor** *moi, toi, lui, nous, vous, leur*.
  En steht immer **nach** dem Objektpronomen. (→ 2)
- Beim **verneindenden** Imperativ stehen die Pronomen wie im Aussagesatz (→ 3; vgl. **59**).
- **Vor** *en* werden *moi, toi* zu *m', t'*. (→ 2)

Zur Bildung des Imperativs Singular der Verben auf *-er* vor *en* und *y* vgl. **77**.

☞ Bei Verben mit zwei Personenobjekten – z. B. *présenter qn à qn* – ist zu unterscheiden:

On **t'**a présenté **Christophe**?	(te = dir)	– Oui, on **me l'**a présenté.	(ihn **mir**)
On **t'**a présenté **à M. Royer**?	(te = dich)	– Oui, on **m'**a présenté **à lui**.	(**mich** ihm)

Présente-**la-moi**.	Stell **sie mir** vor.	Présentez-**le-nous**.	Stellen Sie **ihn uns** vor.
Présente-**moi à elle**.	Stell **mich ihr** vor.	Présentez-**nous à lui**.	Stellen Sie **uns ihm** vor.

Da die **direkten** Objektpronomen *me (moi), te (toi), nous, vous* **nicht** mit *lui* und *leur* kombiniert werden können, steht als **indirektes** Objekt *à lui/à elle* bzw. *à eux/à elles*.

Die Objektpronomen und die Adverbialpronomen bei Verben mit folgendem Infinitiv

61 Typ: Konjugiertes Verb + Infinitiv

Im Satz mit einem konjugierten Verb + Infinitiv ist zu unterscheiden, ob die Objektergänzung und die adverbialen Bestimmungen zu dem konjugierten Verb oder zu dem Verb im Infinitiv gehören.

				Konjugiertes Verb							Infinitiv	
1.	– Il			faut							expliquer	ce jeu vidéo à Luc.
	Tu	ne		veux	pas					lui	expliquer	ce jeu?
	– Si, je			vais					le	lui	expliquer.	
2.	J'			ai		demandé	à Luc	de	me		rendre	mes CD.
	Je	ne	lui	ai	pas	demandé		de	me	les	rapporter	aujourd'hui.
	Mais il		m'	a		promis		de	me	les	rendre	ce soir.
	Eric			aide			son frère	à			laver	la voiture.
	Il		l'	aide		souvent		à		la	laver.	
	– Nadine			a		invité	son amie	à			venir	à Paris en juillet?
	– Non, elle	ne	l'	a	pas	invitée		à		y	venir	cet été.

- 1. In diesen Beispielen hat das konjugierte Verb keine nominale Ergänzung bei sich. Die Objekte sind **Ergänzungen des Infinitivs**, und die sie vertretenden Objektpronomen stehen vor diesem.
- 2. In diesen Beispielen haben das konjugierte Verb und der Infinitiv Ergänzungen bei sich. Die pronominalen Ergänzungen stehen bei dem Verb, zu dem sie sinngemäß gehören.
- Die Verneinungselemente *ne … pas/plus* etc. gehören zum konjugierten Verb. Sie umschließen das konjugierte Verb bzw., bei den zusammengesetzten Verbformen, das Hilfsverb.

62 Typ: Verb der Wahrnehmung + Infinitiv

Verben der Wahrnehmung sind z. B.

voir/regarder qn faire qc — sehen/zusehen, wie jd etwas tut.
entendre/écouter qn faire qc — hören/zuhören, wie jd etwas tut.

	Konjugiertes Verb			Infinitiv	
– Tu	as vu	les garçons		jouer?	
– Oui, je les	ai vus			jouer	dans la rue.
– Tu	as entendu			parler	de ce film?
– Oui. J' en	ai entendu			parler.	
– Tu	as entendu	les enfants		parler	du match?
– Oui, je les	ai entendus		en	parler.	
– Tu	as vu	Mireille		monter	dans le taxi?
– Oui, je l'	ai vue		y	monter.	

- Wenn der Satz **nur eine** pronominale Ergänzung hat, steht diese immer **vor dem konjugierten Verb**.
- Wenn das konjugierte Verb und der Infinitiv **jeweils eine** pronominale Ergänzung haben, stehen diese **vor dem Verb, auf das sie sich beziehen**.

63 Typ: *Laisser qn faire qc* und *faire faire qc à qn*

1. Satz mit nur einem Objekt

Mme Noblet		laisse sa fille sortir.	
Mme Noblet		laisse sortir	sa fille.
Elle	la	laisse sortir.	
Cette histoire		fait rire	les gens.
Cette histoire	les	fait rire.	

- Haben *laisser faire* (tun lassen = zulassen) und *faire faire* (tun lassen = veranlassen) nur **ein Objekt**, so ist es **direktes** Objekt. Bei *laisser faire* kann das **nominale** Objekt vor oder nach dem Infinitiv stehen.
- Das **Objektpronomen** steht vor der konjugierten Form des Verbs *laisser* bzw. *faire.*

2. Satz mit zwei Objekten

Mme Noblet		laisse	son fils	conduire	la voiture.
Mme Noblet		laisse	conduire la voiture		à son fils.
Elle	le / lui	laisse		conduire	la voiture.
Elle	la lui	laisse	conduire.		

- Bei *laisser faire* kann das **Personen**objekt direktes oder indirektes Objekt sein.
- Sind **beide** Objekte **Pronomen**, so ist das **Personenobjekt** immer **indirektes** Objekt.

La musique	fait	oublier	leurs problèmes **aux gens.**	• Bei *faire faire* ist das **Personen**objekt **immer indirektes** Objekt.
Elle	**leur** fait	oublier	leurs problèmes.	
Elle les	**leur** fait	oublier.		

Zum Accord des Participe Passé bei *faire* und *laisser* + Infinitiv vgl. **89**.

Die unverbundenen Personalpronomen – Les pronoms personnels disjoints

64 Die Formen der unverbundenen Personalpronomen

	Singular	**Plural**
1. Person	moi	nous
2. Person	toi	vous
3. Person Maskulinum	lui	eux
Femininum	elle	elles
3. Person reflexiv	soi	

• Die unverbundenen Personalpronomen haben als Subjekt und als Objekt die gleiche Form:

Toi, tu as de la chance. — Du …
Voilà encore une lettre **pour toi.** — … für dich.

☞ • Bei Verben auf *à* + Personenobjekt vom Typ *penser à qn*, *comparer qn à qn*, *renoncer à qn* (auf jdn verzichten), *songer à qn* (an jdn denken), oder *tenir à qn* (an jdm hängen) wird das Personenobjekt durch das unverbundene Personalpronomen ersetzt; dieses steht in Verbindung mit der Präposition immer nach dem Verb: je pense à eux; elle m'a comparé à lui; je ne tiens pas à elles.

• **Unterscheide:**

J'ai vu **Jean.** / J'ai vu **Anne.** } Je **lui** ai dit bonjour.

J'ai vu **tes frères.** / J'ai vu **tes sœurs.** } Je **leur** ai dit bonjour.

Verbundene Personalpronomen:
nur **eine Form** für Maskulinum und Femininum des indirekten Objekts.

Jean est parti. Je pense souvent **à lui.**
Anne est partie. Je pense souvent **à elle.**

Mes amis sont partis. Je pense **à eux.**
Mes amies sont parties. Je pense **à elles.**

Unverbundene Personalpronomen:
unterschiedliche Formen für Maskulinum und Femininum des indirekten Objekts.

5 Die Pronomen

65 Der Gebrauch der unverbundenen Personalpronomen

Im Unterschied zu den verbundenen Personalpronomen (Vgl. **55**), die nicht selbständig gebraucht werden können, werden die unverbundenen Pronomen grammatisch wie Eigennamen oder Nominalgruppen verwendet.

	Die unverbundenen Personalpronomen stehen
– Qui veut une orange? – **Pas moi.** Ich nicht. – Et **toi**, Sonia? – **Moi non plus.** Ich auch nicht.	• im **Satz ohne Verb**;
– Qui est là? **C'est toi**, Gilles? – Non, **c'est nous.** – J'entends une voiture. Va voir si ce sont les Roche. – Oui, **ce sont eux/c'est eux.**	• nach *c'est/ce sont (... qui/que)*;
– C'est **toi qui** les **as** invités?	Zur *Mise en relief* und Angleichung des Verbs vgl. **153**.
– Où est Brigitte? – Elle est rentrée **chez elle.** – Elle est partie avec Luc? – Non, elle est partie **sans lui.**	• nach **Präpositionen**;
Brigitte n'est pas aussi sportive que son frère, mais elle est beaucoup **plus** intelligente **que lui.**	• nach *que* im **Vergleichssatz**;
– **Moi, je** fais les chambres, **toi, tu** vas chez l'épicier. Et **vous**, qu'est-ce que **vous** faites? – **Nous,** { **nous** faisons la vaisselle. / **on** fait la vaisselle.	• im **segmentierten Satz**. (Vgl. **152**)

☞ Während in Verbindung mit *nous* und *vous* nur die Singularform *c'est* steht, ist in Verbindung mit *eux* und *elles* auch die Pluralform *ce sont* möglich. Also: C'est moi/toi/lui/elle. | C'est eux/elles.
C'est nous/vous. | Oder: Ce sont eux/elles.

Die Demonstrativpronomen – Les pronoms démonstratifs

66 Die Formen der Demonstrativpronomen

	Singular	Plural
Maskulinum	**celui(-ci)** der, dieser (hier) **celui(-là)** der, dieser (da)	**ceux(-ci)** die, diese (hier) **ceux(-là)** die, diese (hier)
Femininum	**celle(-ci)** die, diese (hier) **celle(-là)** die, diese (da)	**celles(-ci)** die, diese (hier) **celles(-là)** die, diese (da)
Neutrale Formen	**ce; ceci, cela (ça)** das, dieses	

- Die Demonstrativpronomen stimmen mit der Nominalgruppe, die sie vertreten, in Genus und Numerus überein:
  Ces chaussures ne me plaisent pas, mais **celles-là** (= ces chaussures-là) sont très bien.
- Die neutralen Demonstrativpronomen *ce, ceci, cela (ça)* sind unveränderlich.
- *Ce* wird vor *a/avait/aurait* zu *ç'*: **Ç'a** été une catastrophe.

67 Der Gebrauch der Demonstrativpronomen

1. *Celui-ci; celui-là*

– Quel est ton verre? **Celui-ci** ou **celui-là**? – **Celui-ci**, je crois. – Pour le fromage, je mets quels couteaux? **Ceux-ci** ou **ceux-là**? – Les petits, s'il te plaît.	• Stehen **zwei Dinge zur Wahl**, so weist *celui-ci* auf das erste (nähere), *celui-là* auf das zweite (entferntere) hin.
– Tu mets quelle jupe? Décide-toi. – Je crois que je vais mettre **celle-là**.	• Wird nur auf **ein Ding** hingewiesen, so stehen meist die Formen mit *-là*.
J'ai une cousine en Amérique et une autre en Provence. Je vois celle-ci (= la cousine en Provence) plus souvent que celle-là (= la cousine en Amérique).	• Bei Verweisen im Text bezieht sich *celui-ci/celle-ci* usw. auf das Zuletztgenannte (diese[r], letztere[r]), *celui-là/celle-là* auf das Zuerstgenannte (jene[r], erstere[r]).

Zu den Demonstrativbegleitern vgl. **23**.

☞ *Celui, celle, ceux, celles* stehen nie allein. Sie stehen entweder mit den Hinweiswörtern *-ci* und *-là*, oder sie haben eine Ergänzung bei sich.

– C'est bête que ma moto soit en panne. (...kaputt ist) – Alors prends **celle de Muriel**. Elle n'en a pas besoin.	Die **Ergänzung** kann sein
– Tu mets quel blouson? – **Celui avec les grandes poches.**	• eine **Präpositionalgruppe** (meist mit *de*);
– François Duval? Qui est-ce? – C'est **celui** { **qui joue de la guitare.** / **que Nadine invite tout le temps.** / **dont Monique est amoureuse.**	• ein **Relativsatz**.

☞ **Unterscheide:** [Catherine] a rencontré Véronique. [Elle] lui a offert une glace.
(Elle → Catherine)

Catherine a recontré [Véronique.] [Celle-ci] lui a offert une glace.
(Celle-ci → Véronique)

Im Text verweist *il/elle* usw. auf das **Subjekt** des vorangehenden Satzes.
Celui-ci/celle-ci (oder *ce dernier/cette dernière*) beziehen sich auf das Objekt des vorangegangenen Satzes.

2. *Ce, ceci, cela (ça)*

Die Demonstrativpronomen *ce* und *cela* (in gesprochener Sprache *ça*) weisen auf einen bereits erwähnten oder bekannten Sachverhalt zurück oder auf einen noch folgenden Sachverhalt voraus. *Cela* kann als Subjekt und als Objekt stehen. *Ce* steht nur als Subjekt.

Yvette a mal dormi; **cela/ça** se voit. Patrick ne lisait pas: **cela/ça** l'ennuyait. – **Cela/Ça** ne te dit rien d'aller à la piscine? – Non. **Ça** (ne) me **dit** rien.	Als neutrales **Subjekt** steht • *cela* bei transitiven und intransitiven **Verben**; (in gesprochener Sprache steht meist *ça*);
– **C'est quel jour** aujourd'hui? – **C'est mercredi.** **C'est une grosse faute** que tu as faite là. 6000 F par mois, **ce n'est** pas **beaucoup**, mais **c'est assez** pour vivre.	• *ce* bei – *être* + **Nominalgruppe**; – *être* + **Mengenadverb**;
Vous vous êtes trompée, madame, **c'est clair.** Une journée sur la côte, **ce** serait **magnifique.** Ce serait **magnifique,** une journée sur la côte.	– *être* + prädikatives **Adjektiv**.

☞ • **Unterscheide:**

Vous vous êtes trompé, c' est clair.	Der Sachverhalt **geht voran**: Subjekt = *ce*.
Il est clair **que** **vous vous êtes trompé.**	Der Sachverhalt **folgt** (als *que*-Satz): Subjekt = *il*.
C'est clair que **vous vous êtes trompé.**	In **gesprochener** Sprache steht bei folgendem Sachverhalt auch *ce*.

• *Ceci* und *cela (ça)* werden – wie *celui-ci* und *celui-là* – bei Gegenüberstellungen gebraucht:

Ceci est l'original, **cela** (ça), **c'est** une copie.

In der gesprochenen Sprache wird *ceci* meist durch *cela (ça)* ersetzt.

• Nach *cela* steht immer *c'est,* wenn eine Nominalgruppe folgt.

Also: **Cela, c'est** une **copie.** **Aber:** Cela, c'est difficile. Oder: Cela est difficile.

• *Cela (Ça)* steht als neutrales Subjekt, wenn unpersönliches *il* zur Verwechslung mit einer Person führen könnte. – Unterscheide:

Il arrive.	**Er** kommt.
Cela (Ça) arrive.	**Das** kommt vor/kann passieren.
Il va mieux.	Es geht **ihm** besser.
Ça va mieux.	**Es** geht wieder besser.

68 Die Possessivpronomen – Les pronoms possessifs

Das Possessivpronomen vertritt Possessivbegleiter + Nomen.
Beispiel:

– C'est **ton blouson**, ça?
– Non. **Le mien** (= **mon blouson**), il est bleu. Meiner/Der meinige ist blau.

Das Possessivpronomen hat folgende **Formen**:

	A qui est ce journal?	Et cette voiture?	A qui sont ces CD?	Et ces photos?
Singular	C'est	C'est	Ce sont	Ce sont
1. Person	le mien,	la mienne,	les miens,	les miennes,
2. Person	le tien,	la tienne,	les tiens,	les tiennes,
3. Person	le sien,	la sienne,	les siens,	les siennes,
Plural				
1. Person	le nôtre [lənotr],	la nôtre [lanotr],	les nôtres	[lenotr],
2. Person	le vôtre [ləvotr],	la vôtre [lavotr],	les vôtres	[levotr],
3. Person	le leur.	la leur.	les leurs.	
	Maskulinum	**Femininum**	**Maskulinum**	**Femininum**

- Vor dem Possessivpronomen steht immer der **bestimmte Artikel**.
- Das Possessivpronomen stimmt mit dem Nomen, das es im Satz vertritt, in Genus und Numerus überein.
- Die Possessivpronomen der 1. und 2. Person Plural unterscheiden sich im Schriftbild und im Lautbild von den entsprechenden Posessivbegleitern:
  C'est **votre** [vɔtr] stylo? – Oui, c'est le **nôtre** [notr].
  C'est **notre** [nɔtr] parapluie? – Oui, c'est le **vôtre** [votr].

Zu den Possessivbegleitern vgl. **25** + **26**.

☞ In der Antwort auf die Frage nach dem Besitzer steht häufig die Konstruktion *être à qn*:
Ce sont les clés de Marc? – **Oui, ce sont les siennes.**
(**Ces clés sont à Marc?**) – **Oui, elles sont à lui.**

Die indefiniten Pronomen – Les pronoms indéfinis

69 *Quelqu'un – personne; quelque chose – rien*

Subjekt					Objekt	
– **Quelqu'un**		a téléphoné?	Jemand	– Tu as téléphoné à	**quelqu'un?** (mit) jemand(em)	
– Non. **Personne.**			Niemand	– Non, à	**personne.** (mit) niemand(em)	
Personne	**n'**	a téléphoné.		Je **n'** ai téléphoné à	**personne.**	
– **Quelque chose**		vous inquiète?	Etwas	– On t'a dit	**quelque chose?**	etwas
– Non. **Rien.**				– Non.	**Rien.**	nichts
Rien	**ne**	m'inquiète.	Nichts	On **ne** m'a	**rien dit.**	
					Rien à faire.	

- *Quelqu'un* (jemand) und *quelque chose* (etwas) stehen in **bejahenden Sätzen**. Sie können Subjekt und direktes oder indirektes Objekt des Satzes sein.
- *Personne* (niemand) und *rien* (nichts) stehen in **verneinenden** Sätzen. Im Satz **mit** Verb geht dem Verb das Verneinungselement *ne* voran.
- Bei zusammengesetzten Verbformen steht in der Objektfunktion *personne* nach dem Participe passé, *rien* vor dem Participe Passé.
- Im Satz **ohne** konjugiertes Verb stehen *personne* und *rien* **ohne** *ne*.

☞ Bei *sans* + Infinitiv stehen *personne* und *rien* ohne *ne*. Sie haben dann bejahende Bedeutung:

Jacques est parti **sans rien** manger et **sans** parler **à personne.**	... **ohne etwas** zu essen und **ohne mit jemandem** zu sprechen.

70 *Tous/toutes – tout*

Subjekt		**Direktes Objekt**	
J'avais invité **mes copains.** – **Ils** sont **tous** venus? – Oui, **tous.** **Tous** sont venus.	[tus]	– Tu connaissais **les copains de Luc?** – Oui, je **les** connaissais **tous.**	[tus]
Mes copines aussi étaient là. – **Elles** sont **toutes** venues? – Oui, **toutes.** **Toutes** sont venues.	[tut]	– Michel vous a montré **ses photos?** – Quelques-unes, mais pas **toutes.** Il ne nous **les** a pas **toutes** montrées.	[tut]
– Et **tout** s'est bien passé? – Oui. Et à 9 heures, **tout** était fini.	[tu] [tutetɛ]	Il y avait plusieurs assiettes de sandwichs: on a **tout** mangé.	[tu]

- *Tous/toutes* (alle) stimmen mit dem Nomen, das sie vertreten, im Genus überein.
- Als Subjekt können sie wie im Deutschen durch ein vorausgehendes Subjektpronomen *(ils/elles)* ergänzt werden.
- Wenn *tous/toutes* die Funktion eines **direkten Objekts** haben, geht immer das Objektpronomen *les* voraus.
- *Tout* (alles) ist unveränderlich.
- *Tous/toutes* und *tout* stehen bei zusammengesetzen Verbformen vor dem Participe passé.

Zu *tout* als Begleiter vgl. **27**; zu *tout* als Adverb vgl. **112**.

71 *Chacun/chacune*

Jeanne avait invité **toutes ses amies.** **Chacune** (d'elles/d'entre elles) avait apporté un joli cadeau. – Oder: **Ses amies** avaient apporté **chacune** un joli cadeau. Prends **ces lettres**. Mais fais attention: **chacune** doit être timbrée différemment. Tu peux prendre ces livres. Mais attention, **chacun** doit être remis à sa place.	• *Chacun, chacune* bezeichnet jedes einzelne Lebewesen oder jeden einzelnen Gegenstand einer Gruppe im Besonderen, dt. ‚jeder, jede'. Es stimmt in diesem Fall mit der Nominalgruppe, auf das es sich bezieht, im Genus überein.
Chacun pour soi et Dieu pour tous. (Proverbe) … Jeder für sich Ce n'est pas vrai, mais **chacun** (= tout le monde) le dit.	• *Chacun* in der verallgemeinernden Bedeutung ‚ein jeder/jeder Einzelne/alle ohne Unterschied'(= tous/tout le monde) ist **unveränderlich**.

- **Unterscheide:** Voilà les amies de Jeanne. Elles sont **toutes** venues. … alle (ohne Ausnahme)
  Chacune (d'elles) a apporté un cadeau. … Jede (Einzelne von ihnen).
- Beachte das unterschiedliche Schriftbild: **chacun** – quel**qu'un**.
- An *chacun/chacune* kann kein Relativsatz angeschlossen werden:

  Tous ceux qui le connaissent… = **Jeder**, **der** ihn kennt,…

Zum Begleiter *chaque* vgl. **28**.

72 *On*

Tu n'as pas entendu? Je crois qu'**on** a sonné. (= quelqu'un) Au Brésil, **on** parle portugais. (= les gens/ Ici, **on** mange bien. tout le monde)	• *On* wird nur als **Subjekt** gebraucht. Es steht in der Bedeutung von *quelqu'un, les gens, tout le monde* (dt. ‚man'), *chacun*.
Qu'est-ce qu'**on** fait ce soir? (= nous) **On** sort ou **on** reste à la maison?	• In der **gesprochenen** Sprache steht *on* häufig für *nous*.

- Dem Subjektpronomen *on* entspricht das **Reflexivpronomen** *se*, auch wenn *on* in der Bedeutung von *nous* steht. Nach *on est (= nous sommes)* kann das Participe passé im Plural stehen. Wenn *on* weiblich Personen bezeichnet, kann auch Angleichung im Genus erfolgen:

  Pierre et moi, **on s'**est excusé[s] (= **nous nous** sommes excusés).
- Wird *on* in der Bedeutung von *nous* gebraucht, so ist das entsprechende **Objektpronomen** *nous*:

  On a (= nous avons) sonné. Un jeune homme **nous** a fait entrer.

5 Die Pronomen

73 *Quelques-un(e)s; plusieurs – pas un(e) seul(e); aucun(e)*

Subjekt	Direktes Objekt
Voici mes photos de vacances. **Plusieurs** (de ces photos) sont très bonnes. **Quelques-unes** (d'entre elles) sont moins bonnes.	– En Belgique, il y a de(s) belles villes. **J'en** connais **quelques-unes.** **J'en** ai visité **plusieurs.** Et toi?
Mais **aucune** (de ces photos)/ **pas une seule** (d'entre elles) **n'**est complètement ratée.	– Moi, je **ne** connais **aucune de** ces villes/ je **n'en** connais **aucune.** Je **n'en** ai **pas** visité **une seule.**

- *Plusieurs* (mehrere) und *quelques-un(e)s* (einige) stehen in **bejahenden** Sätzen.
- *aucun(e)* (keine[r]) und *pas un(e) seul* (nicht eine[r]) stehen in Verbindung mit *ne* in **verneinenden** Sätzen.
- *Quelques-un(e)s, pas un(e) seul(e)* und *aucun(e)* stimmen im **Genus** mit ihrem Bezugselement überein.
- *Plusieurs* ist unveränderlich.
- In **Subjektfunktion können** diese Pronomen eine *de*-Ergänzung bei sich haben. Der Anschluß eines Personalpronomens erfolgt mit *d'entre*:
  plusieurs *d'entre elles*. – Aber: *aucun des deux*.
- In der Funktion eines **direkten Objekts** werden diese Pronomen **immer** von einer *de*-Ergänzung begleitet, oder es wird mit *en* auf diese verwiesen.

Zu den entsprechenden indefiniten Begleitern vgl. **29** + **30**.

Die Interrogativpronomen – Les pronoms interrogatifs

74 Die einfachen Interrogativpronomen *qui, que, quoi*

1. *Qui* – Die Frage nach Personen

Subjekt			
Deux personnes	ont téléphoné.		Als **Subjekt** des Fragesatzes steht
Qui donc?		Wer?	• *qui* im Satz **ohne** Verb;
Qui	a téléphoné?	Wer?	• *qui* oder
Qui est-ce qui	a téléphoné?	Wer?	*qui est-ce qui* im Satz **mit** einem Verb.
Direktes Objekt		**Direktes Objekt**	
	Tu attends	quelqu'un?	Als **direktes Objekt** des Fragesatzes steht
		Qui donc? (Wen?)	• *qui* im Satz **ohne** Verb; im Satz mit **nachgestelltem Fragewort**;
	Tu attends	qui? (Wen?)	in der **Inversionsfrage**;
Qui	attends-tu? (Wen?)		• *qui est-ce que* am **Satzanfang** bei Fragen mit der Wortstellung **Subjekt – Prädikat**.
Qui est-ce que	tu attends? (Wen?)		

Präpositionale Ergänzung		**Präpositionale Ergänzung**	
	Sylvie pense	**à quelqu'un.**	Als **präpositionale Ergänzung** steht *qui* nach Präpositionen wie *à, de, pour, avec.*
		A qui?	
	Elle pense	**à qui?**	
A qui	pense-t-elle?/…		
	est-ce qu'elle pense?		
De qui	est cette lettre?		
Pour qui	est cette photo?		

☞
- Die Frage mit **nachgestelltem Fragewort** gehört ausschließlich der **gesprochenen** Sprache an.
- Die **Inversionsfrage** wird in der **geschriebenen Sprache** und in der **förmlichen** gesprochenen Sprache verwendet. (Vgl. **135**)

2. *Que* und *quoi* – Die Frage nach Sachen

Subjekt			
	Regarde Annick.		
Quelque chose	la préoccupe.	… beschäftigt sie.	Als **Subjekt** des Fragesatzes steht ● *quoi* im Satz **ohne** Verb; ● *qu'est-ce qui* im Satz **mit** einem Verb.
Quoi donc?			
Qu'est-ce qui	ne va pas?		
Direktes Objekt		**Direktes Objekt**	
	Elle doit savoir	quelque chose.	Als **direktes Objekt** des Fragesatzes steht ● *quoi* im Satz **ohne** Verb; im Satz mit nachgestelltem Fragewort; ● *qu'est-ce que* am **Satzanfang** bei Fragen mit der Wortstellung **Subjekt – Prädikat**; ● *que* in der Inversionsfrage; ● *que* oder *quoi* vor einem Infinitiv.
		Quoi donc?	
	Elle sait	quoi?	
Qu'est-ce qu'	elle sait?		
Que	sait-elle?		
Que/Quoi	faire?		
Präpositionale Ergänzung		**Präpositionale Ergänzung**	
	Marc pense	à quelque chose.	Als **präpositionale Ergänzung** steht *quoi* nach Präpositionen wie *à, de, avec, sur, dans.*
		A quoi?	
A quoi	pense-t-il?/…		
	est-ce qu'il pense?		
De quoi	se souvient-il?/…		
	est-ce qu'il se souvient?		

Zu den Fragewörtern der indirekten Frage vgl. **139**.

75 Das zusammengesetzte Interrogativpronomen *lequel*

1. Das Interrogativpronomen *lequel* vertritt im Satz die Nominalgruppe *quel* + Nomen.

	Begleiter + Nomen				**Pronomen**	
Voilà mes CD.	Quel	CD	voulez-vous écouter?	Voilà mes CD.	Lequel	voulez-vous écouter?
	Quels	CD			Lesquels	
Voilà mes cassettes.	Quelle	cassette		Voilà mes cassettes.	Laquelle	
	Quelles	cassettes			Lesquelles	

- Das Interrogativpronomen *lequel* setzt sich zusammen aus dem bestimmten Artikel und der entsprechenden Form des Begleiters *quel*. Artikel und Begleiter stimmen in Genus und Numerus mit dem Beziehungswort überein.
- Das Interrogativpronomen *lequel* etc. fragt nach bestimmten Sachen oder Personen, die schon erwähnt wurden.

Zum Interrogativbegleiter *quel* vgl. **31**.

2. Das Interrogativpronomen *lequel* kann wie ein Nomen in Verbindung mit Präpositionen stehen.

Nadine est **chez le médecin**.		**Chez lequel?**	Elle va **chez lequel?**
Mon père a parlé **avec plusieurs profs**.		**Avec lesquels?**	**Avec lesquels** est-ce qu'il a parlé?
Ils ont parlé **d'une sœur de Marc**.		**De laquelle?**	Ils ont parlé **de laquelle?**
Il y a en France			
– de(s) grands ports.	Lesquels?	**Desquels** est-ce que nous avons parlé?	
– de(s) belles plages.	Lesquelles?	**Auxquelles** est-ce que vous pensez?	
– de(s) beaux châteaux.	Lesquels?	**Auquel** êtes-vous déjà allé(e)(s)?	
		Duquel avez-vous vu des photos?	

- In Verbindung mit den Präpositionen *à* und *de* treten folgende Verschmelzungen ein:
  (à + lequel) > **auquel**, (à + lesquels/lesquelles) > **auxquels/auxquelles;**
  (de + lequel) > **duquel**, (de + lesquels/lesquelles) > **desquels/desquelles.**

Zu den Relativpronomen siehe **Kapitel 12**, 158–162.

76 Die Einteilung der Verbformen

1. Die meisten Sätze enthalten ein **Verb**. Das Verb ist das zentrale Element des Satzes. Beim Verb unterscheidet man den **Stamm** (le radical) und die **Endung** (la terminaison, la désinence).

   Der Stamm gibt die inhaltliche Bedeutung, die Endung trägt grammatische Informationen. Beispiel:

Bedeutung:		**Grammatische Informationen:**		
	[ʃɑ̃t]	[ɛ]	Person:	3. Person (zus. mit dem Personalpronomen)
ils	**chant** +	**aient**	Numerus:	Plural
	‚singen'		Tempus:	Imparfait
			Modus:	Indikativ
	Stamm	**Endung**	Satzform:	Aktiv

2. Unter dem Gesichtspunkt der **Bildung** wird unterschieden zwischen
   - **einfachen Formen** (les formes simples), z. B. je parle, je parlais, je parlerais, und
   - **zusammengesetzten Formen** (les formes composées), z. B. j'ai parlé, je vais parler, je suis rentré(e).

3. Verbformen, die Angaben zu Person, Numerus, Tempus und Modus enthalten, heißen **konjugiertes Verb** oder **finite Verbformen** (les formes conjugées).
   Verbformen, die solche Informationen nicht oder nur teilweise enthalten, sind **infinitive Verbformen**, also
   - der **Infinitiv:** parler
   - das **Participe passé:** parlé
   - das **Gérondif:** **en** parl**ant**
   - das **Participe présent:** parl**ant**.

   Die zusammengesetzten Verbformen bestehen aus Hilfsverb + Participe passé bzw. Verb + Infinitiv:

   Jean **a** (Hilfsverb) **dormi** (Participe passé).
   Jean **va** **dormir** (Infinitiv).

4. Nach der **Hörbarkeit der Endung** unterscheidet man bei den einfachen Verbformen
   - **endungsbetonte Formen**, d.h. solche mit **hörbarer Endung**, z.B. nous **arrivons** [arivɔ̃],
   - **stammbetonte Formen**, d.h. solche mit **nicht hörbarer Endung**, z.B. ils **arrivent** [ariv].

5. Schließlich ist eine Einteilung der Verben nach der **Anzahl ihrer Stämme im Présent** möglich.

   Nur **einen Stamm** in allen Personen des Présent hat z. B. parler: **parl-** [parl].
   Zwei Stämme hat z. B. finir: den Singularstamm **fini-** [fini] und den Pluralstamm **finiss-** [finis].
   Drei Stämme hat z. B. boire: den Singularstamm **boi-** [bwa] und die Pluralstämme **buv-** [byv] und **boiv-** [bwav].

6. Nach den **Endungen des Infinitivs** kann man die französischen Verben in vier Konjugationsgruppen einteilen:
   - Verben auf *-er*: arriver, danser, préférer u. a. (etwa 90% der Verben);
   - Verben auf *-ir*: finir, choisir, partir u. a. (etwa 300 Verben);
   - Verben auf *-(d)re*: attendre, répondre u. a. (etwa 180 Verben);
   - Verben auf *-oir*: avoir, devoir und andere unregelmäßige Verben.

6 Das Verb und seine Formen

Die einfachen Verbformen

Die Verben auf *-er* – Les verbes en *-er*

Die Verben auf *-er* haben im Unterschied zu den anderen Konjugationsgruppen folgende Kennzeichen:

- Sie enden im Singular des Présent auf *-e*, *-es*, *-e*.
- Sie bilden das Participe passé auf *-é*.
- Sie bilden die 3. Person des Passé simple im Singular auf *-a*, im Plural auf *-èrent*.

77 Verben auf *-er* mit nur einem Stamm im Présent: Gruppe *parler* sprechen

Présent		**Imparfait**	
je parle	nous parl**ons**	je parl**ais**	nous parl**ions**
tu parles	vous parl**ez**	tu parl**ais**	vous parl**iez**
il parle	ils parl**ent**	il parl**ait**	ils parl**aient**
Impératif		**Futur simple**	
parle	parlons	je parlerai [parləʀɛ]	nous parlerons
	parlez	tu parleras	vous parlerez
		il parlera	ils parleront
Subjonctif présent		**Conditionnel**	
que je parle	que nous parlions	je parlerais [-ʀɛ]	nous parlerions
que tu parles	que vous parliez	tu parlerais	vous parleriez
qu'il parle	qu'ils parlent	il parlerait	ils parleraient
Part. prés./Gérondif	(en) parlant	**Participe passé**	parlé

Formen der geschriebenen Sprache

Passé simple		**Subjonctif imparfait**	
je parlai	nous parlâmes	que je parlasse	que nous parlassions
tu parlas	vous parlâtes	que tu parlasses	que vous parlassiez
il parla	ils parlèrent	qu'il parlât	qu'ils parlassent

Zur Bildung der zusammengesetzten Formen vgl. **84**.

☞

- Beachte die Inversionsfrage und die absolute Fragestellung in der 3. Person Singular:
  (Luc) arrive-**t**-il aujourd'hui? — Gleit-*t* zwischen Vokal und *il/elle* im Présent,
  (Luc) parlera-**t**-il à ses parents? — Futur simple,
  (Céline) arriva-**t**-elle à l'heure, hier? — Passé simple.

- Beachte die 1. und 2. Person Plural beim Imparfait und beim Subjonctif présent der Verben auf *-ier*:
  Imparfait:
  nous criions [krijõ] — vous criiez [krije] — Stamm *cri-* + Endung *-ions/-iez*
  nous étudiions [etydijõ] — vous étudiiez [etydije] — *étudi-* + Endung *-ions/-iez*.
  Subjonctif:
  que nous criions; — que vous étudiiez.

- Bei den Verben auf *-er* wird an den Imperativ Singular vor *en* und *y* ein *-s* angehängt:

Mange.	Pense.	Ebenso *aller:* Va.
Manges-en. [mɑ̃ʒ(ə)zɑ̃]	Penses-y. [pɑ̃s(ə)zi]	Vas-y. [vazi]

78 Verben auf *-er* mit Besonderheiten im Schriftbild

1. Verben auf *-cer* und *-ger*

			Ebenso:	
avancer vorwärtskommen, vorrücken	j'avance nous avancions ils avanceront avancé	nous avançons j'avançais j'avançai (en) avançant	annoncer commencer influencer prononcer remplacer	ankündigen anfangen beeinflussen aussprechen ersetzen u. a.
	c vor e, i	**ç vor a, o**		
manger essen	je mange nous mangions ils mangeront mangé	nous mangeons je mangeais je mangeai (en) mangeant	changer corriger déranger interroger nager partager ranger	(sich)(ver)ändern korrigieren stören befragen schwimmen teilen aufräumen u. a.
	g vor e, i	**ge vor a, o**		

☞
- Die Verben auf *-cer* und *-ger* behalten in allen Formen das **Lautbild** des Stammes bei, z. B. [avɑ̃s] und [mɑ̃ʒ].
- Zur Kennzeichnung der Aussprache steht im **Schriftbild** vor Endungen, die mit *-a* oder *-o* beginnen, ein *-ç* = *c cédille* (statt *-c*) bzw. *-ge* (statt *-g*).
- Die Verben auf *-guer* behalten das *-u-* in allen Formen, also
  nous distinguons, je distinguais, il distingua.

2. Verben auf *-yer*

s'ennuyer [sɑ̃nɥije] sich langweilen	nous nous‿ennuyons vous vous‿ennuyez je me suis‿ennuyé(e) nous nous‿ennuyions en m'ennuyant on s'ennuyait	je m'ennuie tu t' ennuies qu'ils s' ennuient je m'ennuierai je m'ennuierais		**Ebenso:** essuyer abtrocknen employer ver-/anwenden nettoyer reinigen envoyer schicken, senden tutoyer duzen u. a.
payer [peje]/[pɛje] (be)zahlen	nous payons vous payez j'ai payé nous payions (en) payant	je paie [pɛ] *oder* tu paies qu'ils paient je paierai je paierais	je paye [pɛj] tu payes qu'ils payent je payerai je payerais	**Ebenso:** balayer kehren, fegen effrayer erschrecken essayer versuchen u. a.

☞
- Bei den Verben auf *-oyer* und auf *-uyer* steht vor nicht hörbarem, nur geschriebenem *-e* ein *-i-* (statt *-y-*).
- Die Verben auf *-ayer* hingegen können das *-y-* in allen Formen behalten.
- Beachte die Formen mit der Endung *-ions* und *-iez*:
  Imparfait: nous nous ennuy + ions [ɑ̃nɥijjɔ̃]; vous pay + iez [pejje];
  Subjonctif: que nous nous ennuy + ions; que vous pay + iez. (Vgl. **77**)
- Beachte die unregelmäßigen Formen des Futur simple und Conditionnel bei *envoyer*: *j'enverrai(s)* etc.

6 Das Verb und seine Formen

79 Verben auf *-er* mit zwei Stämmen im Présent

Einige Verben auf *-er* haben im Présent zwei Stämme:

- einen **1. Stamm** in den **stammbetonten Formen** (1.–3. Person Sg. und 3. Person Pl.),
- einen **2. Stamm** in den **endungsbetonten Formen** (1. und 2. Person Pl.).

Man unterscheidet folgende Typen:

1\. ***lever*** (er)heben

Présent

		1. Stamm [lɛv-]	**2. Stamm** [l(ə)v-]		
Futur simple:	je lèverai	je lève	nous levons	**Imparfait:**	je levais
Conditionnel:	je lèverais	tu lèves	vous levez	**Passé simple:**	je levai
Subjonctif:	que je lève	il lève		**Subjonctif:**	que nous levions
		ils lèvent		**P. composé:**	j'ai levé
				P. prés./Gér.:	(en)levant

Ebenso:					
acheter	kaufen	geler	frieren	peser	wiegen
emmener	mitnehmen	se lever	aufstehen	ramener	zurückbringen
enlever	wegnehmen	mener	führen		u. a.

2\. ***jeter*** werfen

Présent

		1. Stamm [ʒɛt-]	**2. Stamm** [ʒ(ə)t-]		
Futur simple:	je jetterai	je jette	nous jetons	**Imparfait:**	je jetais
Conditionnel:	je jetterais	tu jettes	vous jetez	**Passé simple:**	je jetai
Subjonctif:	que je jette	il jette		**Subjonctif:**	que nous jetions
		ils jettent		**P. composé:**	j'ai jeté
				P. prés./Gér.:	(en) jetant

Ebenso: appeler rufen, rappeler erinnern, j'/je (r)appelle [(r)apɛl], nous (r)appelons [(r)aplõ] u. a.

Zur Konsonantenverdoppelung bei Verben auf *-eler* und *-eter* vgl. Auszug aus den *Rectifications de l'orthographe* von 1990 (**195**, 6).

3\. ***préférer*** vorziehen

Présent

		1. Stamm [prefɛr-]	**2. Stamm** [prefer-]		
Fut. s.:	je préférerai [-fɛrrɛ]	je préfère	nous préférons	**Imparfait:**	je préférais
Cond.:	je préférerais [-fɛrrɛ]	tu préfères	vous préférez	**P. simple:**	je préférai
Subj.:	que je préfère	il préfère		**Subjonctif:**	que nous préférions
		ils préfèrent		**P. composé:**	j'ai préféré
				P. prés./Gér.:	(en)préférant

Ebenso: céder	nachgeben	exagérer	übertreiben	(se)protéger	(sich) schützen
compléter	vervollständigen	s'inquiéter	unruhig werden	répéter	wiederholen
espérer	hoffen	posséder	besitzen		u. a.

☞ Die Schreibweise *je préfèrerai(s), j'espèrerai(s)* wird in Frankreich nicht mehr als Fehler gewertet; vgl. auch Auszug aus den *Rectifications de l'orthographe* von 1990 (**195**, 6).

80 Die Verben auf *-ir* – Les verbes en *-ir*

Die regelmäßigen Verben auf *-ir* haben zwei Stämme im Présent:

- in der Gruppe *finir* den **Singularstamm** [fini] und den **erweiterten Pluralstamm** [finis],
- in der Gruppe *dormir* den **verkürzten Singularstamm** [dɔr] und den **Pluralstamm** [dɔrm].

Im **Schriftbild** haben die regelmäßigen Verben auf *-ir* folgende Kennzeichen:

- Sie enden im Singular des Présent auf *-s*, *-s*, *-t*.
- Sie bilden das Participe passé auf *-i*.
- Sie bilden die 3. Person des Passé simple im Singular auf *-it*, im Plural auf *-irent*.

1. Gruppe finir beenden

Présent **Singularstamm:**	[fini]	**Pluralstamm**	[finis]
	je finis		nous finissons
	tu finis		vous finissez
	il finit		ils finissent
Impératif Sg.	finis	**Impératif Pl.**	finissons/finissez

Ableitungen aus dem Singularstamm [fini]:		**Ableitungen aus dem Pluralstamm** [finis]:	
Futur simple		**Subjonctif présent**	
je finirai [-rɛ]	nous finirons	que je finisse	que nous finissions
tu finiras	vous finirez	que tu finisses	que vous finissiez
il finira	ils finiront	qu' il finisse	qu' ils finissent
Conditionnel		**Imparfait**	
je finirais [-rɛ]	nous finirions	je finissais	nous finissions
tu finirais	vous finiriez	tu finissais	vous finissiez
il finirait	ils finiraient	il finissait	ils finissaient
Participe passé	fini	**Part. prés./Gérondif**	(en) finissant

Formen der geschriebenen Sprache

Passé simple		**Subjonctif imparfait**	
je finis	nous finîmes	que je finisse	que nous finissions
tu finis	vous finîtes	que tu finisses	que vous finissiez
il finit	ils finirent	qu' il finît	qu' ils finissent

Ebenso die meisten der Verben auf *-ir*, z. B.:

agir	handeln	grandir	wachsen, größer werden	réagir	reagieren
applaudir	applaudieren	nourrir	ernähren	réfléchir	überlegen, nachdenken
choisir	auswählen	obéir	gehorchen	réussir	Erfolg haben
démolir	abreißen, zerstören	ralentir	abbremsen	rougir	erröten, rot werden

u. a.

Zur Bildung der zusammengesetzten Formen vgl. **84**.

2. Gruppe dormir schlafen

Présent	**Singularstamm:**	[dɔr]	**Pluralstamm:**	[dɔrm]
		je dors		nous dorm**ons**
		tu dors		vous dorm**ez**
		il dort		ils dorm**ent**
	Impératif Sg.	dors	**Impératif Pl.**	dormons dormez

Alle übrigen Formen leiten sich aus dem **Pluralstamm** [dɔrm] ab:

Imparfait		**Futur simple:** [dɔrm] + -i- des Infinitivs	
je dormais	nous dormions	je dormirai [-rɛ]	nous dormirons
tu dormais	vous dormiez	tu dormiras	vous dormirez
il dormait	ils dormaient	il dormira	ils dormiront
Subjonctif présent		**Conditionnel:** [dɔrm] + -i- des Infinitivs	
que je dorme	que nous dormions	je dormirais [-rɛ]	nous dormirions
que tu dormes	que vous dormiez	tu dormirais	vous dormiriez
qu' il dorme	qu' ils dorment	il dormirait	ils dormiraient
Part. Prés./Gérondif	(en) dormant	**Participe passé**	dormi

Formen der geschriebenen Sprache

Passé simple		**Subjonctif imparfait**	
je dormis	nous dormîmes	que je dormisse	que nous dormissions
tu dormis	vous dormîtes	que tu dormisses	que vous dormissiez
il dormit	ils dormirent	qu'il dormît	qu' ils dormissent

Ebenso:					
consentir	einwilligen	partir	abreisen, weggehen	sentir	fühlen; riechen
s'endormir	einschlafen			servir	dienen
mentir	lügen	se repentir	bereuen	sortir	hinaus-, ausgehen

u. a.

Zur Bildung der zusammengesetzten Formen vgl. **84**.

81 Die Verben auf *-(d)re* – Les verbes en *-(d)re*

Die regelmäßigen Verben auf *-(d)re* vom Typ *entendre, rompre* haben **zwei Stämme im Présent**:

- den **vokalisch** auslautenden Singularstamm [ɑ̃tɑ̃], [rɔ̃] und
- den **konsonantisch** auslautenden Pluralstamm [ɑ̃tɑ̃d], [rɔ̃p].

Im **Schriftbild** haben die regelmäßigen Verben auf *-(d)re* folgende Kennzeichen:

- Sie enden im Singular auf *-s, -s, -d/-t*.
- Sie bilden das Participe passé auf *-u*.
- Sie bilden die 3. Person des Passé simple im Singular auf *-it*, im Plural auf *-irent*.

1. Gruppe entendre hören | *2. Gruppe rompre brechen*

Présent		Présent	
Singularstamm: [ɑ̃tɑ̃]	**Pluralstamm:** [ɑ̃tɑ̃d]	**Singularstamm:** [rɔ̃]	**Pluralstamm:** [rɔ̃p]
j' entends tu entends	nous‿enten**dons** vous‿enten**dez**	je romps [rɔ̃] tu romps	nous rom**pons** vous rom**pez**
il entend	ils‿enten**dent**	il rompt	ils rom**pent**
Impér.: entends	entendons entendez	**Impér.:** romps	rompons rompez

Alle übrigen Formen werden vom **Pluralstamm** [ɑ̃tɑ̃d] bzw. [rɔ̃p] abgeleitet:

Imparfait		**Imparfait**	
j' entendais	nous‿entendions	je rompais	nous rompions
tu entendais	vous‿entendiez	tu rompais	vous rompiez
il entendait	ils‿entendaient	il rompait	ils rompaient
Subjonctif présent		**Subjonctif présent**	
que j' entende	que nous‿entendions	que je rompe	que nous rompions
que tu entendes	que vous‿entendiez	que tu rompes	que vous rompiez
qu' il entende	qu' ils‿entendent	qu' il rompe	qu' ils rompent
Futur simple		**Futur simple**	
j' entendrai	nous‿entendrons	je romprai	nous romprons
tu entendras	vous‿entendrez	tu rompras	vous romprez
il entendra	ils‿entendront	il rompra	ils rompront
Conditionnel		**Conditionnel**	
j' entendrais	nous‿entendrions	je romprais	nous romprions
tu entendrais	vous‿entendriez	tu romprais	vous rompriez
il entendrait	ils‿entendraient	il romprait	ils rompraient
Part. prés./Gérondif	(en)‿entendant	**Part. prés./Gérondif**	(en) rompant
Participe passé	entendu	**Participe passé**	rompu

Formen der geschriebenen Sprache

Passé simple		**Passé simple**	
j' entendis	nous‿entendîmes	je rompis	nous rompîmes
tu entendis	vous‿entendîtes	tu rompis	vous rompîtes
il entendit	ils‿entendirent	il rompit	ils rompirent
Subjonctif imparfait		**Subjonctif imparfait**	
que j' entendisse	que nous‿entendissions	que je rompisse	que nous rompissions
que tu entendisses	que vous‿entendissiez	que tu rompisses	que vous rompissiez
qu' il entendît	qu' ils‿entendissent	qu' il rompît	qu' ils rompissent

Ebenso:

1. Wie **entendre:**	attendre	warten	se détendre	sich entspannen
			s'entendre	sich verstehen
	correspondre	entsprechen	perdre	verlieren
	défendre	verteidigen; verbieten	rendre	zurückgeben
			se rendre	sich ergeben; sich begeben
	dépendre	abhängen	répondre	antworten
	descendre	aussteigen, hinabsteigen/-gehen	tendre	ausstrecken, hinhalten (Hand etc.)
			vendre	verkaufen u. a.
2. Wie **rompre:**	interrompre	unterbrechen	corrompre	verderben; bestechen

Zur Bildung der zusammengesetzten Formen vgl. **84** und **88**.

82 Faustregeln für die Ableitung der einfachen Verbformen

Die einfachen Verbformen der regelmäßigen Verben lassen sich aus bestimmten Formen bzw. deren Stämme herleiten.
Man bezeichnet diese Formen bzw. Stämme als **Ableitungsbasen**.

	Abgeleitete Formen	**Ableitungsbasis**	**Beispiele**		**Endungen**
1.	• **Imparfait**	**Stamm** der **1. Person Plural** des **Présent**	nous **avançons**	→ j' **avançais**	**Imparfait**
				(en) **avançant**	-ais
	• **Gérondif**		nous **mangeons**	→ je **mangeais**	-ais
	• **Participe présent**			(en) **mangeant**	-ait
			nous **appelons**	→ j' **appelais**	-ions
				(en) **appelant**	-iez
			nous **employons**	→ j' **employais**	-aient
				(en) **employant**	
			nous **finissons**	→ je **finissais**	**P. prés./Ger.**
				(en) **finissant**	-ant
☞	**Présent:** nous cri + ons		nous **dormons**	→ je **dormais**	
	Imparf.: nous cri + ions			(en) **dormant**	**Ausnahmen:**
			nous **entendons**	→ j' **entendais**	ayant; étant;
				(en) **entendant**	sachant

2. **• Futur • Conditionnel**				Futur
a) **Verben auf** *-er*	**1. Person Singular** des **Présent** der Verben auf *-er*	j' **avance** je **mange** j' **achète** j' **appelle** je **jette** j' **emploie**	→ j' **avancerai**(s) → j' **mangerai**(s) → j' **achèterai**(s) → j' **appellerai**(s) → j' **jetterai**(s) → j' **emploierai**(s)	-rai -ras -ra -rons -rez -ront
b) **Verben auf** *-ir*	**Infinitiv ohne** *-r*	**finir** **dormir**	→ je **finirai**(s) → je **dormirai**(s)	**Conditionnel** -rais -rais -rait -rions
c) **Verben auf** *-(d)re*	**Infinitiv ohne** *-re*	**attendre** **rompre** **battre**	→ j' **attendrai**(s) → je **romprai**(s) → je **battrai**(s)	-riez -raient

3. **Subjonctif présent**	**Stamm** der **3. Person Plural** des **Présent**	Beispiel		**Subjonctif**
		ils **finissent**	que je finisse	-e
		ils **dorment**	que je dorme	-es
		ils **attendent**	que j' attende	-e
		ils **rompent**	que je rompe	-ions
		ils **emploient**	que j' emploie	-iez
		ils **mangent**	que je mange	-ent

☞ Folgende Verben behalten **beide Stämme** des Présent **im Subjonctif** bei; das gilt für alle in **79** aufgeführten Verben und einige unregelmäßige:

Stammbetonte Formen		**Endungsbetonte Formen**	
ils **achètent**	→ que j' achète [aʃɛt]	nous **achetons**	→ que nous achetions [aʃ(ə)tjõ]
ils **appellent**	→ que tu appelles	nous **appelons**	→ que vous appeliez [apəlje]
ils **préfèrent**	→ qu' ils préfèrent	nous **préférons**	→ que vous préfériez
ils **emploient**	→ qu' il emploie	nous **employons**	→ que nous employions
ils **boivent**	→ que je boive	nous **buvons**	→ que nous buvions
ils **prennent**	→ que tu prennes	nous **prenons**	→ que nous preniez
ils **viennent**	→ qu' il vienne	nous **venons**	→ que nous venions u. a.

Der **Subjonctif imparfait** aller Verben wird von der **2. Person Singular** des **Passé simple** abgeleitet:

tu **appelas**	→ que j' appelasse	tu **finis**	→ qu' ils finissent
tu **dormis**	→ que tu dormisses	tu **entendis**	→ que nous entendissions
Beachte:	qu' il appelât		qu' il finît
	qu' il dormît		qu' il entendît

Diese Formen werden, außer in der 3. Person Singular, selbst in der gehobenen geschriebenen Sprache kaum gebraucht.

6 Das Verb und seine Formen

Die zusammengesetzten Verbformen

83 Die Hilfsverben *avoir* und *être*

Die Verben bilden je nach Konstruktionstyp die zusammengesetzten Formen mit den Verben *avoir* oder *être*. Diese haben folgende Formen:

1. *avoir*		2. *être*	
Présent	**Futur simple**	**Présent**	**Futur simple**
j' ai [e/ɛ]	j' **aurai**	je suis	je **serai** [s(ə)rɛ]
tu as	tu auras	tu es	tu seras
il a	il aura	il est	il sera
nous‿avons	nous‿aurons	nous sommes	nous serons
vous‿avez	vous‿aurez	vous‿êtes	vous serez
ils‿ont	ils‿auront	ils sont	ils seront
Imparfait	**Conditionnel**	**Imparfait**	**Conditionnel**
j' **avais** [avɛ]	j' **aurais**	j' **étais**	je **serais** [s(ə)rɛ]
tu avais	tu aurais	tu étais	tu serais
il avait	il aurait	il était	il serait
nous‿avions[avjõ]	nous‿aurions	nous‿étions [etjõ]	nous serions
vous‿aviez	vous‿auriez	vous‿étiez	vous seriez
ils‿avaient	ils‿auraient	ils‿étaient	ils seraient
Subjonctif présent	**Impératif**	**Subjonctif présent**	**Impératif**
que j' **aie** [ɛ]		que je **sois**	
que tu aies	aie [ɛ]	que tu sois	sois
qu' il ait		qu' il soit	
que nous‿**ayons**[ɛjõ]	ayons	que nous **soyons**	soyons
que vous‿ayez	ayez	que vous soyez	soyez
qu' ils‿aient [ɛ]		qu' ils soient	
Part. prés./Gérondif	**Participe passé**	**Part. prés./Gérondif**	**Participe passé**
(en)**ayant** [ɛjɑ̃]	**eu** [y]	(en)**étant**	été

Formen der geschriebenen Sprache

Passé simple	**Subjonctif imparfait**	**Passé simple**	**Subjonctif imparfait**
j' **eus** [y]	que j' **eusse**	je **fus**	que je **fusse**
tu eus	que tu eusses	tu fus	que tu fusses
il eut	qu' il eût	il fut	qu' il fût
nous‿eûmes	que nous‿eussions	nous fûmes	que nous fussions
vous‿eûtes	que vous‿eussiez	vous fûtes	que vous fussiez
ils‿eurent	qu' ils‿eussent	ils furent	qu' ils fussent

F/D Abweichend vom Deutschen ‚sein' bildet auch das Hilfsverb *être* die zusammengesetzten Formen mit *avoir*. – Vergleiche:

Passé composé: j'**ai** été ich **bin** gewesen
Plus-que-parfait: j'**avais** été ich **war** gewesen.

84 Zusammengesetzte Formen mit *avoir*/*être* + Participe passé

Die zusammengesetzten Formen bestehen aus einer konjugierten Form von *avoir* bzw. *être*, die über die Person und das Tempus bzw. den Modus informiert, und dem Participe passé des betreffenden Verbs.

Zusammengesetzte Formen mit avoir		*Zusammengesetzte Formen mit être*	
Passé composé		**Passé composé**	
j' ai	eu/été	je suis	arrivé(e)
tu as	parlé	tu es	parti(e)
il/elle a	fini	il/elle est	descendu(e)
nous‿avons	dormi	nous sommes	arrivé(e)s
vous‿avez	rompu	vous‿êtes	parti(e)s
ils‿ont, elles‿ont	entendu	ils, elles sont	descendu(e)s

Unterscheide: vous êtes parti(e) (höfliche Anrede einer Person);
vous êtes parti(e)s (*vous* als Subjektpronomen des Plurals).

Subjonctif passé		**Subjonctif passé**	
que j' aie	eu/été	que je sois	arrivé(e)
que tu aies	parlé	que tu sois	parti(e)
qu' il/elle ait	fini	qu' il/elle soit	descendu(e)
que nous‿ayons	dormi	que nous soyons	arrivé(e)s
que vous‿ayez	rompu	que vous soyez	parti(e)s
qu' ils‿aient, elles aient	entendu	qu' ils, elles soient	descendu(e)s
Plus-que-parfait		**Plus-que-parfait**	
j' avais	eu/été	j' étais	arrivé(e)
tu avais	parlé	tu étais	parti(e)
il/elle avait	fini	il/elle était	descendu(e)
nous‿avions	dormi	nous‿étions	arrivé(e)s
vous‿aviez	rompu	vous‿étiez	parti(e)s
ils‿avaient, elles‿avaient	entendu	ils, elles étaient	descendu(e)s
Futur antérieur		**Futur antérieur**	
j' aurai	eu/été	je serai	arrivé(e)
tu auras	parlé	tu seras	parti(e)
il/elle aura	fini	il/elle sera	descendu(e)
nous‿aurons	dormi	nous serons	arrivé(e)s
vous‿aurez	rompu	vous serez	parti(e)s
ils‿auront, elles‿auront	entendu	ils, elles seront	descendu(e)s
Conditionnel passé		**Conditionnel passé**	
j' aurais	eu/été	je serais	arrivé(e)
tu aurais	parlé	tu serais	parti(e)
il/elle aurait	fini	il/elle serait	descendu(e)
nous‿aurions	dormi	nous serions	arrivé(e)s
vous‿auriez	rompu	vous seriez	parti(e)s
ils‿auraient, elles‿auraient	entendu	ils, elles seraient	descendu(e)s

Formen der geschriebenen Sprache

Passé antérieur		**Passé antérieur**	
j' eus	eu/été	je fus	arrivé(e)
tu eus	parlé	tu fus	parti(e)
il/elle eut	fini	il/elle fut	descendu(e)
nous‿eûmes	dormi	nous fûmes	arrivé(e)s
vous‿eûtes	rompu	vous fûtes	parti(e)s
ils‿eurent, elles eurent	entendu	ils, elles furent	descendu(e)s
Plus-que-parfait du subjonctif		**Plus-que-parfait du subjonctif**	
que j' eusse	eu/été	que je fusse	arrivé(e)
que tu eusses	parlé	que tu fusses	parti(e)
qu' il/elle eût	fini	qu'il/elle fût	descendu(e)
que nous‿eussions	dormi	que nous fussions	arrivé(e)s
que vous‿eussiez	rompu	que vous fussiez	parti(e)s
qu' ils eussent, elles eussent	entendu	qu'ils, elles fussent	descendu(e)s

Zur Angleichung des Participe passé in Verbindung mit *être* und *avoir* vgl. auch **89**.
Zur Bildung des Passivs vgl. **148**.

☞ In der gesprochenen Sprache gibt es über die Formes composées hinaus sogenannte **Formes surcomposées**, bei denen das Hilfsverb aus einer zusammengesetzten Form besteht. Da diese Formen jedoch sehr selten sind, ist ihre Verwendung nicht zu empfehlen.
Beispiele:
Après que M. Lepic **eut parlé**, son fils **prit** la parole. (Geschriebene Sprache)
Après que M. Lepic **a eu parlé**, son fils **a pris** la parole. (Gesprochene Sprache)

85 Das Futur composé – Le futur composé

je vais	avoir/être	Das Futur composé aller Verben wird gebildet aus dem Présent des Verbs *aller* + **Infinitiv** des betreffenden Verbs.
tu vas	parler/acheter	
il va	finir/dormir	
nous‿allons	entendre/descendre	
vous‿allez	arriver/partir	
ils vont	aller	

86 Der Gebrauch von *avoir* und *être*

1. Nous **avons eu** de la chance. Notre voyage **a été** un plein succès.	**Zusammengesetzte Formen mit *avoir* bilden** • die Hilfsverben *avoir* und *être*;
On **a vu** de(s) très belles choses. J'**ai écrit** des cartes à tous mes amis.	• die **transitiven** Verben (außer den reflexiven Verben);
Nous **avons** beaucoup **marché**. Le soir, nous **avons dansé**. Ensuite, on **a** bien **dormi**.	• die **meisten intransitiven** Verben.
2. Nous **nous sommes levé(e)s** tard. Ensuite, on **s'est baigné(e/s/es)**.	**Zusammengesetzte Formen mit *être* bilden** • die **reflexiven** Verben; (Vgl. **89**, 3)
J'**ai été invité(e)** deux fois à faire un tour en bateau.	• das **Passiv**; (Vgl. **148**)
Charles de Gaulle **est né** en 1890, à Lille. Il **est mort** en 1970.	• einige **intransitive** Verben.

1. *Intransitive Verben, die mit être konstruiert werden*

Die intransitiven Verben, die mit *être* verbunden werden, sind in der Mehrzahl Verben, die eine **Bewegungsrichtung** ausdrücken, z. B.

aller	gehen, fahren	↔	(re)venir	(zurück)kommen	**sowie**	devenir	werden
partir	weggehen, abfahren	↔ ↔	arriver rentrer/retourner	ankommen zurückkehren		naître mourir	geboren werden sterben
						tomber	fallen
sortir	hinausgehen, ausgehen	↔ ↔	entrer rentrer	eintreten heimgehen/-kommen		rester	bleiben
monter	hinaufgehen	↔	descendre	hinuntergehen			

2. *Intransitive Verben, die mit avoir konstruiert werden*

F/D Abweichend vom Deutschen wird im Französischen eine Reihe von Verben, die eine **Bewegungsart** (nicht eine Bewegungsrichtung) bezeichnen, mit *avoir* konstruiert. – Beispiele:

Nous **avons** beaucoup **marché** hier. Elle **a sauté** de joie en apprenant cette nouvelle.

Mit *avoir* verbunden werden u. a.

avancer	vorwärts kommen	marcher	(zu Fuß) gehen	sauter	springen
courir	schnell gehen, laufen	nager	schwimmen	voler	fliegen
errer	umherirren	reculer	zurückgehen, -fahren, -weichen	voyager	reisen
fuir	fliehen	rouler	*Fahrzeug:* fahren		

6 Das Verb und seine Formen

87 Verben mit intransitivem und transitivem Gebrauch

Einige Verben, z. B. *descendre*, *monter*, *sortir*, *rentrer*, *retourner*, können intransitiv (ohne direktes Objekt) und transitiv gebraucht werden. Sie wechseln dann oft ihre Bedeutung. – Beispiele:

Cédric **est descendu** à la cave.		La concierge **est montée** chez M. Costa.
Il a descendu des bouteilles.		Elle lui a **monté le courrier.**
Il a descendu l'escalier en vitesse.		Elle a **monté les escaliers** avec peine.

- Wenn die Verben dieser Gruppe **intransitiv** gebraucht werden, bilden sie die zusammengesetzten Formen mit *être*.
- Bei **transitivem** Gebrauch verlangen sie *avoir*.

Unterscheide:

Intransitives Verb (mit *être*)		**Transitives Verb** (mit *avoir*)	
sortir	(hin)ausgehen	sortir qc (de)	etw. herausholen (aus)
sortir (de qc)	herauskommen (aus)	sortir qn	jdn ausführen
monter	hinaufgehen	monter qc	etw. hinaufbringen
monter par l'escalier	die Treppe benutzen	monter qc (la rue etc.)	etw. hinaufgehen
monter (dans qc)	einsteigen		
descendre	hinuntergehen	descendre qc	etw. hinunterbringen
descendre (de qc)	aussteigen (aus)	descendre qc (la rue etc.)	etw. hinuntergehen
rentrer	nach Hause gehen/ kommen	rentrer qc	etw. hinein-/herein- bringen/-holen/-fahren
retourner	zurückkehren	retourner une lettre	einen Brief zurückschicken
		retourner qc	etwas umdrehen

Zur Angleichung des Participe passé vgl. **89**,1 + 2.

☞ Mit *avoir* und *être* können noch einige andere Verben konstruiert werden.
Das Passé composé mit *avoir* bezeichnet in der Regel einen Vorgang.
Das Passé composé mit *être* bezeichnet eher das Ergebnis eines Vorgangs oder einen Zustand.
Unterscheide:

Le voyage m'**a paru** très court.	… ist mir sehr kurz vorgekommen.	(Vorgang)
Ce CD **est paru** depuis un an.	… liegt vor.	(Zustand)
Cette année, l'hiver **a passé** vite.	… ist schnell vorübergegangen.	(Vorgang)
Heureusement, l'hiver **est passé.**	… ist vorbei.	(Ergebnis)
Pierre **a** beaucoup **changé**, je trouve.	… hat sich sehr verändert.	(Vorgang)
Depuis qu'elle est championne, elle **est** complètement **changée.**	… ist völlig verändert.	(Zustand)
C'est vrai que M. Pierre **a divorcé**?	… hat sich scheiden lassen.	(Vorgang)
Oui, il **est divorcé** depuis trois mois.	… ist geschieden.	(Zustand/Ergebnis)

Aber nur: Qu'est-ce qui **s'est** passé? Was ist passiert?

Wenn *passer* (vorbeikommen/vorbeigehen) ein Personensubjekt hat, steht immer *être*.
Beispiel: Le facteur **est** déjà **passé.**

88 Die reflexiven Verben – Les verbes pronominaux

Die reflexiven Verben haben folgende Kennzeichen:

- Sie haben ein Reflexivpronomen bei sich (*me, te, se, nous, vous*), das sich auf das Subjekt bezieht.
- Sie bilden die zusammengesetzten Formen mit *être*.
- Für die Stellung der Reflexivpronomen gelten die gleichen Regeln wie für die anderen verbundenen Objektpronomen. (Vgl. **58–60**)

Zu den unterschiedlichen Funktionen des Reflexivpronomens vgl. **98**.

Présent						
je	**me** détends	je	**m'** inquiète	**Passé composé:**	je **me** **suis** détendu(e)	
tu	**te** détends	tu	**t'** inquiète**s**		elle **s'** **est** inquiétée	
il	**se** détend	il	**s'** inquiète	**Futur composé:**	je vais **me** détendre	
elle	**se** détend	elle	**s'** inquiète		on va **s'** inquiéter	
on	**se** détend	on	**s'** inquiète	**Impératif**		
nous	**nous** détendons	nous	**nous**‿inquiétons	détends- **toi**	**ne** **t'** inquiète	**pas**
vous	**vous** détendez	vous	**vous**‿inquiétez	détendons-**nous**	ne **nous**‿inquiétons	pas
ils	**se** détendent	ils	**s'** inquiètent	détendez- **vous**	ne **vous**‿inquiétez	pas
elles	**se** détendent	elles	**s'** inquiètent			

89 Die Angleichung des Participe passé – L'accord du participe passé

1. *Die Veränderlichkeit des Participe passé in Verbindung mit être*

Les portes	étaient	ouvertes.		• Genus und Numerus des Subjekts wirken sich auf das Participe passé aus.
Isabelle	est	entrée	sans frapper.	
Isabelle et Julien	sont	partis.		
Ils	sont	partis.		

- Das mit *être* verbundene Participe passé richtet sich in Genus und Numerus nach dem **Subjekt** des Satzes. Bei gemischtem Geschlecht im Plural richtet es sich nach dem Maskulinum.

Zur Veränderlichkeit des Participe passé bei reflexiven Verben vgl. **89**, 3.

2. *Die Veränderlichkeit des Participe passé in Verbindung mit avoir*

Mme Jacquet	**a**	travaillé	toute la journée.	• Genus und Numerus des Subjekts wirken sich nicht auf das Participe passé aus.
Le soir, son mari	**a**	fait	le ménage.	
Ensuite, ils	**ont**	regardé	la télévision.	

- Das mit *avoir* verbundene Participe passé ist **unveränderlich**, wenn dem Verb kein direktes Objekt vorangeht.
- Es ist jedoch **veränderlich**, wenn dem Verb ein **direktes Objekt vorangeht**.

Das **vorangehende Objekt** kann sein:

Voilà **la tarte**	**que**	j'	ai	faite. [fɛt]	● das **Relativpronomen** *que*;
Mangeons **les sandwichs**	**que**	j'		préparés. [prepare]	
Regarde **ces photos.**					● ein **direktes Objektpronomen**;
C'est Annie qui	**les**		a	prises. [priz]	
Elle	**nous**		avait	rencontré(e)s en ville.	
Combien de cassettes			as-tu	achetées?	● die **Fragewörter** *combien de* + Nomen, *quel* + Nomen; *lequel* (*de* + Nomen).
Quels livres			as-tu	choisis?	
Lesquels (de ces livres)			as-tu	déjà lus?	

- Im **Schriftbild** wird das Participe passé in den oben genannten Fällen immer verändert. Es richtet sich im Genus und Numerus nach dem Bezugswort.
- Im **Lautbild** ist die weibliche Form des Participe passé nur bei wenigen Verben hörbar. z. B. bei *dite* [dit], *écrite* [ekrit], *faite* [fɛt], *mise* [miz], *prise* [priz].

☞
- *En* **kann** in Verbindung mit einem vorangehenden direkten Objekt als ein direktes Objektpronomen betrachtet werden und dann eine Angleichung des Participe passé nach sich ziehen. – Beispiel:
  Et des timbres, tu **en** as acheté(s) combien?
  Aber: Avez-vous profité des vacances? Oui, nous **en** avons profité.
- Bei *fait* + Infinitiv wird das Participe passé nicht verändert. – Beispiel:
  Je les ai fait chercher partout. Ich habe sie überall suchen lassen.
- Den *Rectifications de l'orthographe* (1990) zufolge gilt dies auch für *laisser* + Infinitiv:
  Nous **les** avons laissé partir plus tôt. (Vgl. **195**, 3)
- Bei folgendem Infinitiv wird die unveränderte Form des Participe passé nicht als Fehler gewertet.
  Beispiel: Je **les** ai **entendu** jouer.

3. *Die Veränderlichkeit des Participe passé beim reflexiven Verb*

Das Participe passé der reflexiven Verben wird zwar mit *être* verbunden, doch gelten für dessen Angleichung dieselben Regeln wie beim Participe passé mit *avoir.*

Elle s'	est lavé	**les mains.**		● Das Participe passé bleibt **unverändert**, wenn das Reflexivpronomen **indirektes Objekt** ist. Dies ist immer der Fall in Sätzen mit nominalem direktem Objekt.
Ils se	sont écrit	**plusieurs lettres.**		
Elles se	sont dit	**adieu.**		
ind O		dir O		
Elle s'	**est** lavée.			● Das Participe passé wird **angeglichen**, wenn das Reflexivpronomen **direktes Objekt** ist oder wenn dem Verb ein anderes **direktes Objekt** (z. B. *que*) **vorangeht**. (Vgl. **89**, 2)
Elles s'	**étaient**	assises.		
Les lettres **qu'**	ils se sont	écrites …		
dir O				

☞ Bei den reflexiven Verben, bei denen das Reflexivpronomen fester Bestandteil des Verbs ist (Vgl. **97**, 2), wird das Reflexivpronomen wie ein direktes Objekt behandelt. Beispiele:
elle s' est dépêchée; ils se sont enfuis. Zu den Funktionen des Reflexivpronomens vgl. **98**.

90 Die strukturellen Eigenschaften des Verbs

Das Verb ist der strukturelle **Kern der Verbalgruppe**. Es hat die Eigenschaft, unterschiedliche **Ergänzungen** an sich zu binden.
Dazu eröffnet das Verb **Leerstellen**, die durch eine Ergänzung besetzt werden können oder besetzt werden müssen. – Beispiele:

	Verbalgruppe				Satzbauplan
Eric ←	**sort.**				**S** + **V**
Il ←	**va**	→		**dans une librairie.**	**S** + **V** + adv**B**
Il ←	**choisit**	→ **un livre.**			**S** + **V** + dir**O**
Il ←	**va offrir**	→ **ce livre**	→ **à son amie.**		**S** + **V** + dir**O** + ind**O**
	Verb	→ **Verbergänzungen**			
Subjekt	**Verb** (Prädikatskern)	→ **dir. Objekt**	→ **indir. Objekt**	→ **adverbiale Bestimmung**	
Subjekt	**Prädikat**				

In diesen Beispielen weisen die Verben innerhalb der Verbalgruppe folgende Leerstellen auf:

- sortir: keine Leerstelle für eine Ergänzung;
- aller: eine Stelle für eine adverbiale Bestimmung;
- choisir: eine Stelle für ein direktes Objekt;
- offrir: eine Stelle für ein direktes Objekt + eine Stelle für ein indirektes Objekt.

Je nach Art und Anzahl der Ergänzungen, die ein Verb bei sich haben kann, ergeben sich unterschiedliche **Satzbaupläne**.

Nach den möglichen Objektergänzungen der Verben unterscheidet man

- Verben **ohne** Objektstelle (*sortir, aller*) = Verbes **intransitifs**
- Verben **mit** Objektstellen (*choisir qc, offrir qc à qn*) = Verbes **transitifs.**

Zu den Infinitivergänzungen des Verbs vgl. **100**.

☞ Die Leerstellen, die das Verb für Ergänzungen eröffnet, müssen nicht bei allen Verben immer besetzt sein. So kann man z. B. je nach Situation und Redeabsicht sagen:

Eric écrit. — Eric écrit **à Nicole.**
Eric écrit **une lettre.** — Eric écrit **une lettre à Nicole.**
Aber nur: Nicole habite **à Colmar.**

Die Ergänzungen des Verbs *écrire* sind **fakultativ**, d. h. nicht notwendig.
Die Ergänzung des Verbs *habiter* hingegen ist **obligatorisch**.

7 Das Verb und seine Ergänzungen

Nominale Ergänzungen des Verbs

91 Verben mit direktem Objekt

Die französischen Verben dieser Gruppe stimmen in den meisten Fällen mit den entsprechenden deutschen Verben in der Konstruktion überein.

F/D Einigen Verben, die im Französischen ein direktes Objekt haben, entsprechen im Deutschen Verben mit Dativobjekt (indirektes Objekt). – Beispiele:

Tu ne veux pas **aider ton frère? Aide-le** donc.	... **deinem** Bruder helfen? Hilf **ihm** doch!
Suivez le guide./Suivez mon conseil.	Folgen Sie **dem** Führer./Folgen Sie **meinem** Ratschlag.
N'oublie pas de **remercier M. Moreau.**	Vergiß nicht, (**dem**) Herrn Moreau zu danken.

Verben dieser Gruppe sind z. B.

aider **qn** assister **qn**	jdm helfen	attendre **qn/qc**	auf jdn/etw. warten, jdn/etw. erwarten
		contredire **qn/qc**	jdm/einer Sache widersprechen
applaudir **qn**	jdm Beifall spenden	croire **qn/qc**	jdm/etw. glauben
écouter **qn**	jdm zuhören	rencontrer **qn/qc**	jdm begegnen/auf etw. treffen, stoßen
féliciter **qn**	jdm gratulieren	suivre **qn/qc**	jdm/einer Sache folgen
remercier **qn**	jdm danken		

Zu *féliciter qn* und *remercier qn* vgl. **95**.

92 Verben mit *à*-Objekt

1. Den meisten Verben mit *à*-Objekt entspricht im Deutschen ein Verb mit Dativobjekt. Beispiel:

– Est-ce-que cela **plaira à tes amis?**	– Vous **avez pu résister à ce gâteau?**
– Bien sûr, cela **leur plaira.**	– Non, je n'y **ai** pas **résisté.**

Verben dieser Gruppe sind z. B.:

appartenir **à** qn/qc	jdm/zu etw. gehören	plaire **à** qn	jdm gefallen
consentir **à** qc	einer Sache zustimmen	résister **à** qn/**à** qc	jdm/einer Sache widerstehen
convenir **à** qn/ **à** qc	jdm zusagen/ zu etw. passen	servir **à** qc	zu etw. nützlich sein, einer Sache dienen
obéir **à** qn	jdm gehorchen	succéder **à** qn/**à** qc	jdm/einer Sache (nach)folgen

☞ Wird bei diesen Verben das nominale *à*-Objekt durch ein Pronomen ersetzt, so steht für **Personen** in der Regel *lui* und *leur*, für **Sachen** *y*.

F/D 2. Einer Reihe von Verben mit *à*-Objekt entsprechen im Deutschen Verben mit anderen Konstruktionen. – Beispiele:

– Tu as **parlé à** Mme Dupont?	– Hast du **mit** Mme Dupont gesprochen?
– Oui, je **lui** ai **parlé** ce matin.	– Ja, ich habe heute Morgen **mit ihr** gesprochen.
– Pourquoi as-tu **menti à** ton père?	– Warum hast du **deinen** Vater belogen?
– Mais je ne **lui** ai pas **menti!**	– Ich habe **ihn** doch nicht belogen!

Verben mit **unterschiedlicher Konstruktion** im Französischen und Deutschen sind z. B.:

assister	à qc	**bei** etw. zugegen sein	réfléchir	à/sur qc	**über** etw. nachdenken
contribuer	à qc	**zu** einer Sache beitragen	rendre visite	à qn	**jdn** besuchen
demander	à qn	**jdn** fragen/bitten	renoncer	à qc	**auf** etw. verzichten
parler	à qn	**mit** jdm sprechen	répondre	à qc	**etw.** beantworten
participer	à qc	**an** etw. teilnehmen	téléphoner	à qn	**jdn** anrufen
prendre part	à qc		tenir	à qn/qc	**an** jdm hängen, **auf** etw. Wert legen
penser	à qn/qc	**an** jdn/etw. denken			

Die **Sachobjekte** dieser Verben werden durch *y* ersetzt, die **Personenobjekte** durch die entsprechenden verbundenen Objektpronomen:

Quelle belle journée, j'y penserai encore longtemps.
Je **lui** parlerai de cette affaire.

☞ **Aber:** Je **penserai** toujours **à toi**. Je **tiens** beaucoup **à elle**. (Vgl. **64**)

93 Verben mit *de*-Objekt

Pierre **a besoin de 500 francs.**	Pierre braucht/benötigt 500 F.
Il **en a besoin** tout de suite.	Er braucht sie sofort.
Je **joue du piano.**	Ich spiele Klavier.
Il fait beau temps. **Profitons-en.**	Laßt es uns ausnutzen.

Verben und verbale Ausdrücke mit *de*-Objekt sind z. B.:

avoir besoin **de** qn/qc	jdn/etw. brauchen	jouir **de** qc	etw. genießen
changer **de** qc	ändern, wechseln	profiter **de** qc	etw. ausnutzen
douter **de** qc	**an** etw. zweifeln	rêver **de** qn/qc	**von** jdm/etw. träumen
jouer **de** qc	(Instrument) spielen	souffrir **de** qc	**an** etw. leiden

☞ Das nominale Personenobjekt dieser Verben wird durch *de* + unverbundenes Pronomen ersetzt, das Sachobjekt durch *en*:
Cette nuit, j'ai rêvé **de toi**. – On n'**en** parle plus, **de ce voyage.**

Einige Verben schließen das indirekte Objekt mit anderen Präpositionen als *de* und *à* an. Beispiele:

Je n'ai pas **insisté sur** ma proposition.	insister **sur** qc	auf etw. bestehen
Est-ce qu'on peut **compter sur** eux?	compter **sur** qn/qc	sich auf jdn/etw. verlassen
Notre appartement **consiste en** cinq pièces.	consister **en** qc	aus etw. bestehen
Il faut **protester contre** cette punition.	protester **contre** qc	gegen etw. Einspruch erheben

94 Verben mit direktem Objekt und mit *à*-Objekt

Gérard	**présentera**	**son amie**	**à ses parents.**	Il **la leur** présentera demain.
Michèle	**a prêté**	**des CD**	**à Nadine.**	Elle **lui en** a prêté trois.
Subjekt +	**Verb**	**+ dir. Objekt**	**+ *à*-Objekt**	Zur Stellung der Pronomen vgl. **58–60**.

Zu dieser Gruppe gehören z. B. folgende Verben:

Mit gleicher Konstruktion wie das dt. Verb		
apprendre **qc à qn**	jdm etw.	beibringen
confier **qc à qn**		anvertrauen
conseiller **qc à qn**		(an)raten
défendre **qc à qn**		verbieten
devoir **qc à qn**		schulden
enlever **qc à qn**		ab-/wegnehmen
interdire **qc à qn**		untersagen
prêter **qc à qn**		leihen, borgen
reprocher **qc à qn**		vorwerfen
faire savoir **qc à qn**		mitteilen
présenter **qn à qn**	jdn jdm	vorstellen

Mit abweichender Konstruktion	
demander **qc à qn**	jdn **nach** etw. fragen/ jdn **um** etw. bitten
enseigner **qc à qn**	jdn **in** etw. unterrichten
envier **qc à qn**	jdn **um** etw. beneiden
rappeler **qc à qn**	jdn **an** etw. erinnern
emprunter **qc à qn**	etw. **von** jdm ausleihen/ borgen
condamner **qn à qc** [kõdane]	jdn **zu** etw. verurteilen

☞ Statt eines nominalen direkten Objekts ist aus stilistischen Gründen bei einigen dieser Verben (z. B. *conseiller*, *défendre*, *interdire*, *dire*) die Konstruktion *de* + Infinitiv vorzuziehen. – Beispiele:

Le docteur a **conseillé** au malade **de rester** au lit.
Il lui a **défendu de manger** du beurre et **interdit de boire** du coca. (Vgl. **103**)

95 Verben mit direktem Objekt und mit *de*-Objekt

On	a chargé	Jean-Claude	d'un travail important.	On l'en a chargé.
J'	ai félicité	Jean-Claude	de ce beau succès.	Je l'en ai félicité.
S +	**Verb**	+ **dir. Objekt**	+ ***de*-Objekt**	**Pronominalisierung**

Verben dieser Gruppe sind z. B.:

accuser **qn de qc**	jdn **einer Sache** anklagen
avertir **qn de qc**	jdn **vor** etw. warnen
charger **qn de qc**	jdn **mit** etw. beauftragen
débarrasser **qn de qc**	jdn **von** etw. befreien
féliciter **qn de qc**	jdn **zu** etw. beglückwünschen
sauver **qn/qc de qc**	jdn/etw. **vor** etw. retten
priver **qn de qc**	**jdm etw.** entziehen
remercier **qn de qc**	**jdm** für etw. danken
prévenir **qn de qc**	jdn **von** etw. benachrichtigen

☞ Bei den Verben dieser Gruppe bezeichnet das **direkte** Objekt in der Regel eine **Person** und das *de*-**Objekt** eine **Sache**.

96 Übersicht: Verben mit unterschiedlicher Ergänzungsstruktur

Eine Reihe von Verben kann auf verschiedene Weise konstruiert werden.
Je nach Konstruktion kann ihre Entsprechung im Deutschen wechseln. – Beispiele:

1. changer		
Le temps a changé.	changer	sich (ver)ändern
J'ai changé **1000 francs/l'eau des fleurs.**	changer qc	umwechseln/auswechseln
J'ai changé **de chemise/d'avis.**	changer de qc	etw. wechseln/ändern
J'ai changé **de train.**	changer de train	umsteigen
Attends. Je vais vite **me** changer.	se changer	sich umziehen

2. croire		
Elle a menti. On ne **la** croit plus.	croire qn/qc	jdm/etw. glauben
Je ne crois pas **aux horoscopes.**	croire à qc	an etw. glauben
Beaucoup de gens ne croient pas **en Dieu.**	croire en Dieu	an Gott glauben
Je le croyais **mon ami.**	croire qn qc	halten für
3. demander		
Je demande **une excuse.**	demander qc/qn	etw. verlangen,
On demande **Olivier** au téléphone.		nach jdm fragen
Je voudrais demander	demander qc à qn	jdm nach etw. fragen/
un petit service (Gefälligkeit) **à M. Rigot.**		um etw. bitten (Vgl. **104**)
4. jouer		
Nous avons joué **au football.**	jouer à qc	ein Spiel spielen
Ma sœur joue **de la batterie.**	jouer de qc	ein Instrument spielen
Cela ne joue **aucun rôle.**	jouer un rôle	eine Rolle spielen
5. manquer		
Il y a trois élèves qui manquent.	manquer	fehlen
Ce matin, j'ai manqué **le bus.**	manquer qc	etw. verpassen
L'argent ne **lui** manque pas, mais les idées, oui.	manquer à qn	jdm fehlen
Tu es très jeune. Tu manques encore **d'expérience.**	manquer de qc	jdm an etw. fehlen
Tu as manqué **à tes principes.**	manquer à qc	etw. vernachlässigen,
Ne manque pas **à ta promesse.**		(Versprechen) nicht halten
6. parler		
Tu parles toute la journée.	parler	reden, sprechen
Mon père parle **plusieurs langues.**	parler qc	eine Sprache sprechen
Je ne **lui** parle plus.	parler à qn	mit/zu jdm sprechen
Je vois que vous parlez **avec des amis.**	parler avec qn	sich mit jdm unterhalten
On a parlé **de ton frère/de ton voyage.**	parler de qn/de qc	über jdn/etw. sprechen
Tu **leur** as parlé **de tes vacances?**	parler à qn de qc	jdm von etw. erzählen
Aber: Raconte-moi ton voyage.	raconter qc	(von) etw. erzählen
7. servir		
Je **vous** sers tout de suite.	servir qn	jdn bedienen
Cela ne sert **à rien.**	servir à qc	zu etw. nützlich sein
Je **te** sers **un café?**	servir qc à qn	jdm etw. servieren
Cela **lui** servira **de leçon** (Lehre).	servir à qn de qc	jdm als etw. dienen
La voiture, je ne **m'en** sers plus.	se servir de qc	etw. benutzen

☞ Bei *croire* (jdm/etw. glauben) kann nur **ein** Objekt bzw. Objektpronomen stehen:
Je **te** crois ... dir. Je **le** crois ... es. Je crois **ce que tu dis.** Ich glaube **es dir.**

F/D Einer Reihe von Verben, die im Deutschen unpersönlich konstruiert werden, entspricht im Französischen ein Verb mit persönlichem Subjekt. Solche Verben sind u. a.:

J'ai chaud/froid.	**Mir** ist warm/kalt.	**Je suis** content(e) que Luc soit venu.	**Es** freut mich, daß Luc gekommen ist.
Je suis arrivé(e)/ **J'ai** réussi à le convaincre.	**Es** ist **mir** gelungen, ihn zu überzeugen.	**Vous** manquez de courage.	**Es** fehlt **Ihnen** an Mut.
		On frappe.	**Es** hat geklopft.
Comment allez-**vous**?	Wie geht **es Ihnen**?	**On** sonne.	**Es** klingelt/hat geläutet.

7 Das Verb und seine Ergänzungen

Die reflexiven Verben – Les verbes pronominaux

97 Typen reflexiver Verben

Reflexive Verben sind Verben, deren Objektpronomen ein Reflexivpronomen ist. Dieses verweist auf das Subjekt des Satzes. Man kann zwei Typen von reflexiven Verben unterscheiden:

1. Reflexive Verben, die auch nicht-reflexiv gebraucht werden können. – Beispiele:

Jacques		**cache son argent.**	Joëlle		**regarde son père.**
...		versteckt sein Geld.	...		sieht ihren Vater an.
Il	se	**cache.**	Elle	se	**regarde** dans la glace.
...		versteckt sich.	...		betrachtet sich im Spiegel.

F/D Bei einigen Verben haben die reflexive und die nicht-reflexive Form des französischen Verbs im Deutschen verschiedene Entsprechungen. – Unterscheide:

appeler qn	jdn rufen	s'appeler	heißen
arrêter qn/qc	jdn/etw. anhalten, jdn verhaften	s'arrêter	stehen bleiben, anhalten (Fahrzeug)
attendre qn/qc	jdn/etw. erwarten	s'attendre à qc	auf etw. gefasst sein
baigner qn	jdn baden	se baigner	baden (im Meer/Schwimmbad)
coucher qn	jdn hinlegen	se coucher	sich hinlegen, zu Bett gehen
douter de qn/qc	an jdm zweifeln, etw. bezweifeln	se douter de qc	etw. ahnen
éteindre qc	etw. löschen	s'éteindre	erlöschen, ausgehen (Feuer, Kerze)
lever qc	etw. hochheben	se lever	aufstehen, sich erheben
marier qn	jdn verheiraten	se marier	heiraten
promener qn	jdn spazieren führen	se promener	spazieren gehen
réveiller qn	jdn wecken	se réveiller	aufwachen
terminer qc	etw. beenden	se terminer	zu Ende gehen
tromper qn	jdn betrügen	se tromper	sich täuschen/irren

2. Reflexive Verben, die nur reflexiv gebraucht werden.

Bei diesen Verben ist das Reflexivpronomen fester Bestandteil des Verbs. – Beispiele:

Si **tu te moques** de moi, **je m'en vais** tout de suite.	Wenn du dich über mich lustig machst, gehe ich sofort (weg).

Zu dieser Gruppe gehören z. B. die Verben

s'écrier	ausrufen	se méfier de qn/qc	misstrauen
s'en aller	(weg-)gehen	se moquer de qn/qc	sich lustig machen
s'enfuir	fliehen	se repentir de qc	bereuen
se dépêcher	sich beeilen	se souvenir de qn/qc	sich erinnern

F/D Einige Verben, die im Französischen nicht-reflexiv gebraucht werden, haben im Deutschen eine reflexive Entsprechung, z. B.:

avoir honte	sich schämen	bouger	sich rühren	divorcer ([d']avec/de qn)	sich scheiden lassen
changer	sich ändern	remuer	sich bewegen	tourner	sich drehen

98 Die Funktionen des Reflexivpronomens

Um zu entscheiden, ob das Participe passé verändert wird oder nicht, ist es wichtig zu wissen, ob das Reflexivpronomen direktes oder indirektes Objekt ist.

1. Wie im Deutschen ist das Reflexivpronomen **indirektes** Objekt, wenn das Verb eine andere Ergänzung hat, die direktes Objekt ist.

Unterscheide:

Je	me	suis lavé	les cheveux.	Je	me	suis lavé(e).
Elle	s'	est lavé	les cheveux.	Elle	s'	est lavée.
Ils	se	sont lavé	les cheveux.	Ils	se	sont lavés.
	indO		**dirO**		**dirO**	

2. Wenn das Verb **kein weiteres Objekt** bei sich hat, ist das Reflexivpronomen direktes Objekt oder indirektes Objekt, je nachdem, mit welchem Objekt das Verb bei nicht-reflexivem Gebrauch konstruiert wird.

Unterscheide:

Ils **se** sont **salués** froidement.	saluer **qn**
Vous **vous** êtes **revus** depuis?	revoir **qn**
Nous **nous** sommes **écrit** pendant des années.	écrire **à qn**
Pierre et sa sœur ne **se** sont pas **parlé** depuis longtemps.	parler **à qn**

Verben dieser Gruppen sind z. B.:

se = indirektes Objekt			se = direktes Objekt		
s'écrire	sich (gegenseitig) schreiben	(écrire **à qn**)	se saluer	sich grüßen	(saluer **qn**)
se parler	miteinander sprechen	(parler **à qn**)	se revoir	sich wiedersehen	(revoir **qn**)
se plaire	einander gefallen	(plaire **à qn**)	s'aimer	sich lieben	(aimer **qn**)
se nuire	sich schaden	(nuire **à qn**)	se respecter	sich achten	(respecter **qn**)
se succéder	sich (im Amt) folgen	(succéder **à qn**)	se détester	sich nicht ausstehen können/hassen	(détester **qn**)

Zur Veränderlichkeit des Participe passé vgl. **89**, 3.

☞ 3. Bei den Verben, die **nur reflexiv** gebraucht werden, wird das Reflexivpronomen wie ein **direktes** Objekt behandelt. – Beispiele:
Nous **nous** sommes **dépêchés** pour ne pas rater le bus.
Les voleurs **s'**étaient **enfuis** avant l'arrivée de la police.

99 Die wichtigsten reflexiven Verben und ihre präpositionalen Ergänzungen

s'adresser **à qn**	sich wenden an
il s'agit **de qn/qc**	es geht/handelt sich um
s'approcher **de qn/qc**	sich jdm/etw. nähern
se contenter **de qc**	sich zufrieden geben mit
se défendre **de/contre qc**	sich schützen vor/verteidigen gegen
se douter **de qc**	etw. ahnen
s'étonner **de qn/qc**	sich wundern über
se fiancer **avec qn**	sich verloben mit
s'habituer **à qn/qc**	sich gewöhnen an
s'intéresser **à qn/qc**	sich interessieren für
se marier **avec qn**	jdn heiraten
se méfier **de qn/qc**	jdm/etw. misstrauen
se nourrir **de qc**	sich ernähren von
s'occuper **de qn/qc**	sich kümmern um/sich beschäftigen mit
se plaindre **de qn/qc**	sich beklagen über
se plaindre **(à qn) de qn/qc**	sich (bei jdm) beschweren über
se protéger **de/contre qc**	sich schützen vor
se rendre **chez qn/à …**	sich begeben zu/nach
se servir **de qc**	sich einer Sache bedienen
se souvenir **de qn/qc** se rappeler **qn/qc**	sich erinnern an

☞ Die meisten reflexiven Verben schließen eine präpositionale Ergänzung mit *de* an, nur wenige verlangen *à* oder eine andere Präposition.

Infinitivergänzungen des Verbs

100 Nominale Ergänzung und Infinitivergänzung

Bei einer großen Anzahl von Verben kann statt einer nominalen Ergänzung auch eine Infinitivergänzung stehen. – Beispiele:

	Nominale Ergänzung		Infinitivergänzung
Les ouvriers arrêtent	**le travail.**	Les ouvriers arrêtent	**de travailler.**
Pierre se met	**au travail.**	Pierre se met	**à travailler.**
Il aime	**le travail.**	Il aime	**travailler.**

- Die Infinitivgruppe kann ohne Präposition oder mit den Präpositionen *à* und *de* an das Verb angeschlossen werden.
- Sie steht in vielen Fällen an der Stelle eines direkten oder indirekten Objekts.

101 Der Infinitiv ohne Präposition

Ohne Präposition steht der Infinitiv

1. nach Modalverben

Joëlle ne **peut** pas **dormir.**	… kann nicht schlafen.	Elle **semble** pourtant **être** fatiguée.	… scheint … müde zu sein.

Verben dieser Gruppe sind z. B.:

devoir	faire qc	müssen/sollen
pouvoir	faire qc	können (in der Lage sein)
savoir	faire qc	können (gelernt haben)
oser	faire qc	etw. zu tun wagen
paraître	être + Adj.	etw. zu sein scheinen
sembler	faire qc	etw. zu tun scheinen
sowie		
il faut (faire)		man muss (tun)

2. nach Verben der Wahrnehmung und nach den meisten Verben des Denkens und Meinens

On **regardait** le soleil **se coucher.**	… wie die Sonne unterging.
J'ai **vu** un homme **marcher** dans la rue.	… auf die Fahrbahn laufen sehen.
J'ai **cru entendre** un bruit.	… geglaubt, ein Geräusch zu hören.
On **compte partir** samedi.	… beabsichtigen, Samstag abzufahren.

Verben der **Wahrnehmung** sind z. B.:

écouter	qn/qc faire qc	(zu)hören	wie jd etw. tut; wie etw. geschieht
entendre	qn/qc faire qc	hören	
regarder	qn/qc faire qc	(zu)sehen	
sentir	qn/qc faire qc	fühlen	
voir	qn/qc faire qc	sehen	

Verben des **Denkens und Meinens** sind z. B.:

compter	faire qc	beabsichtigen	etw. zu tun
croire	faire qc	glauben	
espérer	faire qc	hoffen	
penser	faire qc	vorhaben	
reconnaître	avoir fait qc	zugeben, etw. getan zu haben	

☞ Das direkte Objekt *quelqu'un* entfällt manchmal: J'ai entendu (quelqu'un) jouer de la guitare.

3. *nach Verben der Bewegungsrichtung*

Nadine est **partie faire** des courses.	... ist weggegangen, um Besorgungen zu machen.
Elle **passera** vous **dire** bonjour.	Sie wird vorbeikommen, um Ihnen „Guten Tag" zu sagen.

Verben der **Bewegungsrichtung** sind z. B.:

aller	faire qc	gehen	um etw. zu tun	passer	faire qc	vorbeigehen, vorbeikommen	um etw. zu tun
venir	faire qc	kommen		partir	faire qc	weggehen	
monter	faire qc	hinaufgehen, heraufkommen		sortir	faire qc	ausgehen	
descendre	faire qc	hinuntergehen, herunterkommen		**sowie**			
				envoyer qn	faire qc	jdn schicken, etw. zu tun	

Zur Verwendung von *aller faire qc* als Futur composé vgl. **85**.

☞ Bei den meisten dieser Verben (außer bei *aller*) kann auch der Infinitiv mit *pour* stehen:

Qu'avez-vous fait/Qu'est-ce que vous avez fait après le petit déjeuner?
– Je suis descendu (pour) acheter le journal.

4. *nach bestimmten Verben der Willensäußerung*

– Vous **aimeriez sortir** ce soir?	Möchten Sie heute Abend ausgehen?
– Non. Je **préfère rester** à la maison.	Nein. Ich bleibe lieber zu Hause.

Verben der **Willensäußerung** sind z. B.:

aimer	faire qc	gern tun	préférer	faire qc	lieber tun
aimer mieux	faire qc	lieber tun	vouloir	faire qc	wollen
désirer	faire qc	wünschen	vouloir bien	faire qc	einverstanden sein
détester	faire qc	hassen	**sowie**		
faire	faire qc (à qn)	veranlassen	il faut	faire qc	man muß, es ist nötig
laisser (qn)	faire qc	zulassen, gestatten	il vaut mieux	faire qc	es ist besser

Zum *que*-Satz vgl. **165** und **167**.

102 Der Infinitiv mit *à*

1. Nicole **apprend** à conduire. Elle **hésite** encore à rouler vite.	… lernt Auto fahren. … zögert noch, schnell zu fahren.
2. Pierre a **invité ses copains** à venir le voir. Ils ont **passé leur temps** à écouter des CD.	… eingeladen, ihn zu besuchen. … ihre Zeit damit verbracht, zu …
3. Je **m'étais décidé**(e) à aller vivre à Paris. Je **m'attendais** à trouver une chambre, mais …	… entschlossen, nach Paris zu ziehen. … rechnete damit, … zu finden …

Der Infinitiv mit *à* steht u. a. nach Verben folgender Gruppen:

1. Verben mit à-Infinitiv ohne weitere Ergänzung

apprendre	à	faire qc	lernen, etw. zu tun	continuer	à (de)	faire qc	fortfahren
arriver	à	faire qc	es schaffen,	demander	à	faire qc	darum bitten
réussir	à	faire qc	etw. zu tun	hésiter	à	faire qc	zögern
avoir	à	faire qc	etw. zu tun haben	penser	à	faire qc	daran denken
chercher	à	faire qc	versuchen	renoncer	à	faire qc	darauf verzichten
commencer	à (de)	faire qc	beginnen	ne pas tarder	à	faire qc	etw. bald tun
consister	à	faire qc	darin bestehen	tenir	à	faire qc	Wert darauf legen

Ebenso: apprendre à **qn** à faire qc jdm beibringen, etw. zu tun.
Zu demander + Ergänzung vgl. auch **104**.

2. Verben mit direktem Objekt + à-Infinitiv

aider	**qn** à faire qc	**jdm** helfen, etw. zu tun	inviter	**qn** à faire qc	jdn auffordern
autoriser	**qn** à faire qc	**jdm** erlauben	obliger	**qn** à faire qc	jdn zwingen
condamner	**qn** à faire qc	jdn verurteilen	passer/perdre son temps	à faire qc	seine Zeit damit verbringen/verlieren
encourager	**qn** à faire qc	jdn ermutigen	avoir du mal	à faire qc	Schwierigkeiten haben
forcer	**qn** à faire qc	jdn zwingen	il y a qc	à faire	es gibt etw. zu tun
contraindre	**qn** à faire qc	jdn zwingen			

☞ **Unterscheide:**

obliger	qn à faire qc	jdn zwingen (zu)	être obligé	**de** faire qc	gezwungen sein (zu)
forcer	qn à faire qc	jdn zwingen (zu)	être forcé	**de** faire qc	gezwungen sein (zu)

3. Reflexive Verben + à-Infinitiv

s'amuser	à faire qc	sich damit die Zeit vertreiben	s'habituer	à faire qc	sich daran gewöhnen
s'attendre	à faire qc	damit rechnen	se (re)mettre	à faire qc	(wieder)anfangen
se décider	à faire qc	sich entschließen	se plaire	à faire qc	daran Gefallen finden
s'engager	à faire qc	sich verpflichten	se préparer	à faire qc	sich darauf vorbereiten
			se résoudre	à faire qc	sich entschließen

7 Das Verb und seine Ergänzungen

103 Der Infinitiv mit *de*

Der Infinitiv mit *de* steht bei der Mehrzahl der französischen Verben.

1. *Der Infinitiv mit de steht anstelle eines direkten Objekts*

a) nach den meisten **transitiven Verben**, die **nur ein Objekt** bei sich haben können:

L'ouvrier arrête **le travail.**	J'évite **les voyages.**
L'ouvrier arrête **de travailler.**	J'évite **de voyager.**

Verben dieser Gruppe sind u. a.

accepter **de** faire qc	zustimmen, zusagen
arrêter **de** faire qc / finir **de** faire qc	aufhören
choisir **de** faire qc	wählen
craindre **de** faire qc	fürchten
décider **de** faire qc	beschließen, etw. zu tun
essayer **de** faire qc	versuchen
éviter **de** faire qc	vermeiden
oublier **de** faire qc	vergessen
refuser **de** faire qc	sich weigern
regretter **de** faire qc	bedauern
risquer **de** faire qc	Gefahr laufen, etw. zu tun

b) nach **Verben mit indirektem Personenobjekt:**

On	reproche	**à Jean-Paul**	**un vol** de voiture.
On	reproche	**à Jean-Paul**	**d'avoir volé** une voiture.
L'avocat **lui**	demande		**une explication.** (Erklärung)
L'avocat **lui**	demande		**d'expliquer** ce qui s'est passé.

Verben dieser Gruppe sind u. a.

conseiller **à qn de** faire qc	jdm raten
défendre **à qn de** faire qc	jdm verbieten
demander **à qn de** faire qc	**jdn** bitten/von jdm verlangen
dire **à qn de** faire qc	**jdn** auffordern
interdire **à qn de** faire qc	jdm untersagen, etw. zu tun
permettre **à qn de** faire qc	jdm erlauben
promettre **à qn de** faire qc	jdm versprechen
proposer **à qn de** faire qc	jdm vorschlagen
rappeler **à qn de** faire qc	**jdn** daran erinnern
reprocher **à qn de** faire qc	jdm vorwerfen, etw. zu tun

Zum *que*-Satz vgl. **165** und **166**.

2. *Der Infinitiv mit de steht anstelle einer de-Ergänzung*

a) nach **Verben mit direktem Personenobjekt:**

La police	accuse	**Jean-Paul**	**d'un vol** de voiture.
La police **l'**	accuse		**d'avoir volé** une voiture.
Je dois	remercier	**Yvonne**	**de sa lettre** si amicale.
Je dois **la**	remercier		**de m'avoir écrit** si amicalement.

Verben dieser Gruppe sind u. a.

accuser	**qn de** faire qc	jdn beschuldigen	prier	**qn de** faire qc	jdn bitten
charger	**qn de** faire qc	jdn beauftragen	féliciter	**qn d'**avoir fait qc	jdn beglückwünschen
empêcher	**qn de** faire qc	jdn daran hindern	remercier	**qn d'**avoir fait qc	jdm dafür danken

b) nach vielen **reflexiven Verben** und einigen anderen Verben, die das indirekte Objekt mit *de* anschließen:

Vous devriez **vous** excuser **de cette réaction.**
Vous devriez **vous** excuser **d'avoir réagi** de cette façon.

Jean **rêve d'un voyage.**
Il **rêve d'aller** à Tokyo.

Verben dieser Gruppe sind u. a.

il s'agit	**de** faire qc	es geht darum
se dépêcher	**de** faire qc	sich beeilen
s'occuper	**de** faire qc	es übernehmen
s'excuser	**d'** avoir fait qc	sich dafür entschuldigen
se souvenir	**d'** avoir fait qc	sich erinnern
sowie		
parler	**de** faire qc	davon sprechen
rêver	**de** faire qc	davon träumen

Zu *commencer à/par faire qc* und *finir de/par faire qc* vgl. **104**.

☞ **Beachte:** Der Infinitif mit *de* steht ferner

1. nach einer Reihe von verbalen Ausdrücken vom Typ **Verb + Nomen** oder **Nominalgruppe**, z. B.:

avoir besoin	**de** faire qc
avoir envie	**de** faire qc
avoir peur	**de** faire qc
avoir raison/tort	**de** faire qc
avoir le courage	**de** faire qc
avoir le temps	**de** faire qc

être en train	**de** faire qc	damit beschäftigt sein
avoir le droit	**de** faire qc	das Recht haben
avoir l'impression	**de** faire qc	den Eindruck haben
courir le risque	**de** faire qc	Gefahr laufen

Aber:
perdre/passer son temps **à** faire qc (Vgl. **102**, 2)

2. nach **Verben**, die unpersönlich mit *cela/ça* konstruiert werden, z. B.:

cela/ça
- me plaît **de** faire qc – es gefällt mir, etw. zu tun
- m'intéresse **de** – interessiert mich
- me gêne **de** – stört mich
- m'amuse **de** – amüsiert mich

cela/ça
- me dérange **de** – es stört mich
- me fait plaisir **de** – macht mir Spaß
- me fait peur **de** – jagt mir Angst ein
- ne me dit rien **de** – reizt mich nicht
- ne change rien **de** – ändert nichts

3. nach unpersönlichen Ausdrücken vom Typ *il/c'est* + **Adjektiv**, z. B.:

il est/c'est
- dangereux **de** faire qc – es ist gefährlich
- imprudent **de** faire qc – unklug
- important **de** faire qc – wichtig
- nécessaire **de** faire qc – nötig

il est/c'est
- facile **de** … – es ist einfach/leicht
- difficile **de** … – schwer/schwierig
- (im)possible **de** – (un)möglich

sowie: il est temps **de** … – es ist Zeit

Unterscheide: Il/C'est facile/difficile **de** faire ce devoir. Ce **devoir** est facile/difficile **à** faire.
Vgl. auch **48**, 2 + 3.

Beachte die unterschiedliche **Pronominalisierung:**

Il m'a défendu **de venir.**	→ Il me **l'**a défendu (= défendre qc).	… es mir verboten.
Il m'a **remercié d'**être venu.	→ Il m'**en** a remercié (= remercier de qc).	… mir dafür gedankt.

7 Das Verb und seine Ergänzungen

104 Übersicht: Verben mit unterschiedlicher Infinitivergänzung

1. arriver Je n'**arrive pas à** ouvrir cette porte. **Il lui arrive** souvent **de** faire des fautes en parlant.	arriver **à** faire qc il arrive **à** qn **de** faire qc	es schaffen, etw. zu tun es passiert jdm, … es kommt vor, dass jd …
2. attendre Vous devriez **attendre d'**être mieux informé avant de prendre une décision aussi importante. **Attendez-vous à** rencontrer des difficultés.	attendre **de** faire qc s'attendre **à** faire qc	abwarten, bevor man etw. tut damit rechnen, darauf gefasst sein, etw. zu tun
3. commencer Venez. On commence **à/de** faire le dîner. **Commençons par** préparer la salade.	commencer **à/ de** faire qc commencer **par** faire qc **Aber:** commencer qc	anfangen, etw. zu tun etw. zunächst tun etw. anfangen
4. décider Anne a **décidé de** ne plus fumer (rauchen). Elle **s'est décidée à** écouter son médecin. Elle **est décidée à** ne plus recommencer. Anne **a décidé ses parents à** faire comme elle.	décider **de** faire qc **se** décider **à** faire qc être décidé,e **à** faire qc décider **qn à** faire qc	beschließen, etw. zu tun sich entschließen, etw. zu tun entschlossen sein, etw. zu tun jdn dazu bringen, etw. zu tun
5. demander – Il y a un monsieur qui **demande à** vous parler. – **Demandez-lui d'**attendre un instant.	demander **à** faire qc demander **à** qn **de** faire qc	(darum) bitten, etw. tun zu dürfen jdn bitten, etw. zu tun
6. finir Tu as **fini de** faire le ménage? On connaît M. Lebon: au début, il sera contre, mais il **finira par** accepter votre proposition.	finir **de** faire qc finir **par** faire qc **Aber:** finir qc	damit fertig sein, etw. zu tun schließlich (zuletzt doch noch) etw. tun etw. beenden
7. souhaiter Mme Lacroix **souhaite (d')** aider ses enfants. Elle **leur souhaite de** réussir dans la vie.	souhaiter (de) faire qc souhaiter **à** qn **de** faire qc	wünschen, etw. zu tun jdm wünschen, dass er …
8. venir La dernière fois qu'il est **venu** me **demander** de l'argent, j'ai eu le courage de dire non. Patrick est là? – Oui, il **vient de** rentrer.	venir faire qc venir **de** faire qc	kommen, um etw. zu tun gerade etw. getan haben

105 Die grammatischen Eigenschaften des Adverbs

1. Der **Form** nach unterscheidet man im Französischen

- **ursprüngliche** (einfache) Adverbien (les adverbes simples) wie *souvent, très, beaucoup, hier, vite;*
- **abgeleitete** Adverbien, die durch das Anhängen von *-ment* aus Adjektiven abgeleitet werden (les adverbes en *-ment*), wie *malheureusement, rarement, suffisamment;*
- **adverbiale Ausdrücke** (les locutions adverbiales) wie *tout à coup, en ce moment.*

Alle Adverbien sind **unveränderlich**.

2. Ihrer **syntaktischen Funktion** nach kann man unterscheiden:

- Adverbien, die das **Verb** näher bestimmen, z. B.: Dans notre quartier, il faut **conduire prudemment.**
- Adverbien, die **Adjektive** bestimmen, z. B.: Jean est un garçon **très lent.**
- Adverbien, die andere **Adverbien** oder **adverbiale Ausdrücke** bestimmen, z. B.: Jean travaille **très lentement.**
- Adverbien, die einen **ganzen Satz** ergänzen, z. B.: Il est encore arrivé un accident **hier.**
- Modaladverbien, die den **Inhalt des Satzes bewerten** oder **einordnen**, z. B.: Jaques est parti hier. **Curieusement,** il n'a pas voulu dire pourquoi. Seltsamerweise …
  Logiquement, il devrait rentrer demain. Eigentlich …
- Verknüpfungsadverbien, die verschiedene Sätze **zeitlich** oder **logisch miteinander verknüpfen**, z. B.: J'ai vu un homme quitter la banque en courant. **Alors,** j'ai appelé la police.

3. Nach ihrer **Bedeutung** kann man folgende Gruppen unterscheiden:

- Adverbien des **Ortes** (les adverbes de lieu):
  Nadine n'habite plus **ici:** elle est à Marseille. Elle a trouvé un emploi **là-bas.**
- Adverbien der **Zeit** (les adverbes de temps):
  Jacques est parti **hier.** Il reviendra **demain.**
- Adverbien der **Art und Weise** (les adverbes de manière):
  François roulait **lentement.** Il fallait conduire **prudemment.**
- Adverbien der **Menge** und des **Grades** (les adverbes de quantité et d'intensité):
  J'aime **beaucoup** Pierre. Il est **très** gentil.
- Adverbien des **Grundes** (les adverbes marquant la cause):
  Pierre est malade. Il ne pourra **donc** pas venir demain.

☞ Im **Französischen** und **Englischen unterscheidet** sich das Adverb in der Regel **formal** vom Adjektiv; im **Deutschen** haben hingegen weitaus weniger Adverbien eine eigene Form. Vergleiche:

Cet homme *est* dangereux.	This man *is* dangerous.	Dieser Mann *ist* } gefährlich.
Il *vit* dangereuse**ment.**	He *lives* dangerous**ly.**	Er *lebt* } gefährlich.

Auch die Stellung der Adverbien weicht in diesen Sprachen häufig voneinander ab.

8 Das Adverb

106 Die Bildung der abgeleiteten Adverbien

1.	un travail	**dangereux**	[dɑ̃ʒrø]
	une vie	**dangereuse**	[dɑ̃ʒrøz]
	vivre	**dangereusement**	[dɑ̃ʒrøzmɑ̃]
	un village / une ville	**agréable**	[agreabl]
	un endroit où on vit	**agréablement**	[agreabləmɑ̃]
2.	C'est	**vrai?**	[vrɛ]
	Tu le crois	**vraiment?**	[vrɛmɑ̃]
	une jeune fille	**polie**	[pɔli]
	Elle m'a salué	**poliment.**	[pɔlimɑ̃]
	un silence	**absolu**	[apsɔly]
	vouloir partir	**absolument**	[apsɔlymɑ̃]
Aber:	être	**gai**	[ge/gɛ]
	chanter	**gaiement**	[gemɑ̃/gɛmɑ̃]
3.	une réaction	**méchante**	[meʃɑ̃t]
	réagir	**méchamment**	[meʃamɑ̃]
	un conducteur	**prudent**	[prydɑ̃]
	conduire	**prudemment**	[prydamɑ̃]
Aber:	une voiture	**lente**	[lɑ̃t]
	rouler	**lentement**	[lɑ̃tmɑ̃]

- Die meisten Adverbien werden gebildet, indem man die Endung **-ment** [mɑ̃] an die **feminine** Form des Adjektivs anhängt.
- Bei Adjektiven, die im **Maskulinum und Femininum nur eine Form**, haben, wird die Endung *-ment* **an diese Form** angehängt.
- Bei Adjektiven, die **auf einen hörbaren Vokal (nicht *-e*!) enden**, wird das Adverb **von der maskulinen Form** abgeleitet.
- Fast alle Adjektive, die im **Lautbild** auf [-ɑ̃] enden, bilden das Adverb auf [-amɑ̃]. **Beachte Schriftbild und Lautbild:**
  -ant → -amment } [-amɑ̃].
  -ent → -emment }

☞ **Sonderformen:**

énormément (← énorme); **gentiment** (← gentil,le); **bien** (← bon, bonne); **mieux** (← meilleur,e)

précisément (← précis,e); **brièvement** (← bref, brève kurz); **mal** (← mauvais,e); rapidement/**vite** (← rapide)

profondément (← profond,e tief); **grièvement**/gravement blessé (← grave)

Nicht aus jedem Adjektiv kann ein Adverb auf *-ment* gebildet werden. – Vergleiche:

Il est **possible** qu'il vienne. → Il viendra **peut-être**.
C'est une femme **charmante**. → Elle nous a reçus **de façon/manière charmante**.

Die Adverbien auf *-ment* sind daher im Wörterbuch gesondert aufgeführt.

107 Adverbial gebrauchte Adjektive

In einigen festen Wendungen tritt ein Adjektiv an die Stelle des Adverbs.

Vous ne devriez pas **voler** trop **bas**.
Tu pourrais **parler plus fort**!
Ce fromage **sent bon**, et il n'a pas **coûté cher**.
Il y a ceux qui **travaillent dur** et ceux qui **gagnent gros**.

In dieser adverbialen Funktion ist das Adjektiv – wie ein Adverb – **unveränderlich**.
Es steht immer nach dem Verb. – Feste Wendungen dieser Art sind z. B.:

parler bas/fort	leise/laut sprechen	gagner gros	viel verdienen
chanter juste/faux	richtig/falsch singen	marcher droit	aufrecht gehen
sentir bon/ mauvais/fort	gut/ schlecht/stark riechen	aller tout droit	geradeaus gehen/fahren
coûter cher	teuer sein	travailler dur	hart arbeiten
acheter cher	teuer (ein)kaufen	voler bas/haut	tief, niedrig/hoch fliegen
payer cher	teuer bezahlen	voter socialiste/ gaulliste	sozialistisch/ gaullistisch wählen

F/D Einigen deutschen Adverbien entspricht im Französischen ein verbaler Ausdruck, z. B.:

etwas gern tun	aimer faire qc	gleich etwas tun wollen	aller faire qc
etwas lieber tun	aimer mieux/ préférer } faire qc	etwas soeben getan haben	venir de faire qc
		etwas weiterhin tun	continuer à/de faire qc

sowie
hoffentlich... j'espère que ...: J'espère qu'il fera beau demain.
bekanntlich... on sait que ...: On sait qu'en France les musées nationaux sont fermés le mardi.

☞
- In attributiver Funktion werden *bien, mieux, mal* mit *de* an *quelque chose* und *rien* angeschlossen: Il a trouvé **quelque chose de bien** (... etwas Gutes). Je **n'ai rien** fait **de mal** (... nichts Schlechtes).
- Die Adverbien *bien, mieux, (pas) mal* werden besonders in der gesprochenen Sprache und in der Verbindung mit *être* auch adjektivisch gebraucht. Sie sind auch in adjektivischer Funktion unveränderlich.

  Beispiele: Ces photos-là sont **bien/pas mal,** mais celles-ci **sont mieux.**
  Elles sont **beaucoup mieux** que les autres. (... viel besser)

Die Vergleichsformen des Adverbs

Steigerung und Vergleich beim Adverb erfolgen meist in gleicher Weise wie beim Adjektiv. (Vgl. **46**+**47**)

108 Komparativ und Superlativ – Le comparatif et le superlatif

Florence écrit	aussi	vite			
et	aussi	correctement	que	son professeur.	
Elle écrit	plus	correctement	que	Daniel,	
mais elle écrit	moins	vite	que	son frère.	
C'est Daniel qui écrit	le plus	vite.	... am schnellsten.		
Mais il écrit	le moins	correctement	de	tous.	
			... am fehlerhaftesten ...		
Pascal court	très	vite.		(... sehr, äußerst schnell)	
Il court	le plus	rapidement	possible.	(... so schnell er kann/wie möglich)	

Komparativ
- Gleichheit: aussi ... que
- Überlegenheit: plus ... que
- Unterlegenheit: moins ... que

Superlativ
- Überlegenheit: le plus ... de
- Unterlegenheit: le moins ... de

- Der **Komparativ** des Adverbs wird mit den Vergleichsadverbien *aussi, plus* und *moins* gebildet.
- Der **Superlativ** wird mit den Vergleichsadverbien *le plus/le moins* gebildet.
- Das **Bezugselement** des Vergleichs wird beim **Komparativ** mit *que* (dt. ,als'),
  beim **Superlativ** mit *de* (dt. ,von') angeschlossen.
- Konstruktionen mit *très, le plus/le moins... possible* u. a. bezeichnet man als **absoluten Superlativ** (le superlatif absolu). Ihm folgt **kein** Bezugselement.

☞ **Sonderformen:**

danser **bien**	gut	gagner **peu**	wenig	travailler **beaucoup**	viel
aussi bien	genauso gut	**aussi peu**	genauso wenig	**autant**	genauso viel
mieux	besser	**moins**	weniger	**plus**	mehr
le mieux	am besten	**le moins**	am wenigsten	**le plus**	am meisten

Unterscheide:

1. J' en voudrais **plus** [plys]. — Ich möchte **mehr** davon. (Bejahend)
   Je **n'**en voudrais **plus** [ply]. — Ich möchte **nichts mehr** davon. (Verneinend)
2. Nous arriverons **plus tôt** que vous. [plyto] — … **früher** als ihr.
   Cette histoire est **plutôt** triste. [plyto] — … **eher** (= ziemlich) traurig.

109 *Plus que/moins que* und *plus de/moins de* beim Vergleich

Anne travaille **plus que son frère.** [plys] Anne gagne **moins que ses copains.** Elle a **moins** d'argent **qu'eux/que ceux-ci.**	Anne travaille **plus de huit heures** par jour. [ply] Anne gagne **moins de 6000 francs** par mois. Elle en donne **plus du quart** à ses parents.
• Nach *plus/moins* steht *que*, wenn ein **Vergleich** vorliegt. • Nach *que* steht eine **Nominalgruppe** oder ein **Pronomen**.	• Nach *plus/moins* steht *de*, wenn es sich um eine **Mengenangabe** handelt. • Nach *de* steht eine **Zahl** oder eine andere **Mengenangabe**.

110 *Aussi … que/autant que* und *si … que/tant que* im Vergleichssatz

Aussi … que und *autant que* stehen in bejahenden und in verneinenden Sätzen. – Unterscheide:

Serge est **aussi sympathique que** son frère Daniel. Mais on ne le voit plus **aussi souvent que** lui.	• aussi + **Adjektiv** + que (genau)so/ aussi + **Adverb** + que (eben)so… wie
Je crois qu'il ne **sort** plus **autant que** Daniel, ce que je **regrette autant que** ses autres copains.	• **Verb** + autant que soviel/ (eben)so sehr wie
Serge **n'**est **pas si (aussi) gros** que Daniel, parce qu'il **ne** mange **pas tant (autant)** que lui.	• In **verneinenden** Sätzen kann *si* (statt *aussi*) und *tant* (statt *autant*) stehen.

111 Die Gradadverbien *très, beaucoup, bien*

1. *Très – beaucoup*

Ce livre est **très gros**, mais il est **très intéressant.**	sehr	– Cet auteur m'**intéresse beaucoup.** Ses livres m'**ont beaucoup plu.**	sehr
Il se lit **très facilement.** Je l'ai lu **très rapidement.**	sehr	Son dernier livre est **beaucoup plus drôle** et **beaucoup moins difficile** que les premiers.	viel
L'auteur **est très au courant** de la question.	sehr gut informiert		
On **prend** ses opinions **très au sérieux.**	sehr ernst	– Moi, je trouve qu'il écrit **beaucoup trop.**	viel zu viel
J'ai **très faim/très soif/très** envie de manger quelque chose.	große(n)	Si c'était plus court, ce serait **beaucoup mieux.**	viel besser

Das Adverb *très* steht
- vor **Adjektiven** in der Grundform;
- vor **Adverbien**;
- vor **adverbialen Ausdrücken**;
- in Wendungen des Typs *avoir* + Nomen ohne Artikel. (Vgl. **22**, 2)

Das Adverb *beaucoup* steht
- bei **Verben**;
- vor **Komparativen**;
- vor dem Adverb *trop* und *mieux*.

☞ *Très* kann nicht vor *beaucoup* stehen. Beispiel:
Il mange/travaille *énormément.* – Er isst/arbeitet sehr viel.

2. *Bien*

Tu as **bien répondu.** (Tes réponses étaient bonnes.)	gut	*Bien* wird verwendet als **Adverb der Art und Weise**. (Das entsprechende Adjektiv ist *bon.*) *Bien* steht als **Gradadverb**
Nous avons **bien ri** (beaucoup ri). Ça me **plaît bien** (beaucoup).	viel, sehr / sehr, (recht) gut	• bei **Verben**;
Elle est encore **bien jeune** (très jeune) pour se marier.	recht, sehr	• vor **Adjektiven**;
Pierre et Anne se voient **bien souvent** (très/assez souvent).	sehr, recht, ziemlich	• vor **Adverbien**;
Ce livre est **bien meilleur** que l'autre. Il est **bien plus drôle** (beaucoup plus drôle) et il coûte **bien** (beaucoup) **moins cher.**	viel	• vor *meilleur* und **Komparativen** mit *plus/moins*.

☞ *Bien* hat im Gegensatz zu *très* und *beaucoup* eine subjektiv wertende Nuance.

8 Das Adverb

112 *Tout*

Das Adverb *tout* (ganz) dient zur Verstärkung von Adjektiven und Adverbien.
Tout ist im Unterschied zu den anderen Adverbien in bestimmten Fällen veränderlich.

Elle est	toute	petite.	[tut]	• Tout wird **verändert** vor Adjektiven in **femininer** Form und mit **konsonantischem** Anlaut.
Elles sont	toutes	petites.	[tut]	
Elle est	tout‿	étonnée.	[tutetɔne]	• Vor allen anderen Adjektiven ist *tout* unveränderlich.
Elles sont	tout‿	heureuses.	[tutœrøz]	
Il est	tout	petit.	[tu]	
Ils sont	tout	petits.	[tu]	

☞
- Vor einem Adjektiv in **femininer** Form hat das Adverb immer das **Lautbild** [tut]. Wenn diese Aussprache nicht durch Bindung erzielt werden kann (*tout‿étonnée*), wird das Adverb in Genus und Numerus an sein Beziehungswort angeglichen (*toute(s) petite(s)*).
- Die Angleichung in Genus und Numerus an ein mit Vokal oder *h muet* beginnendes Adjektiv wird nicht mehr als Fehler gewertet. – Elles étaient tout(es) étonnées. Elle est tout(e) heureuse.

Zum indefiniten Begleiter *tout* vgl. **27**. – Zum indefiniten Pronomen *tout* vgl. **70**.

Die Stellung der Adverbien im Satz

113 Grundsätzliches zur Stellung der Adverbien

Die Stellung des Adverbs im Satz hängt von verschiedenen Faktoren ab.
Solche Faktoren sind z. B. die Funktion, die Bedeutung und die Form des Adverbs (Vgl. **105**), der Satzrhythmus oder der Informationsgehalt des Adverbs.
Regeln, die für alle Fälle gelten, sind schwer zu fassen, jedoch gibt es für die folgenden Gruppen von Adverbien gewisse **Grundregeln**.

114 Die Stellung der Adverbien des Ortes und der Zeit

- Adverbien des **Ortes** sind z. B. *ici, là-bas, partout, ne … nulle part* (nirgendwo).
- Bei den Adverbien der **Zeit** unterscheidet man
  - Adverbien der **bestimmten Zeit**, z. B. *aujourd'hui, hier, demain, maintenant*;
  - Adverbien der **unbestimmten Zeit**, z. B. *déjà, encore, toujours, souvent, tôt, tard, avant, après, longtemps*.

L'adverbe

1. *Adverbien des Ortes und der bestimmten Zeit*

Extrait d'une lettre:	**Aber:**
Ici, il fait très beau./Il fait très beau **ici**.	Les Rigot n'habitent plus **ici**.
Partout, on sent la mer …	Julien n'est plus **là**. Il est parti **hier**.
Hier, nous sommes allés à Cannes.	– Tout à l'heure, le chat était dans la cuisine. Tu as regardé **là-bas**?
Là-bas, il y a de(s) belles plages.	– Bien sûr. J'ai regardé **partout**.
Aujourd'hui, nous faisons nos valises.	Si on veut partir **demain**,
Demain, malheureusement, on doit rentrer à Dijon./ Malheureusement, on doit rentrer à Dijon **demain**.	il faut faire les valises **aujourd'hui**.

- Die Adverbien des **Ortes** und der **bestimmten Zeit** können am Satzanfang und am Satzende stehen.
- Sie stehen in der Regel am **Satzanfang**, wenn sie **Ausgangspunkt der Aussage** sind oder wenn sie **Sätze miteinander verbinden**.
- Sie stehen am **Satzende**, wenn sie **Schwerpunkt der Aussage** sind.

Zur Stellung der adverbialen Bestimmung vgl. **131**, 2.

F/D Abweichend vom Deutschen können die Adverbien des Ortes und der **bestimmen** Zeit im Französischen **nicht zwischen** Hilfsverb und Participe passé bzw. Modalverb und Infinitiv stehen. – Vergleiche:

Marc a téléphoné **hier**.	Marc hat **gestern** angerufen.
Il veut venir **demain**.	Er will **morgen** kommen.
Tu as regardé **partout**?	Hast du **überall** nachgesehen?

2. *Adverbien der unbestimmten Zeit*

Les Roche	**partent**	**déjà**.		
Ils	**sont**	**toujours**	les premiers à partir.	
On se	**reverra**	**bientôt**,	j'espère.	
J'ai	**souvent**	**discuté**	avec Daniel, mais	
on **a**	**rarement**	**été**	du même avis.	
Il **veut**	**toujours**	**avoir**	raison.	

- Die Adverbien der **unbestimmten** Zeit stehen meistens **hinter der konjugierten** Verbform.

Hier, nous nous sommes **levés** **tôt** et **couchés** **tard**.
Ce soir, on va se **coucher** **tôt**.
– Vous êtes restés jusqu'à la fin? – Non, nous sommes **partis** **avant**.

- *tôt, tard, avant* und *après* stehen nach dem Participe passé bzw. Infinitiv.

Je **n'** ai **pas** **souvent** discuté avec …	… nicht oft …	
Tu **n'** as **pas** **toujours** raison, tu sais.	… nicht immer …	
Aber: Il **n'** est **toujours** **pas** arrivé.	… immer noch nicht …	

- Beim **verneinten Verb** steht das Adverb nach dem Verneinungselement *pas/plus* etc.

F/E Im Gegensatz zum Englischen kann das Adverb im Französischen nicht vor das Verb treten. – Unterscheide:

Marc **often**	**goes**		to Paris.	He **always**	**goes**	there		by plane.
Marc	**va**	**souvent**	à Paris.	Il	**y va**		**toujours**	en avion.

8 Das Adverb

115 Die Stellung der Mengenadverbien und der ursprünglichen Adverbien der Art und Weise

Die Mengenadverbien und die ursprünglichen Adverbien der Art und Weise (*bien*, *mal*, *mieux*, *vite*) haben die gleiche Stellung wie die Adverbien der unbestimmten Zeit.

Annette	voyage	**beaucoup.**		• Sie stehen **hinter der konjugierten Verbform**.
Elle	parle	**bien**	l'anglais et l'espagnol.	
Pierre a	**mal**	dormi	cette nuit.	
Il a	**trop**	mangé	hier soir.	
Il devrait	**mieux**	organiser	sa journée.	

☞ **Ausnahme:** Das Adverb *ensemble*: On est **parti(s) ensemble** et on va **rentrer ensemble.** (Vgl. *tôt, tard, avant, après* **114**, 2)

116 Die Stellung der abgeleiteten Adverbien der Art und Weise

Bei einfachen Zeiten:

Parlez	**lentement**		• Die Adverbien auf *-ment* stehen bei **einfachen** Zeiten **nach** dem Verb.
et répondez	**brièvement**	à toutes les questions.	
Elle parle	**méchamment**	de tout le monde.	

☞ Das Adverb auf *-ment* kann ans Satzende treten, wenn es stark hervorgehoben werden soll oder wenn es länger ist als das nominale Objekt des Verbs. – Vergleiche:

Répondez **poliment et sérieusement** à toutes les questions qu'on vous posera.
Répondez aux questions **poliment, sérieusement et sans hésiter.**

Le malade **écoute attentivement** (aufmerksam)	le docteur.
Le malade **écoute**	le docteur **très attentivement.**
Le malade **écoute très attentivement**	ce que le docteur lui dit au sujet de son cœur.

Bei zusammengesetzten Zeiten:

Vous avez réagi	**formidablement.**			
Il n'a pas conduit	**prudemment.**			
Le docteur a	**soigneusement**	examiné le malade.		
Il l' a	**soigneusement**	examiné.		
Oder: Il l' a		examiné		**soigneusement.** (sorgfältig)
Il a	**longuement**	discuté	avec son patient.	
Il a		discuté	avec lui	**plus longuement que la veille.**
Les deux hommes ont		discuté		**(très) longuement.**

Bei **zusammengesetzen** Zeiten können die Adverbien auf *-ment* **vor oder nach** dem Participe passé stehen.

- Das Adverb auf *-ment* steht in der Regel **nach** dem Participe passé, wenn das Verb **keine nominale Ergänzung** bei sich hat.
- Das Adverb auf *-ment* steht in der Regel **vor** dem Participe passé, wenn das Verb eine **nominale Ergänzung** bei sich hat.
- Es steht in der Regel **nach** dem Participe passé, wenn es **hervorgehoben** wird oder wenn es eine **Ergänzung** (z. B. ein anderes Adverb) bei sich hat.

Beim Infinitiv:

En ville, on doit	rouler	**lentement.**	• Die Adverbien auf *-ment* stehen in der Regel **nach dem Infinitiv**, wenn sie den Infinitiv näher bestimmen;
Il faut donc	conduire	**prudemment.**	
Ils ont	voulu **partir**	**discrètement.**	
Tu sais	**vraiment**	conduire (un camion)?	• **nach dem konjugierten Verb,** wenn sie dieses Verb näher bestimmen.
Tu **veux**	**absolument**	partir?	
Ils **ont**	**absolument**	**voulu** partir.	

117 Die Stellung der modalen Satzadverbien und der Verknüpfungsadverbien

Modale Satzadverbien sind z. B. *malheureusement, heureusement, curieusement, naturellement*.
Verknüpfungsadverbien sind z. B. *alors, ensuite, puis, ainsi, pourtant, donc, cependant*.
Diese Adverbien beziehen sich auf einen ganzen Satz und verknüpfen diesen mit einem vorangegangenen.

On voulait aller à la plage. Mais, **malheureusement,** il s'est mis à pleuvoir.
Mais il s'est, **malheureusement,** mis à pleuvoir.

Cependant, le temps a changé et, **heureusement,** le soleil est revenu.
Le temps a cependant changé et le soleil est revenu, **heureusement.**

Alors, on a décidé de sortir.
On a alors décidé de sortir.

- Die **modalen Satzadverbien** stehen in der Regel am Satzanfang oder nach dem konjugierten Verb bzw. Hilfsverb.
  Wenn sie am Satzende stehen, geben sie eine dem Satz nachgeschobene nachdrückliche Information, die durch Sprechpause (Komma) und Intonation als solche gekennzeichnet ist.
- Die **Verknüpfungsadverbien** stehen am Satzanfang oder nach dem konjugierten Verb bzw. Hilfsverb. *Puis* hingegen kann nur am Satzanfang stehen.

Zur Stellung der Satzglieder im erweiterten Aussagesatz vgl. **131**, 2.

9 Die Präpositionen

118 Die grammatischen Eigenschaften der Präpositionen

1. Präpositionen sind unveränderliche Wörter.
   Sie setzen andere Wörter oder Wortgruppen zueinander in Beziehung:

   les livres – Nathalie — aller – le marché
   les livres **de** Nathalie — aller **au** marché

2. Der **Form** nach kann man unterscheiden zwischen **Präpositionen**, die aus nur einem Wort bestehen, und präpositionalen Ausdrücken, die aus mehreren Wörtern bestehen:

   Le Sacré-Cœur se trouve **à** Paris.
   Le Sacré-Cœur se trouve **dans le nord de** Paris.

3. Der **Bedeutung** nach bezeichnen die Präpositionen **örtliche** (lokale), **zeitliche** (temporale) und **modale** (Art und Weise, Mittel u. a.) Beziehungen.
   Dabei können einige Präpositionen zum Ausdruck mehrerer Beziehungen gebraucht werden:

aller **en Corse** (nach Korsika)	*Ort*	voyager **en groupe** (in der Gruppe)	*Art und Weise*
y aller **en hiver** (im Winter)	*Zeit*	faire le voyage **en avion** (mit dem Flugzeug)	*Mittel*

   Welche Präposition im Einzelfall zu verwenden ist, hat der **Sprachgebrauch** weitgehend festgelegt. Auskunft dazu gibt das Wörterbuch.

4. Die Präposition bildet mit dem ihr folgenden Nomen oder Pronomen eine **Präpositionalgruppe** (le groupe prépositionnel). Präpositionalgruppen können im Satz u. a. sein:
   - **Adverbiale Bestimmung** (le complément circonstanciel):
     Napoléon est né **en 1769.** Il est né **à Ajaccio, en Corse.**
   - **Indirektes Objekt** (le complément d'objet indirect):
     Marc a écrit **à Françoise.** Il lui a parlé **de ses problèmes.**

F/D 5. Wenn zwei Präpositionalgruppen durch *et* oder *ou* verbunden sind, wird die Präposition – abweichend vom Deutschen – im Französischen in der Regel vor jedem Nomen wiederholt:

   Nous irons **en** Espagne ou **au** Portugal. — Wir fahren **nach** Spanien oder (nach) Portugal.
   Nous irons **avec** les Lacroix et **avec** les Sorel. — Wir fahren **mit** Lacroix und (mit) Sorels.
   Au fait, tu as l'adresse **de** Serge et **d'**Anne? — Übrigens, hast du die Adresse **von** Serge und (von) Anne?

☞ 6. Vielfach dienen Präpositionen, insbesondere *de* und *à,* nur zur grammatischen Verknüpfung.
   Sie stehen z. B. zum Anschluss
   - der Nominalerweiterung: une maison **de** campagne, la salle **à** manger;
   - des Nomens nach Mengenausdrücken: un kilo **de** pommes;
   - der Verbergänzung: Je regrette **de** ne pas pouvoir venir;
   - der Adjektivergänzung: Il est content **de** partir/prêt **à** partir;
   - des Adjektivs nach Indefinita: rien **de** nouveau; quelque chose **d'**intéressant.

Präpositionen zum Ausdruck örtlicher Beziehungen

119 Die Präpositionen *à, sur, dans*

Die Präpositionen *à, sur* und *dans* bezeichnen in Verbindung mit dem Verb die **Lage** (wo?) oder das **Ziel** einer Bewegung (wohin?).
Ihre Verwendung hängt in vielen Fällen davon ab, ob der Ort als **Punkt**, als **Fläche** oder als **Raum** angesehen wird. – Unterscheide:

s'asseoir **à** une table habiter **au** premier étage travailler **à** la chaîne rentrer/être/rester **à** la maison être/vivre **à** la campagne aller/vivre **à** la montagne	... **an** einen Tisch ... **im** ersten Stock ... **am** Fließband ... **nach/zu** Hause ... **auf** dem Land ... **ins/im** Gebirge	• *à* + Nominalgruppe bezeichnet einen Ort, der **punktuell** und in **allgemeiner Weise** gesehen wird, oft abstrakt und ohne konkrete räumliche Vorstellung.
s'asseoir **dans** un fauteuil/ **dans** un coin monter **dans** le train/**dans** une voiture se promener **dans** une forêt être **dans** sa chambre/**dans** le jardin jouer **dans** la rue/ **dans** la cour	... **in** einen Sessel/ **in** eine Ecke ... **in** den Zug/**in** ein Auto ... **in** einem Wald ... **in** seinem Zimmer/ **im** Garten ... **auf** der Straße/ **auf** dem/**im** Hof	• *dans* + Nominalgruppe bezeichnet einen Ort, der als **umgebender** Raum **von innen** gesehen wird, oft verbunden mit der Vorstellung des Darinnen-seins oder Eintretens.
s'asseoir **sur** une chaise/**sur** un banc monter **sur** son vélo/**sur** sa moto marcher/se promener **sur** la route porter qc **sur** le dos passer **sur** un pont	... **auf** einen Stuhl (Sitzfläche) ... **auf** sein Rad/Motorrad ... **auf** der (Land)Straße ... **auf** dem Rücken ... **über** eine Brücke gehen	• *sur* + Nominalgruppe bezeichnet einen konkreten Ort, der **von außen** und **als Fläche** gesehen wird.

☞ 1. Der Unterschied zwischen einer **abstrakten Bezeichnung des Ortes** durch *à* + Nominalgruppe und einer **konkreten Bezeichnung** durch *dans* + Nominalgruppe wird auch deutlich in folgenden Ausdrücken:

- aller/être **à** la banque, **à** l'église, **au** lycée (allgemeine Ortsangabe; Gebäude, Institution an sich) ↔ entrer/être **dans** une/la banque, **dans** une/l'église, **dans** un/le lycée (in ein Gebäude hinein/in einem Gebäude drin)
- manger **au** restaurant, **à** la cantine, être **à** l'hôtel (auswärts: im Restaurant, in der Kantine, im Hotel, allg. Ortsangabe) ↔ avoir mangé **dans** un petit restaurant pas cher, être **dans** un hôtel calme (in einem bestimmten Gasthaus, Hotel)

2. Eine **konkrete Ortsbezeichnung** liegt im Allgemeinen dann vor, wenn dem Nomen der unbestimmte Artikel, der Possessiv- oder der Demonstrativbegleiter vorangeht. – Unterscheide:

Samedi après-midi, je vais **au** stade (Stadion). **Dans notre** stade, on peut voir des matchs intéressants. **Dans ce** stade, il y a de la place pour 40 000 personnes.

☞ **Unterscheide** ferner:

L'aéroport Charles-de-Gaulle se trouve **au nord de** Paris.	… **nördlich** von Paris (also **außer**halb der Stadt).
Le Sacré-Cœur se trouve **dans le nord de** Paris.	… **im Norden/nördlichen Teil** von Paris (d. h. **inner**halb der Stadt).

Zum Gebrauch der Artikel und Präpositionen bei geographischen Namen vgl. **12**.
Zum Genus der Ländernamen vgl. **3**, 3.

F/D *Abweichender Gebrauch von Präpositionen im Französischen und Deutschen*

1. La ville **est située sur** la Loire/**sur** la côte.	… **liegt an** der Loire/**an** der Küste.
Près de notre hôtel, ils ont construit **un pont sur** la Loire.	… eine **Brücke über** die Loire …
2. Ma chambre d'hôtel **donne sur** la rue,	… **liegt zur** Straße (hin)
celle de mes parents **donne sur** la cour.	… **liegt zum** Hof (hin)
3. Nos amis **habitent** (à) Lyon.	Unsere Freunde **wohnen in** Lyon.
Ils **habitent** rue Pasteur.	Sie **wohnen in der** Rue Pasteur.
4. Ne jouez pas **dans la rue/dans la cour/**	Spielt nicht **auf** der Straße/**auf** dem Hof/
Aber: sur la route/sur le trottoir.	**auf** der (Land)Straße/**auf** dem Gehweg.
5. Qui a **bu dans** mon verre? (= Qui a bu ce qui **était dans** mon verre?)	Wer hat **aus** meinem Glas getrunken?
C'est toi qui as **pris/volé** le porte-monnaie **dans** mon sac? (= … le porte-monnaie qui **était dans** mon sac?)	Hast du den Geldbeutel **aus** meiner Handtasche genommen/gestohlen?
Qui a **pris** le journal **sur** la table? (= … le journal qui **était sur** la table?)	Wer hat die Zeitung **vom** Tisch genommen?

120 Weitere Präpositionen zum Ausdruck örtlicher Beziehungen

Notre hôtel n'est pas **loin de** Notre-Dame.	loin de	weit entfernt von
Il est donc **près du** Quartier Latin.	près de	nahe bei
Autour de l'hotel, il n'y a que des bâtiments anciens (alt).	autour de	um … herum
Devant l'hôtel, il y a une station de métro.	devant	vor
Derrière l'hôtel se trouve une petite cour.	derrière	hinter (Vgl. **122**)
Au milieu de la cour, il y a un arbre.	au milieu de	mitten in, inmitten
En été des fleurs poussent **contre** le mur.	contre	gegen, an
A l'intérieur de l'hôtel, ou trouve la réception,	à l'intérieur	im Innern von
en bas de l'escalier.	en bas de	unten auf/unten an
Pour le petit déjeuner on peut aller à la salle à manger, **en haut de** l'escalier.	en haut de	oben auf/oben an
Mais nous prenons toujours les repas **en dehors de** l'hôtel.	en dehors de	außerhalb von
En face de l'hôtel se trouve une banque et	en face de	gegenüber
à côté de l'hôtel, il y a des magasins.	à côté de	neben
La poste est **au bout de** la rue,	au bout de	am Ende von
à droite de/à gauche de la station de métro.	à droite de	rechts von
	à gauche de	links von

Le soir, nous nous promenons **le long de** la Seine. **Depuis** la fenêtre de notre chambre, nous regardons les bateaux-mouches. Il y a de nombreux touristes, **à l'avant** comme **à l'arrière** du bateau.	le long de depuis à l'avant de à l'arrière de	an … entlang von … aus im vorderen Teil von im hinteren Teil von
Je me suis arrêté(e) **sur** le pont de l'Alma. **Sous** le pont, j'ai vu deux SDF. **Au-dessus de** moi, il y avait un ciel gris, **au-dessous de** moi, le fleuve qui coulait.	sur sous au-dessus de au-dessous de	auf unter oberhalb von/über unterhalb von/unter
En été, beaucoup de gens partent **vers** le Sud/ **en direction du** Midi. Beaucoup de nos amis partent **pour** l' Espagne. Nous rêvons de faire un voyage **à travers** la France.	vers en direction de partir pour à travers	nach, gegen in Richtung auf/von nach … fahren (quer) durch (… hindurch)
Nous partirons **de** Paris, avec des amis. **De** Paris nous irons **à** Valence. Nous irons même **jusqu'**à la frontière italienne/**jusqu'**en Italie. Nous passerons **par** Avignon et **par** Marseille. La dernière fois, il a plu **à partir d'**Avignon/ **entre** Avignon **et** la frontière italienne.	de de … à jusque par à partir de entre … et	aus, von von … nach bis durch, über von … an zwischen … und

Chez + *Personenbeschreibung*

Ce matin, Julie n'est pas **chez elle.** Elle a rendez-vous **chez le dentiste.** Après le déjeuner, Annick ira **chez Martine.** Elles iront **chez le coiffeur.**	chez	1. bei jdm (zu Hause) zu jdm (nach Hause) 2. an/zu jds Arbeitsplatz (bei Berufsbezeichnungen)
A 7 heures du soir, Annick est partie/sortie/ rentrée/revenue **de chez** Martine/ **de chez** le coiffeur. Je viens **de chez** le dentiste.	de chez qn	von (steht nach den Verben *partir, sortir, rentrer,* (*re*)*venir*)

Eine Reihe von Präpositionen kann, wie im Deutschen, auch **im übertragenen Sinn** gebraucht werden, z. B. in den folgenden Wendungen:

sortir **avec** qn	mit jdm „gehen", befreundet sein
se protéger **contre** le soleil	… vor der/ gegen die Sonne
être blessé **dans** un accident	… bei einem Unfall
avancer **dans** qc	mit etwas vorwärts kommen
rentrer **dans** un arbre	gegen einen Baum fahren
vivre **dans** la misère	… im Elend
être **dans** la recherche	… in der Forschung tätig sein
pleurer **de** joie	… aus/vor Freude
être fort **en** anglais	… in Englisch
écrire **en** anglais	auf englisch schreiben
être **en** colère	… in Wut; zornig
tomber **en** arrêt **devant** qc	staunend vor etw. stehen bleiben
être **entre** amis	… unter Freunden
copier **sur** qn	von/bei jdm abschreiben
une discussion **sur** qc	eine Diskussion über …
un livre **sur** les fleurs	… über Blumen
un élève **sur** deux	jeder zweite Schüler

☞ **Unterscheide:**

Il y a une librairie	**à côté de** l'hôtel.	**à côté de** + Nominalgruppe	neben
	de ce côté de la rue.	**de ce côté de** + Nominalgruppe	**auf** dieser Seite
Il y en a d'autres	**de l'autre côté de** la rue.	**de l'autre côté de** + Nominalgruppe	**auf** der anderen Seite
	du côté de la poste.	**du côté de** + Nominalgruppe	**in** der Nähe, **in** Richtung

Präpositionen zum Ausdruck zeitlicher Beziehungen

121 Die Präpositionen *à, en, vers, pendant* und *pour*

Philippe veut partir/partira/est parti
à Pâques/à Noël. ... zu Ostern/zu Weihnachten.
à 10 heures/à midi. ... um 10 Uhr/um 12 Uhr.

- *à* + Nominalgruppe bezeichnet einen **genauen Zeitpunkt**.

Je le verrai/l'ai vu/le vois régulièrement
en mai/**au mois de** mai. ... im Mai.
en été/**en** hiver. ... im Sommer/im Winter.
en automne. ... im Herbst.
Aber: **au** printemps ... im Frühjahr/Frühling.
Napoléon est né **en (l'an) 1769.** ... (im Jahr) 1769.

- *en* oder *au mois de* stehen bei **Monatsnamen**; *en* steht auch vor den Namen der **Jahreszeiten** mit vokalischem Anlaut und vor **Jahreszahlen**.

Il me téléphonera/m'a téléphoné
vers midi/autour de midi. ... gegen Mittag.
vers/autour de 5 heures. ... gegen 5 Uhr.
vers le 10/autour du 10. ... um den 10. herum.

- *vers* + Nominalgruppe und *autour de* + Nominalgruppe bezeichnen einen **ungefähren Zeitpunkt**.

Nous serons en Bretagne
pendant les vacances./ ... **in** den Ferien.
pendant tout le mois d'août. ... den ganzen August (über).
On fera de la planche à voile
pendant des heures. ... stundenlang ...

- *pendant* + Nominalgruppe bezeichnet einen **Zeitraum**, der ganz oder teilweise von einem Geschehen ausgefüllt ist.

Nous sommes allés à Concarneau
cinq fois **en six ans.** ... innerhalb von 6 Jahren.
Maintenant on peut faire le voyage
en quatre heures. ... in(nerhalb von) 4 Stunden.
Aber: Nous arriverons **dans quatre heures.** (Vgl. **122**)

- *en* + Nominalgruppe bezeichnet einen **Zeitraum**, **innerhalb dessen** ein Geschehen stattfindet.

Le père de Monique doit faire une cure (Kur). Il va à Vichy
pour six semaines. ... für (die Dauer von) 6 Wochen/6 Wochen lang.
Il me faut ce dessin **pour lundi.** ... für/bis Montag

- *pour* + Nominalgruppe bezeichnet einen **Zeitraum**, der für **bestimmte Zwecke** festgesetzt wird oder einen **zukünftigen** Zeitpunkt.

Unterscheide:

Jacques réfléchissait à des choses et à d'autres.		
A un moment donné, il s'est dit:	**à un** moment donné	auf einmal (plötzlich, unvermittelt)
«Que peut bien faire Anne, **en ce moment**?»	**en ce** moment	jetzt im Augenblick, zur Zeit (auf die Gegenwart bezogen)
Et juste **à ce moment**(-là), le téléphone a sonné: c'était Anne.	**à ce** moment(-là)	in diesem/jenem Augenblick (auf die Vergangenheit bezogen)

F/D *Unterscheide bei Zeit- und Datumsangaben im Deutschen und Französischen:*

Je l'ai vu/ Je le verrai	lundi.	... **(am)** Montag.	● Während im Französischen diese Zeit- und Datumsangaben **ohne** Präpositionen ausgedrückt werden, kann oder muss im Deutschen eine Präposition stehen.
	le 15 mai.	... **am** 15. Mai.	
	cette semaine.	... **in** dieser Woche/diese Woche.	
	cette année.	... **in** diesem Jahr/dieses Jahr.	
	cet été.	... **in** diesem/diesen Sommer.	
	ce matin/ce soir.	... **heute** Morgen/**heute** Abend	
Il partira	l' année **prochaine.**	... **im** nächsten/nächstes Jahr.	
Il me l'a dit	la semaine **dernière.**	... **in** der letzten/letzte Woche.	
Vous partez	**quel** jour?	... **an** welchem Tag?	

122 Die Präpositionen *avant – après* und *il y a / il y a … que – dans*

Philippe veut partir/partira/est parti		● *avant* + Nominalgruppe bezeichnet einen **Zeitpunkt**, **vor dem** ein Geschehen stattfinden wird oder stattgefunden hat, sowie die **Reihenfolge**.
avant la Pentecôte.	... vor Pfingsten.	
avant le 10 mai.	... vor dem 10. Mai.	
avant les vacances.	... vor den Ferien.	
avant nous.	... vor uns.	
Philippe veut partir/partira/est parti		● *après* + Nominalgruppe bezeichnet einen **Zeitpunkt**, **nach dem** ein Geschehen stattfinden wird oder stattgefunden hat, sowie die **Reihenfolge**.
après Pâques.	... nach Ostern.	
après le 1er mai.	... nach dem 1. Mai.	
après les vacances.	... nach den Ferien.	
après sa sœur.	... nach seiner Schwester.	
Philippe voulait partir/est parti		● *il y a* + Nominalgruppe bezeichnet einen **vergangenen Zeitpunkt**, der von dem **Sprechzeitpunkt** (jetzt) aus **zurückgerechnet** wird.
il y a un mois.	... (heute) vor einem Monat.	
il y a cinq semaines.	... (heute) vor fünf Wochen.	
il y a deux heures.	... (jetzt) vor zwei Stunden.	
Il y a 15 jours qu'il est parti.	... seit 15 Tagen.	● *il y a* + Nominalgruppe + *que* (= *depuis*) bezeichnet einen **vergangenen Zeitraum**, **der vom** jeweiligen **Sprechzeitpunkt** aus **zurückgerechnet** wird.
Il y a deux ans que nous habitons (à) Brest.	... seit zwei Jahren.	
Philippe revient/reviendra		● *dans* + Nominalgruppe bezeichnet einen **künftigen Zeitpunkt**, der von dem **Sprechzeitpunkt** aus **vorausgerechnet** wird (= nach Ablauf von).
dans un mois.	... (heute) in einem Monat.	
dans cinq semaines.	... (heute) in fünf Wochen.	
dans deux heures.	... (jetzt) in zwei Stunden.	

☞ • *Il y a* + Nominalgruppe + *que* wird vornehmlich in der gesprochenen Sprache anstelle von *depuis* + Nominalgruppe verwendet; alternative Konstruktionen sind *voilà/ça fait* + Nominalgruppe + *que*.

• **Unterscheide:**

1. Jean-Claude a travaillé	**pendant** **deux heures.**	... 2 Stunden **lang**.
Voilà ce qu'il a fait	**en** **deux heures.**	... **innerhalb von** 2 Stunden.
Il est sorti. Il rentre(ra)	**dans** **deux heures.**	... **in/nach Ablauf von** 2 Stunden.

2. **Devant** les tentes, on voit une épicerie.	La réception est juste **avant** l'épicerie.	Nous vous attendrons **avant** midi.
Derrière les tentes, il y a des caravanes.	Notre caravane est la première **après** les tentes.	**Après** le déjeuner, on visitera la région.
Reine Ortsbestimmung: Was sich im Vordergrund/ Hintergrund befindet.	*Ortsbestimmung entsprechend dem zeitlichen Ablauf: Was man zuerst/danach erreicht.*	*Reine Zeitbestimmung: Was vor/nach einem Zeitpunkt geschieht.*

123 Weitere Präpositionen zum Ausdruck zeitlicher Beziehungen

Annick a passé son permis: **à partir d'**aujourd'hui, elle pourra conduire une voiture.	à partir de	von ... an
Elle a pris des leçons (Fahrstunden) **depuis** le mois de juin.	depuis	seit
Elle a eu peur **jusqu'à** la dernière minute.	jusqu'à	bis
Annick veut s'acheter une petite voiture **entre** avril **et** juin.	entre ... et	zwischen ... und
Elle peut prendre ses vacances d'été **du** 28 juillet (jusqu') **au** 22 août.	de ... (jusqu')à	(ununterbrochen) von ... bis
Elle voulait partir **dès** le 27 au soir/**dès** le matin.	dès	schon, von ... an, seit
Mais ses amis lui ont dit d'éviter l'autoroute **à la fin du** mois de juillet et	à la fin de	(am) Ende (von)
au début du mois d'août.	au début de	(am) Anfang (von)
Les Rigot ont pris l'autoroute du Soleil, le 1er août, **vers** 10 heures.	vers	gegen
Au bout de deux heures, ils étaient toujours dans la banlieue parisienne.	au bout de	nach (Ablauf von)

☞ In bestimmten Wendungen hat die Präposition *à* die Bedeutung ‚bis'. Beispiele:

à demain	bis morgen	à tout à l'heure	bis gleich
à ce soir	bis heute Abend	à bientôt	bis bald
à la prochaine (fois)	bis zum nächsten Mal	à la semaine prochaine	bis nächste Woche.

Präpositionen zum Ausdruck modaler Beziehungen

124 Die Präpositionen *avec, à* und *de* zur Kennzeichnung des Mittels

Ne mange pas **avec les doigts** (Finger). On ouvre les boîtes **avec un ouvre-boîte.** Lave la voiture **avec cette éponge** (Schwamm).	• *avec* + Nominalgruppe bezeichnet ein **Mittel** oder **Werkzeug**.
– Je peux **laver** ce pull **à la machine**? – Moi, je le laverais **à la main.** Aujourd'hui, presque tous les trains **marchent à l'électricité.** (… werden betrieben …)	• *à* + Nominalgruppe bezeichnet zusammen mit dem Verb eine **Verfahrensweise** oder eine **Funktionsweise**.
Ne **montre** pas les gens **du doigt.** Quand tu partiras, tu me **feras signe de la main/ de la tête.** Il s'est accroché à la voile **de tout son poids.**	• *de* + Nominalgruppe bezeichnet zusammen mit dem Verb eine **Handlungsweise**. Es steht vor Nomen, die Körperteile und Körperfunktionen bezeichnen.

☞ **Unterscheide:**

1. J'ai traduit ce texte	**avec**	l'aide **de mon frère.**	(Person)
J'ai traduit ce texte	**à**	l'aide **d'un dictionnaire.**	(Sache)
2. J'ai lavé ce pull	**avec**	du savon.	(Mittel)
J'ai lavé ce pull	**à**	la main.	(Verfahrensweise)

125 Die Präpositionen *en, par* und *à* zur Kennzeichnung der Fortbewegungsart

Beispiele		**Wendungen**	
Mes parents partiront **en voiture.**	… mit dem Auto	partir, voyager, y aller, venir, rentrer / un voyage	**en** voiture, **en** taxi **en/à** moto **en** métro **en** autobus **en** avion, **en** car **en** train/ **par le** train
Pierre et moi, nous irons **en moto.**	… mit dem Motorrad		
En Amérique, le groupe a voyagé **en** avion,	… mit dem Flugzeug		
en car et **en** train/**par le** train.	… mit dem Bus/Zug		
Aber:		**Aber:**	
Martine est venue **par le** car **de 7 heures.**	… mit dem 7-Uhr-Bus	arriver, partir, y aller, venir, rentrer	**par le** car/**le** bus/ **le** train/**l'**avion **de** … (heures)
Elle est rentrée **par le** train **de minuit.**	… mit dem 12-Uhr-Zug		
Françoise a fait une excursion **en/à** vélo. / **en/à** bicyclette.	… mit dem Fahrrad	se promener, faire une excursion/ une promenade	**en/à** vélo **en/à** bicyclette **à** pied **à** cheval
Ses copains ont fait une promenade **à** pied.	… zu Fuß		
Ses copains ont fait une promenade **à** cheval.	… zu Pferd		

- *En/à* + Nomen **ohne** Artikel bezeichnet die Fortbewegungsart bzw. das -mittel in allgemeiner Weise.
- *Par* + Nomen **mit** Artikel + *de*-Ergänzung bezeichnet ein zu bestimmten Zeiten verkehrendes (öffentliches) Fortbewegungsmittel.

☞ Weitere Wendungen mit *par:*

par avion	mit Luftpost	par téléphone	telefonisch
par écrit	schriftlich	par mégarde	aus Versehen.

126 Weitere Präpositionen zum Ausdruck modaler Beziehungen

– Je prends un café **au** lait et un sandwich **au** jambon. – Et moi, une glace **à** 20 francs.	à à	mit (Zubereitungsart) zu/zum Preis von …
Je n'ai pas pu venir **à cause de** la pluie. J'ai donc écouté des CD **avec** Nicole. **D'après** Nicole, la musique est ce qu'il y a de plus beau. **Selon** Patrick, c'est la peinture.	à cause de avec (qn) d'après (elle) selon (lui)	wegen (Grund) mit, in Begleitung von } ihrer/seiner Meinung nach
Cette maison n'est pas **en** pierre, mais **en** bois. Aide-moi à préparer le repas **au lieu de** regarder la télé. Je meurs **de** faim.	en au lieu de de	aus (Material) anstatt aus, vor (Grund)
François et Sonia se sont promenés **malgré** la neige. Dans la rue, il y avait beaucoup de gens. **Parmi eux,** quelques touristes. **Grâce à** son blouson, Sonia n'a pas eu froid.	malgré parmi grâce à	trotz unter (mehreren) dank
Quant à/En ce qui concerne François, il a maintenant mal aux oreilles.	quant à/ en ce qui concerne	} was … anbetrifft
Ce n'est pas un film **pour** enfants. C'est l'histoire d'un jeune qui a été arrêté **pour** vol (Diebstahl) de voiture.	pour	1. für 2. wegen
Il vivait tout seul, **sans** sa famille/**sans** bons amis.	sans	ohne
Nicole est gentille **pour/avec** ses amis. Elle est bonne **pour/envers/avec** les animaux. Elle est polie **avec** les voisins.	pour envers avec	} (nett/gut/höflich) zu
En France, les musées nationaux sont ouverts tous les jours **sauf/excepté** le mardi,	sauf excepté	} außer
et **en cas de** grève.	en cas de	im Falle von

☞ **Unterscheide:**

une tasse **à** café	Kaffetasse	} Behälter	une tasse **de** café	Tasse Kaffee	} Menge.
une assiette **à** soupe	Suppenteller		une assiette **de** soupe	Teller Suppe	

127 Präpositionen – Adverbien – Konjunktionen

1. Eine Reihe von präpositionalen Ausdrücken mit *de* hat ein entsprechendes **Adverb** ohne *de*:

Les Martin habitent au troisième étage.		
Les Blanc habitent **au-dessus.**	darüber	(= au-dessus des Martin)
Les Durand habitent **à côté.**	nebenan	(= à côté des Martin)
Les Colin habitent **en face.**	gegenüber	(= en face des Martin)

Unterscheide:

J'avais mis les timbres	**dans** cette boîte.	Mais ils ne sont plus	**dedans.**	darin
– N'oublie pas de mettre un timbre	**sur** la lettre.	– Il est déjà	**dessus.**	darauf
– Le prix est écrit	**sous** la boîte?	– Oui, il est écrit	**dessous.**	darunter
	Präposition + NG		**Adverb**	

2. Bei einigen Präpositionen gibt es eine inhaltlich entsprechende **Konjunktion** mit *que*, nach der aber keine Nominalgruppe folgt, sondern ein **Adverbialsatz**.

Unterscheide:

pendant mon voyage en France	während	**pendant que** j'étais en France	während
depuis des années	seit	**depuis qu'**on se connaît	seit (dem)
jusqu'à dix heures	bis	**jusqu'à ce qu'**il fasse nuit	bis (dass)
sans excuse	ohne	**sans que** je sache ce qui s'est passé	ohne dass
Präposition + Nominalgruppe		**Konjunktion + Adverbialsatz**	

Weitere Konjunktionen und zum Modus im Adverbialsatz vgl. **169**.

10 Die Satzarten

128 Die verschiedenen Satzarten

Jeder Satz gehört einer bestimmten Satzart an. Man unterscheidet **vier Satzarten**:

Gilles est rentré de bonne heure.	• **Aussagesatz**	(la phrase déclarative)
(Est-ce que) Gilles est rentré de bonne heure?	• **Fragesatz**	(la phrase interrogative)
Rentre de bonne heure.	• **Aufforderungssatz**	(la phrase impérative)
Tiens! Gilles est rentré de bonne heure!	• **Ausrufesatz**	(la phrase exclamative)

Die verschiedenen Satzarten unterscheiden sich

- in der **gesprochenen** Sprache durch ihre jeweilige **Intonation** (Satzmelodie),
- in der **geschriebenen** Sprache u. a. durch **Satzzeichen** (z. B. Punkt, Frage- oder Ausrufezeichen).

Der Aussagesatz – La phrase déclarative

129 Die Form des Aussagesatzes

1. Der einfache Aussagesatz

Der einfache Aussagesatz besteht aus einem **Subjekt** und einem **Prädikat**. – Beispiel:

Les élèves	**attendent**	**le bus.**	
Ce bus	**va**		**au collège.**
Subjekt	**Prädikat**		
	Verb (Prädikatskern)	(Direktes) **Objekt**	**Adverbiale Bestimmung**

- Die Subjektstelle ist in diesen Beispielen besetzt durch eine Nominalgruppe, die aus einem Begleiter + Nomen besteht.
- Die **Prädikatsstelle** ist besetzt durch eine **Verbalgruppe**, d. h. durch ein Verb und dessen Ergänzung.
  Das **Verb** bildet den **Prädikatskern**. Die **Ergänzungen** sind in den vorliegenden Beispielen ein **direktes Objekt** (le bus) und eine **adverbiale Bestimmung** (au collège). (Vgl. **90**)

☞
- Nominalgruppen können auch aus Eigennamen bestehen oder durch Pronomen ersetzt werden. Beispiele:

  Jean et **Anne** attendent le bus. **Ils** vont au lycée.

- Nominalgruppen lassen sich auf verschiedene Art erweitern. (Vgl. **1**, 3)

Einige Verben, z. B. *être*, *croire*, *rendre*, *devenir*, *trouver*, haben eine prädikative Ergänzung (l'attribut) bei sich. Beispiele:

Subjekt	Verb	dirO	prädikative Ergänzung
Jean et Anne	sont		étudiants.
Jean	veut devenir		ingénieur.
Jean	trouve/croit	Anne	sympathique.
Jean	rend	Anne	heureuse.

- Die prädikative Ergänzung kann ein Nomen (étudiant, ingénieur) oder ein Adjektiv (sympathique, heureuse) sein.
- Sie kann sich auf das **Subjekt** (z. B. in Verbindung mit *être* und *devenir*) oder auf das **direkte Objekt** (z. B. in Verbindung mit *trouver*, *croire* = ‚halten für' oder *rendre* = ‚machen') beziehen.
- Sie stimmt in Genus und Numerus mit dem Beziehungswort überein.

2. Der erweiterte einfache Aussagesatz

Der einfache Aussagesatz kann durch **adverbiale Bestimmungen** (les compléments circonstanciels) **erweitert** werden. – Beispiele:

	Einfacher Aussagesatz	
	Les élèves attendent le bus	devant la mairie.
Tous les matins,	ce bus va au lycée St.-Exupéry.	
Adverbiale Bestimmung		**Adverbiale Bestimmung**

130 Die Intonation des Aussagesatzes

François est étudiant. Il a acheté un livre. Il a envoyé ce livre à son amie Nicole.

- Die Satzmelodie (Intonation) des Aussagesatzes steigt zunächst an und sinkt zum Satzende etwas tiefer ab, als sie am Satzanfang war.

Hier matin, François a acheté un livre. Il a acheté ce livre à la gare du Nord.

- **Einleitende** adverbiale Bestimmungen haben **steigende** Intonation.
- **Nachgestellte** adverbiale Bestimmungen haben **fallende** Intonation.

10 Die Satzarten

131 Die Stellung der Satzglieder im Aussagesatz

1. Im einfachen Aussagesatz

S	V	O	adv B
François	rêve.		
Il	fera	un voyage.	
Il	demandera	de l'argent à son père.	
Il	ira		en Amérique du Sud.
S	**V**	**O**	**adv B**
Subjekt	Verb	direktes/indirektes Objekt	adv. Bestimmung

S	V	dirO	prädE
François	est		étudiant.
Il	veut devenir		pharmacien.
Tout le monde	trouve	François	sympathique.
S	**V**	**dirO**	**prädE**

In einem Aussagesatz, in dem kein Satzglied besonders hervorgehoben ist, stehen die Satzglieder in folgender Reihenfolge: **S – V – O – advB**
S – V – – prädE
S – V – dirO – prädE

- **Die Stellung der Objekte**

François a écrit	**une lettre**	**à Nicole.**		**S – V – dirO –** ind**O**
Il a écrit		**à Nicole**	**une lettre de 10 pages.**	
Il a envoyé		**à Nicole**	**un livre dont elle a besoin pour ses études.**	**S – V –** ind**O – dirO**

- Normalerweise steht das **direkte** Objekt **vor** dem **indirekten** Objekt.
- Wenn jedoch das direkte Objekt länger als das indirekte ist, steht es **am Satzende**, also nach dem indirekten Objekt.

- **Die Stellung des Subjekts im Begleitsatz der direkten Rede**

Das Subjekt steht im Aussagesatz normalerweise **vor** dem Verb. Aber:

«Dépêche-toi, Nicolas!» m'a dit **papa.** «Pourquoi? **ai-je demandé.** On a le temps.» (Sempé/Goscinny, *Le petit Nicolas*)	• Im Begleitsatz der direkten Rede tritt in der geschriebenen Sprache das Subjekt **hinter** das Verb (Inversion des Subjekts).

☞ Inversion tritt in der gehobenen geschriebenen Sprache häufig auch nach einigen Adverbien ein, wenn diese am Anfang des Satzes stehen. – Beispiele:

Sans doute a-t-elle rencontré une amie.	sans doute	wahrscheinlich
Peut-être a-t-elle rencontré une amie.	peut-être	vielleicht
Aber: **Peut-être qu'elle a** rencontré une amie.		
Cet homme est très égoïste: **aussi** n'**a-t-il** pas d'amis.	aussi	deshalb

2. *Im erweiterten einfachen Aussagesatz*

Die den einfachen Aussagesatz erweiternden adverbialen Bestimmungen stehen meist am Satzanfang oder am Satzende. Ihre Stellung hängt davon ab, ob sie im Satz **Ausgangspunkt der Aussage** sind oder ob auf ihnen der **Schwerpunkt der Aussage** liegt. – Unterscheide:

Adv. Bestimmung	Einfacher Aussagesatz	Adv. Bestimmung
Ce matin,	François a acheté un livre	à la gare du Nord.
Ce matin, à la gare du Nord,	François a acheté **un livre.**	
Sans hésiter,	il l'a envoyé à **Nicole.**	
	Il l'a envoyé à Nicole	**tout de suite, avant d'aller à l'université.**
Ausgangspunkt der Aussage		**Schwerpunkt der Aussage**

Der Fragesatz – La phrase interrogative

132 Die Gesamtfrage und die Teilfrage

– Tu vas aux Etats-Unis? – **Oui./Non./** – **Oui,** peut-être. – Tu ne vas donc pas au Canada? – **Si,** j'y vais aussi.	• Die **Gesamtfrage** (l'interrogation totale), auch **Entscheidungsfrage** genannt, bezieht sich auf den gesamten Satz. Sie enthält **kein Fragewort** und wird mit Adverbien wie *oui, non, si* u. a. beantwortet. (Vgl. **143**)
– Quand est-ce que tu pars? – Le 5 août. – Tu vas rester **combien de temps?** – Un mois./ Je ne sais pas encore.	• Die **Teilfrage** (l'interrogation partielle) enthält ein **Fragewort**. Mit diesem wird nach einem Sachverhalt gefragt, den der Fragesteller nicht kennt.

Gesamt- und Teilfragen können direkt oder indirekt gestellt werden.

- **Direkte Frage:** Tu vas en Amérique? Tu pars **quand?**
- **Indirekte Frage:** J'aimerais savoir **si** tu vas en Amérique. Dis-moi **quand** tu pars. (Vgl. **139**)

133 Die Typen des Fragesatzes

Das Französische verfügt über mehrere Typen des direkten Fragesatzes, die je nach Redesituation und Gesprächspartner verwendet werden. (Vgl. **135**) – Man unterscheidet:

Gesamtfrage:	Luc va quitter Paris?	• die **Intonationsfrage**
	Est-ce qu'il va quitter Paris?	• die *est-ce que*-**Frage**
	Quittera-t-**il** Paris?	• die **Inversionsfrage**
	Luc quittera-t-**il** Paris?	• die **absolute Fragestellung**
	Luc, il va quitter Paris?/ Il va quitter Paris, **Luc**?	• die **segmentierte Frage**
Teilfrage:	Luc part quand?	• die **Frage mit nachgestelltem Fragewort**
	Quand est-ce qu'il part?	• die *est-ce que*-**Frage**
	Quand partira-t-il?	• die **Inversionsfrage**
	Quand Luc partira-t-il?	• die **absolute Fragestellung**
	Luc, il part quand?/ Il part quand, Luc?	• die **segmentierte Frage**

Die verschiedenen Typen des Fragesatzes haben folgende **Kennzeichen:**

- Die **Intonationsfrage** wird hörbar nur durch die **Intonation** (Satzmelodie) gekennzeichnet. Die **Wortstellung** ist die gleiche wie im **Aussagesatz**.
- Die *est-ce que*-**Frage** ist durch das einleitende Fragesignal *est-ce que* markiert. Die **Wortstellung** ist die gleiche wie im **Aussagesatz**.
- In der **Inversionsfrage** tritt das Subjektpronomen **hinter** das Verb; es wird dabei an das Verb mit Bindestrich angeschlossen. In der **Teilfrage** kann die Inversionsfrage in einigen Fällen auch mit nominalem Subjekt verwendet werden (z. B. Quand arrive Pierre?). (Vgl. **137** + **138**)
- Die **absolute Fragestellung** wird in Sätzen mit **nominalem** Subjekt verwendet. Das Subjekt wird nach dem Verb durch das entsprechende Subjektpronomen wieder aufgenommen.
- In der **segmentierten Frage** wird der Satzteil, nach dem gefragt wird, durch Komma abgetrennt dem Satz voran- oder nachgestellt und innerhalb des Satzes durch ein Personalpronomen vertreten.
- In der **Teilfrage mit nachgestelltem Fragewort** tritt das Fragewort **hinter** das Verb, an die Stelle des Objekts oder der adverbialen Bestimmung, nach der es fragt. Die Stellung der Satzglieder ist die gleiche wie im Aussagesatz.

Zum Gleit -*t* bei der 3. Pers. Sing. vgl. **77**. – Zur Segmentierung vgl. auch **152**.

134 Die Intonation des Fragesatzes

Luc quittera Paris?

Est-ce qu'il ira en Amérique?

Restera-t-il longtemps?

Gesamtfrage: Die **Intonationsfrage** hat **steigende** Intonation; bei der *est-ce que*-**Frage** und bei der **Inversionsfrage** ist steigende oder fallende Intonation möglich.

Quand est-ce que Luc part?

Avec qui part-il?

Il va où?

Teilfrage: Fragen mit **einleitendem** Fragewort haben **alle fallende** Intonation; das Fragewort hat jeweils den höchsten Ton.
Fragen mit **nachgestelltem** Fragewort haben **meist steigende** Intonation.

135 Fragesatztypen und Sprechsituationen

Die einzelnen Fragesatztypen werden je nach Redesituation und Gesprächspartnern unterschiedlich verwendet.

Pierre est né **quel mois**? Comment? M. Sorel n'est pas d'accord? Tu habites **où**? Ton amie arrive **quand**? Il est **quelle heure**? Tu t'en vas? Tu ne veux pas rester?	• Die **Intonationsfrage** und die Frage mit **nachgestelltem Fragewort** sind in der **gesprochenen** Sprache der häufigste Fragetyp. Sie werden in allen nicht förmlichen Situationen verwendet.
Est-ce qu'il est vraiment très désagréable? **Est-ce que** je paie tout de suite? **Quand est-ce qu'**ils reviendront? **Qu'est-ce que** vous faites là? **Où est-ce qu'elle est?** **Aber:** Où est **Muriel**?	• Die *est-ce que*-**Frage** wird sowohl in der **gesprochenen** als auch in der **geschriebenen** Sprache verwendet. Sie ist in Bezug auf die Sprechsituation **neutral**, jedoch manchmal schwerfällig (vor allem in der geschriebenen Sprache), außer in der 1. Pers. Sing. und in Verbindung mit *quand/qu'est-ce que*. *Où est-ce que + être* wird nur verwendet, wenn das Subjekt ein Pronomen ist. In formelhaften Wendungen wird vorzugsweise die Inversionsfrage verwendet (z. B. *Comment vas-tu? Où vas-tu? Où es-tu?)*
Voudront-ils venir avec nous? **Vivrons-nous** autrement en 2050? **Aura-t-on** découvert un médicament contre le sida? Que **désirez-vous**, monsieur?	• Die **Inversionsfrage** gehört vorwiegend der **geschriebenen** Sprache an. In der gesprochenen Sprache wird sie in förmlichen Situationen verwendet.
De quoi **Luc** parle-t-**il**? Les **touristes** auront-**ils** la possibilité de visiter la vieille cathédrale? Alors, monsieur le Ministre, **les prix** resteront-**ils** stables? **L'industrie** continuera-t-**elle** à polluer?	• Die **absolute Fragestellung** gehört fast ausschließlich der **geschriebenen** Sprache an. Gesprochen findet man sie nur in sehr förmlichen Situationen, in offiziellen Interviews und Reden.
Pierre, il est né quel mois?/ **Il** est né quel mois, **Pierre**? **Lui** (**, il**) est vraiment très désagréable?/ **Il** est vraiment très désagréable, **lui**? **Eux** (**, ils**) voudront venir avec nous?/ **Ils** voudront venir avec nous, **eux**? **Luc, il** parle de quoi?/ **Il** parle de quoi, **Luc**?	• Die **segmentierte Frage** kann in der **gesprochenen** Sprache andere Fragesatztypen ersetzen. Durch Voran- oder Nachstellung wird ein Satzglied, das Thema der Frage, besonders hervorgehoben. (Vgl. auch **152**)

Die Formen der Teilfrage

136 *Die Frage nach dem Subjekt*

Frage nach dem Subjekt			In der Frage nach dem **Subjekt** steht	
Qui	a téléphoné?	Wer?	• bei **Personen:**	Qui?
Qui est-ce qui	a téléphoné?		oder das nachdrücklichere	Qui est-ce qui?
Qu'est-ce qui	se passe?	Was?	• bei **Sachen:**	Qu'est-ce-qui?
Qu'est-ce qui	vous intéresse?			
Frage nach der Identität			In der Frage nach der **Identität**	
Qui est-ce?			• einer **Person** steht	Qui est-ce?
C'est qui? (nur gesprochen)		**Wer** ist das?	oder (nur gesprochen)	C'est qui?
Qu'est-ce que c'est?			• einer **Sache** steht	Qu'est-ce que c'est?
C'est quoi? (nur gesprochen)		**Was** ist das?	oder (nur gesprochen)	C'est quoi?

☞ • Im Satz mit *être* lautet die Frage nach der **prädikativen Ergänzung**

– für **Personen: Qui est** (ce garçon/cette dame)? **Qui sont** (ces gens)?
– für **Sachen: Quelle est** (votre opinion)? **Quels sont** (vos projets)?

• Statt *qui est/qui sont* wird in gesprochener Sprache häufig ein segmentierter Satz mit nachgestelltem *qui est-ce* gebraucht. – Beispiel:

Ce garçon, qui est-ce? Oder: C'est qui, ce garçon?

Zu *qui est-ce qui* und *qu'est-ce qui* vgl. **74**.

137 *Die Frage nach den Objekten*

Personen			
Tu attends **qui?**	**Qui est-ce-que** tu attends?	**Qui** attends-**tu?**	
Tu écris **à qui?**	**A qui est-ce que** tu écris?	**A qui** écris-**tu?**	
Luc, il attend **qui?**	**Qui est-ce que** Luc attend?		**Qui Luc** attend-**il?**
Luc, il écrit **à qui?**	**A qui est-ce que** Luc écrit?	**A qui** écrit **Luc?**	**A qui Luc** écrit-**il?**
Sachen			
Tu fais **quoi?**	**Qu'est-ce que** tu fais?	**Que** fais-**tu?**	
Tu parles **de quoi?**	**De quoi est-ce que** tu parles?	**De quoi** parles-**tu?**	
Luc, il fait **quoi?**	**Qu'est-ce-que** Luc fait?	**Que** fait **Luc?**	**De quoi Luc** parle-t-**il?**
Luc, il parle **de quoi?**	**De quoi est-ce que** Luc parle?	**De quoi** parle **Luc?**	
Nachgestelltes Fragewort: gesprochen	*Est-ce que:* *gesprochen und geschrieben*	*Inversion:*	*Absolute Frage: geschrieben*

☞ Die Inversion eines **nominalen** Subjekts ist nicht möglich, wenn nach dem indirekten Objekt gefragt wird und dem Verb ein direktes Objekt folgt. – Beispiel:

Que propose **Mme Michelet** à ses amis?
(Satz ohne direktes Objekt nach dem Verb)

Aber: **A qui** est-ce que Mme Michelet propose **un voyage**?/
A qui Mme Michelet propose-t-elle **un voyage**?
(Satz mit direktem Objekt nach dem Verb)

Zu *qui est-ce que* und *qu'est que* vgl. **74**.

138 *Die Frage nach der adverbialen Bestimmung*

Vous allez **où**? Votre train part **quand**?	**Où est-ce que** vous allez? **Quand est-ce que** votre train part?	**Où** allez-**vous**? **Quand** part **votre train**?	**Quand** **votre train** part-**il**?
Nachgestelltes Fragewort: *gesprochen*	*Est-ce que:*	*Inversion:*	*Absolute Frage:* *geschrieben*
	gesprochen und geschrieben		

☞ • Bei der Frage nach der adverbialen Bestimmung ist die Inversion eines **nominalen Subjekts** nur dann möglich, wenn dem Verb kein direktes Objekt und kein indirektes Objekt folgt. – Beispiele:

Où va **Sylvie**?
Quand partira **ton ami**?

Oder: Où est-ce que Sylvie va?/Où Sylvie va-t-elle?
Quand est-ce que ton ami partira?/
Quand ton ami partira-t-il?

Aber nur: **Où est-ce que Sylvie** porte **ses CD**?/
Où Sylvie porte-t-**elle ses disques**?
Quand est-ce que Pierre téléphonera à ses amis?/
Quand Pierre téléphonera-t-**il à ses amis**?

• Nach *pourquoi* ist die Inversionsfrage mit nominalem Subjekt nicht möglich.

Also nur: **Pourquoi est-ce que** Pierre ne travaille pas?
Oder: **Pourquoi Pierre** ne travaille-t-**il** pas?

10 Die Satzarten

139 Die indirekte Frage – L'interrogation indirecte

Die indirekte Frage ist von einem einleitenden Satz abhängig, der ein Verb enthält wie *dire, demander, expliquer, savoir, voir.*

Direkte Frage		**Indirekte Frage**	
1. Est-ce que Brigitte fera les courses?	Demande à Brigitte	**si**	elle fera les courses
Elle a besoin de la voiture?	et	**si**	elle a besoin de la voiture.
Pierre, il a rangé sa chambre?	J'aimerais savoir	**s'**	il a rangé sa chambre.
2. **Qui** est ce garçon?	Dis-moi	**qui**	est ce garçon.
Où est-ce que vous allez?	Dites-moi	**où**	vous allez.
Vous rentrez **quand**?	Savez-vous	**quand**	vous rentrez?
Pourquoi as-tu menti?	Explique-moi	**pourquoi**	tu as menti.
Aber:			
Qui (est-ce **qui**) a sonné?	Va voir	**qui**	a sonné.
Qui est-ce que tu attends?	Dis-moi	**qui**	tu attends.
Qu'est-ce qui t'ennuie?	Raconte	**ce qui**	t'ennuie.
Qu'est-ce que tu penses de Marc?	Dis-moi	**ce que**	tu penses de Marc.
Qu'est-ce que c'est?	Dis-moi	**ce que**	c'est.

- Die indirekte **Gesamtfrage/Entscheidungsfrage** (→ 1) wird mit *si* (ob) eingeleitet.
  Nach *si* (ob) kann Futur und Conditionnel stehen; zu *si* (wenn) vgl. **170**.
  Vor *il* und *ils* (nicht vor *elle(s)*!) wird *si* zu *s'*.
- Die indirekte **Teilfrage** (→ 2) wird mit dem gleichen Fragewort wie die entsprechende direkte Teilfrage eingeleitet.

  Aber: Qui est-ce qui / Qui est-ce que } → **qui** (Frage nach Personen)

  Qu'est-ce qui → **ce qui** / Qu'est-ce que → **ce que** } (Frage nach Sachen)

- Im Gliedsatz (untergeordneten Satz) stehen die Satzglieder in der Reihenfolge *si*/Fragewort + Subjekt + Verb + Ergänzung.
- In der indirekten Frage steht kein *est-ce que*. Es tritt auch keine Inversion ein, außer bei *qui est* + Nomen (Dis-moi qui est ce garçon) und *quel est* + Nomen (Dis-moi quel est son nom). – Zum Gebrauch der Tempora vgl. **187–189**.
- F/D Im Gegensatz zum Deutschen ist die Wortstellung in der direkten und der indirekten Frage gleich.
  Vergleiche: **Qui a** sonné? → Va voir **qui a** sonné. — **Wer hat geklingelt**? → Sieh nach, **wer geklingelt hat**.

140 Der Aufforderungssatz – La phrase impérative

1. Der Aufforderungssatz drückt je nach Situation und Redeabsicht einen Befehl, ein Verbot, eine Bitte, einen Wunsch oder einen Rat aus.

René, **ferme** la fenêtre, s'il te plaît. **Ne parlez pas** tous en même temps. **Asseyez-vous** donc, madame. **Rentrons** avant qu'il fasse nuit. Si vous voulez, **jouons** aux cartes.	• Will man seine Gesprächspartner zu etwas auffordern, verwendet man in der Regel den **Imperativ** Singular oder den der 2. Person Plural. Gehört man selbst zu der aufgeforderten Gruppe, steht die 1. Person Plural des Imperativs.
Dis-lui **de se dépêcher**, s'il te plaît. **Dites**-leur **d'entrer** un par un. **Dites**-leur **d'attendre**. **Qu'il vienne** demain! **Qu'il attende**!	• Aufforderungen, die an dritte Personen übermittelt werden sollen, werden ausgedrückt – durch eine **Infinitivkonstruktion**; – durch *que* + Verb im **Subjonctif** (vor allem geschriebene Sprache).

2. Aufforderungen und Verbote können auch mit Hilfe anderer Redemittel ausgedrückt werden.

– Je peux sortir, papa? – Non, tu **resteras/restes** ici. Tu **mettras** un autre jean, demain. Tu **vas te taire** à la fin!	Zum Ausdruck von Aufforderungen und Bitten kann stehen • ein **Aussagesatz** mit **modalem Futur** oder **Präsens**;
Tu fermes la porte, **s'il te plaît**?	• ein **Fragesatz** + *s'il te/vous plaît*;
Veux-tu enfin **te taire**? **Tu ne peux pas arrêter** ton baladeur?	• ein **Fragesatz** mit *vouloir/pouvoir* + Infinitiv;
Si on allait au cinéma? Gehen wir doch …	• ein **Fragesatz** mit *si* + Imperfekt.

☞ In der **geschriebenen** Sprache steht in allgemeinen Aufforderungen und Verboten der **Infinitiv** und ein **nominaler Ausdruck**, z. B.:

Pour tous renseignements, **s'adresser au bureau d'en face**.
Ne pas **se pencher** au dehors. Ne pas **ouvrir** avant l'arrêt du train. *(In Zügen)*
Prière de ne pas stationner. **Défense de** fumer.

141 Der Ausrufesatz – La phrase exclamative

Cette fille est belle! Elle est charmante! N'est-elle pas amusante?/sympathique?	• Der Ausrufesatz hat meist die Struktur eines **Aussagesatzes** oder eines **Fragesatzes** in **verneinender Form**.
Comme/Que cette fille est belle! **Comme/Qu'**elle est charmante! **Qu'est-ce que** cet homme est bête!	• Der Ausrufesatz kann durch Wörter wie *comme*, *que* oder *qu'est-ce que* (gesprochene Sprache) eingeleitet werden.

11 Die Satzformen

142 Die verschiedenen Satzformen

Die verschiedenen Satzarten (Aussage-, Frage-, Aufforderungs-, Ausrufesatz) treten in unterschiedlichen **Satzformen** auf. Die Satzform ist entweder **bejahend** oder **verneinend**, **aktiv** oder **passiv**, **segmentiert** oder **nicht segmentiert**, **neutral** oder **hervorhebend.**
Die Satzformen können – sofern es sich nicht um sich ausschließende Gegensatzpaare handelt – miteinander kombiniert vorkommen. – Beispiel:

Satzart:		**Satzformen:**
Aussagesatz	La police **arrête** Pierre Duval.	• **bejahend** + **aktiv**
	Pierre Duval **est arrêté** par la police.	• **bejahend** + **passiv**
	La police **n'arrête pas** Pierre Duval.	• **verneinend** + **aktiv**
	Pierre Duval **n'est pas arrêté** par la police.	• **verneinend** + **passiv**

Bejahung, Verneinung und Einschränkung

143 Bejahende und verneinende Sätze

Ein bejahender Satz kann mit Hilfe bestimmter Verneinungselemente in einen verneinenden Satz umgeformt werden.

Geschrieben					**Gesprochen**
Tu		viens	ou		
tu	**ne**	viens	**pas?**		[ty(nə)vjɛ̃pa]
Ce	**n'**	est	**pas**	vrai.	[sənɛpavrɛ (sɛpavrɛ)]
Je	**n'**	ai	**pas encore**	mangé.	[ʒənepa…(ʒepa…)]
Elle	**n'**	a	**rien dit.**		[ɛl(n)arjɛ̃di]
Il	**ne**	sort	**jamais.**		[il(nə)sɔrʒamɛ]

- In der **geschriebenen** Sprache besteht die Verneinung aus **zwei** Elementen:
  ne … pas
  ne … jamais
  ne … rien etc.
- In der **gesprochenen** Sprache steht in ungezwungener Sprechsituation häufig nur das **zweite** Verneinungselement: [pɑ], [rjɛ̃], [ʒamɛ] etc.

☞

- In der **geschriebenen** Sprache kann in bestimmten Fällen auch *ne* allein (ohne *pas*) stehen, z. B. nach *cesser* (aufhören), *oser*, *pouvoir*, *savoir* + Infinitiv. – Beispiele:

  Il **ne** cesse de pleuvoir. Je **n'**ose refuser. Je **ne** saurais vous dire où il habite.

- Bejahung und Verneinung können auch durch die Antwortelemente *oui, si, non* ausgedrückt werden. Dabei ist zu beachten, daß diese Elemente nach Verben des Sagens und Denkens mit *que* angeschlossen werden. – Beispiele:

  Vous venez ce soir? – Je pense **que oui.** – Jacques **ne** vient **pas**? – Je crois **que non.**
  Martine ne vient pas non plus? – **Si** madame, j'espère **que si.** (Doch …, ich hoffe, doch.)

144 Die Verneinungselemente

– On va chez François?		
– Je **ne** sais **pas**.	ne … pas	nicht
Je **n'**y suis **jamais** allé.	ne … jamais	nie, niemals
– Vous voyez souvent les Noblet?		
– Non, ils **n'**habitent **plus** ici. Depuis qu'ils sont partis,	ne … plus	nicht mehr
nous **ne** nous sommes **plus jamais** revus.	ne … plus jamais	nie mehr
– Vous **n'**avez **pas encore** vu le film qu'on passe au Rex?	ne … pas encore	noch nicht
– Non. On **ne** va **guère** au cinéma.	ne … guère	fast nicht, kaum
– Muriel nous a invités pour ce soir.		
– Ah bon? Je **n'**en savais **rien**.	ne … rien	nichts
Je **n'**ai **aucune** envie d'aller chez elle.	ne … aucun/aucune	keine(r)
Je **ne** connais **aucun** de ses amis/ **pas un seul** de ses amis.	ne … pas un seul/ une seule	kein(e) einzige(r)
– Et alors, moi non plus, je **ne** connais **personne**.	ne … personne	niemand
– Où est Patrick? On **ne** le trouve **nulle part**.	ne … nulle part	nirgends
Il pleut sans arrêt, mais je **ne** m'ennuie **pas du tout**.	ne … pas du tout	gar nicht, überhaupt nicht
Pierre Lamartine? Oui, je le connais, mais je **ne** le vois **plus du tout**.	ne … plus du tout	gar nicht/überhaupt nicht mehr
Je **n'**y comprends **rien du tout**.	ne … rien du tout	gar nichts

☞ • Nach *ne … pas, ne … plus, ne … jamais* steht in einer folgenden Nominalgruppe *de/d'* anstelle des Partitivs (*du, de la, de l'*) und des unbestimmten Artikels Plural (*des*):
– Tu veux **du** café? – Non merci, je **ne** bois **pas/plus/jamais de** café. (Vgl. **20**)

• *Ne … pas, ne … plus* und *ne … rien* können durch *du tout* verstärkt werden.
Beachte die Stellung von *pas/plus/rien du tout* bei zusammengesetzten Verbformen:

Je **ne** suis **pas du tout** sorti.	*Oder:*	Je **ne** suis **pas** sorti **du tout.**
Je **ne** les ai **plus du tout** revus.	*Oder:*	Je **ne** les ai **plus** revus **du tout.**
	Aber nur:	Je **n'** ai **rien** fait **du tout.**
		Je **ne** lui ai **rien** dit **du tout.**

• Zur Verneinung von Satzelementen die durch *et* oder *ou* nebengeordnet sind, dient *ne … ni … ni* (weder … noch). Diese Verneinung gehört vornehmlich der geschriebenen Sprache an. – Beispiel:
René **et** Jacques sont à Londres.
Ni René **ni** Jacques **ne** parle/parlent anglais.

Steht im bejahtem Satz der **Partitiv** oder der **unbestimmte Artikel Plural**, steht im verneinten Satz *ni* ohne Artikel. – Beispiel:
– Tu prends **de la** bière ou **du** vin? – Merci, je ne bois **ni** bière **ni** vin.

In der gesprochenen Sprache wird *ne … ni … ni* nur in bestimmten Wendungen gebraucht, z. B. ne savoir ni lire ni écrire; ni l'un ni l'autre. Sonst steht eine andere Konstruktion, z. B. René et Jacques sont à Londres. René **ne** parle **pas** anglais, (et) Jacques **non plus**.

F/D • Dem Deutschen ‚auch nicht' entspricht im Französischen *(ne pas) non plus*:
– Je ne vais pas au cinéma ce soir. – Moi **non plus.**/Je **n'**y vais pas **non plus.**

11 Die Satzformen

145 Die Stellung der Verneinungselemente

						Die Verneinungselemente *ne … pas/ne … plus/ ne … jamais* etc. **umschließen**
Antoine	**ne**		viendra	**pas.**		
Il	**n'**		a	**pas**	dit qu'il viendrait.	
Anne	**ne**	m'	écrit	**jamais.**		
Nous	**ne**	nous	voyons	**plus**	(du tout).	
Je	**ne**	lui	ai	**plus**	**parlé du tout.**	• die Gruppe Objektpronomen/ Adverbialpronomen + konjugiertes Verb, Hilfsverb bzw. Imperativform des Verbs;
Elle	**ne**	m'	a	**plus**	**téléphoné.**	
	N'	y	va	**pas.**		
	Ne	le lui	dites	**pas,**	s'il vous plaît.	
	Ne	s'	**intéressant**	**pas**	à ces problèmes,	• die Gruppe Objektpronomen/ Adverbialpronomen + Form auf *-ant* (Participe présent, Gérondif).
Luc	**n'**		est	**pas**	allé à cette manifestation.	
En	**n'**	y	**allant**	**pas,**		
il	**n'**		a	**rien**	manqué.	

Je n'ai rien dit pour **ne pas** vous **inquiéter.**
J'espère **ne plus** vous **entendre** parler ainsi.
Il affirme **ne pas** nous en **avoir parlé.**
Il vaut mieux **ne plus** en **parler.**

Bezieht sich die Verneinung auf einen **Infinitiv**, so stehen die Verneinungselemente **geschlossen** vor der Gruppe Objekt-/Adverbialpronomen + Infinitiv.

Zur Stellung von *ne … rien* und *ne … personne* vgl. **69**. – Zu *ne … aucun* und *ne … pas un seul* vgl. **30** + **73**.

146 Die Verneinung ohne *ne*

Ne steht **nicht**

La police interroge Max et Frankie, deux gangsters:

– Vous connaissez Grégory? – **Moi pas./Pas moi.**
– **Moi non plus.**
– On vous a vus avec lui. – **Pas possible.**
– Vous avez travaillé pour lui? – Non, **jamais.**

• in **Sätzen ohne Verb**;

Laurent habite un village **pas loin** de Dijon.
Il vit seul dans une maison **pas très confortable.**
Quand on va chez lui, on voit toujours son vieux lit **pas fait** et ses vêtements **pas rangés.**

• in **erweiterten Nominalgruppen**, wenn sich die Verneinung auf ein Adverb, ein Adjektiv oder ein Participe passé bezieht;

M. Bernard est étudiant, et **(non) pas** professeur.
Il vient de Bruxelles, et **(non) pas** de Lille.

• in **Richtigstellungen**; dabei kann *pas* durch *non* verstärkt werden;

Laurent connaissait **pas mal de** jeunes de son âge.
… ziemlich viele …

• in der Wendung *pas mal de* + Nominalgruppe.

147 Die Einschränkungselemente *ne … que, seulement, seul*

Jean { **ne** pense **qu'** / pense **seulement** } à ses livres.	• Mit *ne … que* (nur, erst) werden Satzglieder eingeschränkt, die **nicht Subjekt** sind.
Il { **ne** fait **que** / fait **seulement** } ce qui l'intéresse. – Tu peux rester toute la semaine? – Non, **seulement** trois jours/trois jours **seulement**.	• *Ne … que* ist im allgemeinen mit *seulement* austauschbar. Jedoch ist *seulement* schwerfälliger als *ne … que*. Im Satz ohne Verb steht nur *seulement*.
Il n'y a que Charles **qui** sache danser. **Seul Charles/Charles seul** sait danser. **Il n'y a que** la mort **qui** puisse nous séparer (trennen). **Seule la mort/La mort seule** peut nous séparer.	• Wird das **Subjekt** eingeschränkt, so steht *il n'y a que … qui* + Subjonctif. In der geschriebenen Sprache steht auch *seul* + Nominalgruppe.
Son frère **ne fait/n'a fait que travailler.** … arbeitet nur (und macht nichts anderes)/ hat nur gearbeitet.	• Bezieht sich die Einschränkung auf das **Verb**, so steht *ne faire que* + Infinitiv.

☞ *Que* steht immer vor dem Satzteil, der eingeschränkt werden soll. – Beispiele:

Je **ne** peux aller danser avec toi **que** samedi prochain. … erst nächsten Samstag.
Je **ne** veux aller danser **qu'**avec toi samedi prochain. … nur mit dir.

Aktiv und Passiv – L'actif et le passif

148 Die Formen des Passivs

Présent			Passé composé		
je	**suis** attendu(e)	ich werde erwartet	j' **ai**	**été** attendu(e)	ich bin erwartet worden/
tu	**es** attendu(e)		tu **as**	**été** attendu(e)	wurde erwartet
il	**est** attendu		il **a**	**été** attendu	
elle	**est** attendue		elle **a**	**été** attendue	
nous	**sommes** attendu(e)s		nous **avons**	**été** attendu(e)s	
vous	**êtes** attendu(e)s		vous **avez**	**été** attendu(e)s	
ils	**sont** attendus		ils **ont**	**été** attendus	
elles	**sont** attendues		elles **ont**	**été** attendues	

- Das Passiv eines Verbs wird gebildet mit dem Verb *être* und dem Participe passé des betreffenden Verbs.
- Das Participe passé richtet sich in Genus und Numerus nach dem Subjekt.

11 Die Satzformen

Das Tempus und der Modus werden durch die entsprechenden Zeit- und Modusformen von *être* ausgedrückt. – Also:

	Aktiv	Passiv	
Imparfait:	j'**attendais**	j'**étais** attendu(e)	ich wurde erwartet
Plus-que-parfait:	j'**avais** attendu	j'**avais été** attendu(e)	ich war erwartet worden
Futur composé:	je **vais** attendre	je **vais être** attendu(e)	ich werde erwartet (werden)
Futur simple:	j'attend**rai**	je **serai** attendu(e)	ich werde erwartet (werden)
Conditionnel:	j'attend**rais**	je **serais** attendu(e)	ich würde erwartet (werden)
Subjonctif:	que j'attende	que je **sois** attendu(e)	dass ich erwartet werde

149 Aktivsatz und Passivsatz

Le peuple de Paris	a	pris **la Bastille.**		**Aktiv**
La Bastille	a été	prise	**par** le peuple de Paris.	**Passiv**
Ils	ont	pris **la Bastille**	le 14 juillet 1789.	**Aktiv**
La Bastille	a été	prise	le 14 juillet 1789.	**Passiv**

- Nur transitive Verben mit direktem Objekt können ein Passiv bilden.
  Ausnahmen: *obéir à qn* (jdm gehorchen) und *pardonner à qn* (jdm verzeihen).
- Das direkte Objekt des Aktivsatzes erscheint im Passivsatz als Subjekt.
- Das Subjekt des Aktivsatzes erscheint im Passivsatz als präpositionale Ergänzung, die den Urheber der Handlung bezeichnet (le complément d'agent), oder es entfällt.
- Das Complément d'agent wird in der Regel mit *par* angeschlossen.
- Man unterscheidet also zwei Typen von Passivsätzen:
  – den (vollständigen) Passivsatz **mit Nennung des Urhebers:**

    La Bastille a été prise **par le peuple de Paris.**

  – den (unvollständigen) Passivsatz **ohne Nennung des Urhebers:**

    La Bastille a été prise le 14 juillet 1789.

150 Vorgangspassiv und Zustandspassiv

D Im Deutschen kann man ein **Vorgangs**passiv (mit ,werden') und ein **Zustands**passiv (mit ,sein') bilden. Das Französische unterscheidet dagegen formal nicht zwischen diesen beiden Formen. Bei zahlreichen Verben kann das Passiv daher sowohl einen Vorgang als auch einen Zustand ausdrücken. Um welche Art von Passiv es sich handelt, hängt vom Tempus, von der Bedeutung des Verbs und vom Kontext ab.

Unterscheide:

Le traité de Versailles **fut signé** le 28 juin 1919.	... **wurde** unterzeichnet.	• **Vorgang** (Handlung)
Pendant la Première Guerre mondiale plus de 8 millions d'hommes **ont été tués.**	... **wurden** getötet.	
Le musée **est/était/sera fermé.**	... **ist/war** geschlossen, **wird** geschlossen **sein**.	• **Zustand**
Aber:		• **Vorgang** bei
Le musée **est/était** fermé **par le concierge.**	... **wird/wurde** ... geschlossen.	– **Angabe des Urhebers**
A partir du 1er septembre, le musée **est/sera** fermé **à 20 heures.**	... **wird** ... geschlossen (werden).	– **Zeitangabe**

- das **Passé simple** bezeichnet immer, **Passé composé** und **Plus-que-parfait** meist ein **Vorgangspassiv**.
- Passivformen im **Présent**, **Imparfait** und **Futur simple** werden in der Regel als **Zustand** aufgefasst.
- Als **Vorgang** werden sie verstanden, wenn sie durch ein **Complément d'agent** mit *par* oder durch eine **Zeitangabe** näher bestimmt sind.

☞ Bei einigen Verben wird die präpositionale Ergänzung mit *de* angeschlossen, besonders dann, wenn das Participe passé (wie ein Adjektiv) eher einen **Zustand** als einen Vorgang ausdrückt oder wenn das Verb **in übertragener Bedeutung** gebraucht wird. – Unterscheide also:

La ville **est entourée par** les ennemis.	... **wird** (gerade) von Feinden umzingelt.	**Vorgang**
La ville **est entourée de** remparts.	... **ist** (immer) von Mauern umgeben.	**Zustand**
Le voleur a été **pris par la police.**	... wurde **von der Polizei aufgegriffen**.	**Grundbedeutung**
Les passants ont été **pris de panique.**	... wurden **von Panik ergriffen**.	**übertragen**

Verbformen, die im Passivsatz vorwiegend mit *de* verbunden werden:

aimé de qn	beliebt bei	étonné de qc	erstaunt über
connu de qn	bekannt bei	respecté de qn	geachtet von
couvert de qn	bedeckt von/mit	suivi de qn	gefolgt von
décoré de qc	geschmückt mit		

11 Die Satzformen

151 Der Gebrauch des Passivs

Aktiv und Passiv sind nicht ohne weiteres austauschbar. Das Passiv gehört vorwiegend der geschriebenen Sprache an. In der gesprochenen Sprache wird es seltener gebraucht als im Deutschen.

1. Der Passivsatz ohne Nennung des Urhebers

Hier soir, trois jeunes **ont été blessés** dans un accident de voiture. Ils **ont été transportés** à l'hôpital Saint-Jacques. Le camion qui **avait été volé** mercredi **a été retrouvé**. Les voleurs **ont été arrêtés**.	• Der Passivsatz **ohne Nennung** des Urhebers wird verwendet, wenn der **Urheber unwichtig**, **selbstverständlich** oder **unbekannt** ist. Man findet diesen Typ u. a. in Zeitungsberichten.

☞ • In der **gesprochenen Sprache** verwendet man dafür meist einen Aktivsatz mit dem neutralen Subjekt *on* oder einem Nomen, das den Urheber ebenfalls unbestimmt läßt:

On a transporté les blessés à l'hôpital Saint-Jacques.
Mercredi, **plusieurs personnes ont volé** un camion. **On/La police a arrêté** les voleurs.

• In Schlagzeilen und Überschriften findet man häufig eine verkürzte Passivkonstruktion, bei der die Hilfsverben fehlen: Deux hommes arrêtés à Marseille pour trafic (Handel) de drogues.

2. Der Passivsatz mit Nennung des Urhebers

– Qui a construit le château de Versailles? – Le château de Versailles **a été construit par** Louis XIV. La Grande Arche **n'a pas été construite par** un architecte français, **mais par** le Danois Otto von Spreckelsen.	• Der Passivsatz **mit Nennung** des Urhebers wird verwendet, wenn der Urheber der Handlung **Schwerpunkt der Aussage** ist. Dies ist z. B. der Fall in Antworten auf eine Frage mit *qui* (Beispiel 1), bei Gegenüberstellungen oder in Richtigstellungen (Beispiel 2).

☞ • Statt des Passivsatzes kann man auch einen Aktivsatz verwenden und den Urheber der Handlung durch *c'est … qui* hervorheben:

Ce n'est pas un architecte français qui a construit la Grande Arche,
c'est le Danois Otto von Spreckelsen. (Vgl. **153**)

F/D • Oft entspricht die *on*-Konstruktion Fällen im Deutschen, in denen ein Passivsatz ohne Subjekt konstruiert ist.

En Angleterre, **on roule** à gauche.	In England **wird** links gefahren.
Au Québec, **on parle** français.	In Québec **wird** französisch **gesprochen**.

F/D • Eine Reihe von Ausdrücken, die im Deutschen im Passiv stehen oder mit 'man' gebraucht werden, werden im Französischen mit einer **reflexiven Konstruktion** in der 3. Person wiedergegeben. Das Subjekt bezeichnet dabei fast ausschließlich eine Sache. – Beispiele:

Ce plat **se mange** froid. Le café **se boit** chaud. Cela ne **se dit** pas.
Les bons croissants **s'achètent** à la boulangerie.
Elle revient de vacances, cela **se voit**.

152 Der segmentierte Satz – La phrase segmentée

1. In der gesprochenen Sprache werden häufig Sätze folgender Art gebildet:

	Satzrahmen				
	Ce jean		me plaît beaucoup. (1)		
	Il		me plaît beaucoup,		**ce jean.** (2)
	Je	trouve	**ce jean**	trop cher. (3)	
Ce jean,	je **le**	trouve		trop cher. (4)	
	Tu	mets	souvent ce	**blouson?** (5)	
Ce blouson,	tu **le**	mets	souvent? (6)		
	Tu **le**	mets	souvent,		**ce blouson?** (7)
	Ton frère		**arrive quand?** (8)		
Ton frère,	**il**		arrive quand? (9)		
	Il		arrive quand,		**ton frère?** (10)

- Die Eigenart dieser Sätze (1–4) besteht darin, dass ein Satzglied (hier *ce jean*) aus dem Satzrahmen herausgehoben, ihm voran- oder nachgestellt wird und innerhalb des Satzes durch ein Personalpronomen gleicher Funktion noch einmal ausgedrückt wird (*ce jean* [Subjekt] + *il*; *ce jean* [direktes Objekt] + *le*).
  Durch Voran- oder Nachstellung wird dem Hörer verdeutlicht, dass das herausgehobene Satzglied den Schwerpunkt der Mitteilung darstellt. Man nennt diese Konstruktion **Satzsegmentierung** und diese Art von Sätzen **segmentierte Sätze**.
- Satzsegmentierung kommt auch im Fragesatz vor, besonders bei der Intonationsfrage (5–7) und der Frage mit dem nachgestellten Fragewort (8–10). (Vgl. auch **133 + 135**)

- Bei **Voran**stellung eines **indirekten** Objekts entfällt die Präposition *à* bzw. *de*:

François,	je ne	**lui**	ai rien dit.	
	Je ne	**lui**	ai rien promis,	**à Nadine.**
Cette affaire,	on n'	y	pense plus.	
	On n'	y	pense plus,	**à cette affaire.**

- Bei **Voran**stellung einer **adverbialen Bestimmung** kann die Präposition entfallen:

	On	y	va souvent, **en Bretagne.**
(Dans) le Midi,	on	y	est allés deux fois.

2. Die **verbundenen Personalpronomen** können nicht aus dem Satzrahmen herausgenommen werden.

Toi,	on **te** connaît.		• Außerhalb des Satzrahmens werden die verbundenen Personalpronomen durch die entsprechenden **unverbundenen** Personalpronomen vertreten.
	Tu es une paresseuse,	**toi.**	
Moi,	**je** n'inviterais pas les Moreau.		
	Je ne veux pas **l'**embrasser,	**lui.**	
Lui(,)	(il) est assez désagréable.		• Nach den **unverbundenen** Personalpronomen *lui/elle* und *eux/elles* können die **Subjekt**pronomen *il/elle* und *ils/elles* entfallen.
	Une soirée avec eux, ce n'est pas drôle,	**ça.**	• Für *ce* steht *ça*.
Nous,	**on** ne connaît pas ces gens-là.		• Für *on* steht *nous*.

153 Die Hervorhebung einzelner Satzglieder durch c'est ... qui / c'est ... que – La mise en relief

(F/D) Zur Hervorhebung von Satzteilen, die man in der Mitteilung als besonders wichtig ansieht, bedienen sich das Französische und das Deutsche unterschiedlicher Mittel.

Vergleiche:	
Jean wohnt in Paris.	Jean habite à Paris.
Jean wohnt in Paris./In Paris wohnt **Jean**.	C'est **Jean qui** habite à Paris.
Jean wohnt **in Paris**./**In Paris** wohnt Jean.	C'est **à Paris que** Jean habite.

Im **Deutschen** kann man – in gesprochener Sprache – jedes Wort des Satzes durch bloße Betonung hervorheben.

Im **Französischen** liegt der Schwerpunkt der Aussage in der Regel auf dem Satzglied, das am Ende des Satzes steht.
Wenn ein anderes Satzglied hervorgehoben werden soll, bedient man sich meist der Hervorhebungselemente *c'est ... qui* bzw. *c'est ... que*. – Beispiele:

	Element:	Hervorgehobenes Satzglied:
D'accord. Aujourd'hui, **c'est moi qui** fais les courses. Mais la prochaine fois, **c'est vous qui** les ferez.	c'est ... qui	**Subjekt**
C'est un pantalon que tu vas mettre? Réponds. **C'est à toi que** je parle.	c'est ... que	**Direktes Objekt** **Indirektes Objekt**
– Alors, vous allez au cinéma? – Non, **c'est demain qu'**on y va. Voilà. On est arrivé(s). **C'est là que** nous habitons.	c'est ... que	**Adverbiale Bestimmung**

- Bei der **Hervorhebung des Subjekts** durch *c'est ... qui* richtet sich das Verb in Person und Numerus nach dem hervorgehobenen verbundenen Personalpronomen bzw. Nomen:

C'est **vous**	qui	**avez**	invité les Saïd?	Habt ihr (betont) ... eingeladen?
Non, ce n'est pas **moi**	qui leur	**ai**	dit de passer,	Nein, ich (betont) habe ihnen nicht gesagt ...
c'est **Manon**	qui leur	**a**	téléphoné.	Manon (betont) hat sie angerufen.

- Bei **Hervorhebung von direkten Objekten** ist *que* Relativpronomen, das **Participe passé** kann also **verändert** werden. Beispiel: C'est **une lettre** triste **que** vous avez **écrite.**
  Zur Angleichung des Participe passé vgl. **89**, 2.

- *Ce sont* kann **nur** vor *eux/elles* oder einem Nomen im Plural stehen. (Vgl. **65**)
  In der gesprochenen Sprache zieht man auch hier *c'est* vor.

  Beispiel: **Ce sont/c'est** *eux/les Saïd* qui viendront vous voir?

- *C'est ... qui* bzw. *c'est ... que* können auch dann im Présent bleiben, wenn das Verb des Relativsatzes in einem Tempus der Vergangenheit oder Zukunft steht.

  Beispiel: **C'est** moi qui **ai fait/vais faire** le ménage.

154 Einfacher Satz und komplexer Satz
La phrase simple et la phrase complexe

Der **einfache Aussagesatz** besteht aus einer Nominalgruppe oder einem Pronomen in **Subjekt**funktion und einer Verbalgruppe als **Prädikat**. (Vgl. **129**)
Wird der einfache Satz durch einen anderen Satz erweitert, so entsteht ein **komplexer Satz**.
Der komplexe Satz besteht also aus mehreren **Teilsätzen** (les propositions), die miteinander verbunden sein können

- in einer **Satzreihe** oder
- in einem **Satzgefüge**.

Beispiele			Art der Verknüpfung
Martine est à la cuisine; Elle a beaucoup de travail:		elle prépare le dîner. elle attend des invités; ceux-ci arriveront à 7 heures.	1. **Satzreihe:** a) **unverbundene Reihung** (la juxtaposition);
Martine est à la cuisine Elle a beaucoup de travail,	**et** **car**	elle prépare le dîner. elle attend des invités.	b) **nebenordnende Reihung** (la coordination).
Comme Martine attend des invités,	elle a beaucoup de travail. Elle espère	**que le dîner sera** prêt à 7 heures 30.	2. **Satzgefüge:** **unterordnende Verknüpfung** von **Hauptsatz** und **Gliedsatz** (**Nebensatz**) (la subordination).
Untergeordneter Satz (la subordonnée)	**Hauptsatz** (la principale)	**Untergeordneter Satz** (la subordonnée)	

Nebenordnende Satzverknüpfungen – La coordination

155 Nebenordnende Konjunktionen

Pierre est dynamique **et** il a la volonté de réussir.	et	und
Il veut travailler dans une banque **ou (bien)** il cherchera un emploi dans l'industrie.	ou (bien)	oder (aber)
Il sait ce qu'il veut et il **n'**accepte **ni** qu'on l'aide **ni** même qu'on lui donne un conseil.	ne … ni … ni	weder … noch (Vgl. **144**)
Ou/Soit il restera à Paris, **ou/soit** il ira en Alsace.	ou … ou soit … soit	entweder … oder
Charles a quitté son village, **car** il ne voulait plus vivre à la ferme.	car	denn
Il habite maintenant dans une grande ville, **mais** il n'est pas content.	mais	aber, jedoch

12 Der komplexe Satz

156 Nebenordnende Adverbien und adverbiale Ausdrücke

Nebenordnende Adverbien können Verbindungen sowohl innerhalb eines komplexen Satzes als auch zwischen formal selbständigen Sätzen herstellen.

1. Begründende und folgernde Verknüpfungen

Ralf avait des problèmes au collège;		
en effet, il n'était pas bon en français,	en effet	nämlich, denn
car il n'avait pas beaucoup travaillé.	car	denn
C'est pourquoi/Par conséquent il a fait	c'est pourquoi	daher, deshalb
un échange avec Didier Vidal.	par conséquent	infolgedessen, folglich
Il a **donc** passé le mois d'août en Provence:	donc	also
ainsi, il a vu la Méditerranée et la côte d'Azur.	ainsi	so, auf diese Weise, folglich

2. Entgegensetzende und einräumende Verknüpfungen

Dans une lettre:		
Il ne fait pas très beau, **mais** cela ne fait rien:	mais	aber
je m'amuse bien **quand même,/**	quand même	dennoch, trotzdem
pourtant, malgré le mauvais temps.	pourtant	
Didier, **par contre,/en revanche,** est sans arrêt	par contre	hingegen, dagegen
de mauvaise humeur.	en revanche	
D'autre part, quand il fait beau, il a trop chaud.	d'autre part	andererseits
Cependant, nous sommes contents d'être ensemble.	cependant	jedoch, dennoch
Sinon/Autrement, ce ne serait vraiment pas drôle.	sinon	sonst, andernfalls
	autrement	

Unterordnende Satzverknüpfungen – La subordination

157 Einleitung von Gliedsätzen (Nebensätzen)

Gliedsätze (Nebensätze) sind dem Hauptsatz untergeordnet. Sie werden durch die Konjunktionen *que* und *si* oder durch Fragewörter eingeleitet. – Beispiele:

Je ne savais pas	**que**	Julie était en voyage.	... **daß** Julie auf Reisen ist.
Je me demandais	**si**	elle était malade.	... **ob** sie krank sei.
J'aimerais savoir	**qui**	a téléphoné.	... **wer** angerufen hat.
	avec qui	tu as rendez-vous.	... **mit wem** du dich triffst.
Tu sais	**pourquoi**	Elodie apprend le japonais?	... **warum** Elodie Japanisch lernt?
	depuis quand	elle prend des leçons?	... **seit wann** sie Unterricht nimmt?

Zum Modus im *que*-Satz vgl. **165–167**.

Relativsätze – Les propositions relatives

158 *Die grammatischen Eigenschaften des Relativsatzes*

Relativsätze sind Erweiterungen einer Nominalgruppe oder eines Pronomens.
Sie werden ihrem Bezugselement (der Nominalgruppe oder dem Pronomen) durch ein **Relativpronomen** untergeordnet. – Beispiele:

				Bezugselement
Qui est	**le monsieur**	**qui**	vous a téléphoné ce matin	● **Nomen** (le monsieur)
et		**dont**	vous avez noté l'adresse?	
Est-ce	**quelqu'un**	**que**	vous aimeriez revoir?	● **Pronomen** (quelqu'un)

159 *Der Relativsatz mit qui und que*

		Subjekt		
Pendant les vacances, j'ai écrit à **Ahmed,**		**qui**	était en Angleterre,	... der/welcher
à **Brigitte,**		**qui**	travaillait comme serveuse,	... die/welche
et à **mes grands-parents,**		**qui**	passaient un mois à Vichy.	... die/welche
Voilà **des photos** de la région		**qui**	sont vraiment jolies.	... die/welche
	dir O			
Voici **une photo**	**que**	Luc	a prise le dernier jour.	... das/welches
Les personnes	**que**	tu	y vois étaient nos voisins.	... die/welche
Regarde **les grands chapeaux**	**qu'**	on	portait là-bas.	... die/welche

- *Qui* und *que* beziehen sich auf Nomen, die **Personen** oder **Sachen** im Singular oder Plural bezeichnen.
- *Qui* ist **Subjekt** des Relativsatzes. Es steht für maskuline und feminine Nomen im Singular und Plural.
- *Que* (*qu'* vor vokalischem Anlaut und *h muet*) ist **direktes Objekt** des Relativsatzes. Es steht ebenfalls für maskuline und feminine Nomen, die Personen oder Sachen im Singular und Plural bezeichnen.

☞
- *Qui* und *que* kann man nicht verwechseln, wenn man Folgendes bedenkt: Enthält der Relativsatz kein nominales Subjekt oder Subjektpronomen, dann steht *qui* (als Subjekt); hat der Relativsatz ein eigenständiges Subjekt, dann steht *que*.
- *Que* steht auch (im Satz mit *être*) für die prädikative Ergänzung:
  Visitez ces merveilles d'architecture **que sont** les châteaux de la Loire.

Zur Angleichung des Participe passé vgl. **89**; zu *qui* und *que* als Interrogativpronomen vgl. **74**.

160 *Der Relativsatz mit lequel, où und qui*

1. Au musée de la BD, il y a un magasin. **Dans ce magasin,** on peut acheter des albums et des souvenirs.
   Au musée de la BD, il y a un magasin, **dans lequel/où** on peut acheter des albums et des souvenirs.

- Das aus *le* und *quel* zusammengesetzte Relativpronomen *lequel* hat die gleichen Formen wie das Interrogativpronomen *lequel*. (Vgl. **75**)
- Es richtet sich wie dieses in Genus und Numerus nach seinem Bezugselement.
- *Lequel* steht fast nur nach Präpositionen; zu *où* vgl. 2.

2. Le Festival de la BD à Angoulême:
   c'est **un festival** **auquel** tous les grands dessinateurs viennent,
   et c'est **une des raisons** **pour lesquelles** j'aime bien y aller.
   La BD est **une activité** **à laquelle** j'aimerais me consacrer.
   Les BD **auxquelles** je m'intéresse le plus sont Tintin et Gaston Lagaffe.

   Au festival, on rencontre **des dessinateurs** **avec qui** (avec lesquels) on peut discuter.
   J'y ai même vu Uderzo, **l'homme** **grâce à qui** (grâce auquel) j'ai découvert la BD.

Aber nur:
   Chaque année, il y a **des milliers de visiteurs** **parmi lesquels** certains viennent de très loin. Dans Tintin,
   j'adore Dupond et Dupont, **les deux détectives** **entre lesquels** je n'arrive pas à faire la différence.

   Près de chez nous, il y a **une bibliothèque** **à laquelle/où** je vais souvent prendre des BD.
   Mais à Bruxelles, il y a **un Musée de la BD** **dans lequel/où** on trouve vraiment tous les albums.

- Präposition + *lequel* vertritt Präpositionalgruppen, die **Sachen** bezeichnen.
- Für Präpositionalgruppen, die **Personen** bezeichnen, steht in der Regel Präposition + *qui*.
  (Man kann auch *lequel* statt *qui* verwenden, doch gilt es, wie dt. ‚welches', als schwerfälliger.)
  Aber: In Verbindung mit *parmi* (unter mehreren) und *entre* (zwischen) steht immer *lequel*.
- Statt *dans lequel/laquelle* und *auquel/à laquelle* in der Funktion einer **adverbialen Bestimmung des Ortes** steht auch *où*.

☞
- *Lequel* kann in Verbindung mit allen Präpositionen stehen.
  Die Verwendung der Relativpronomen *duquel/de laquelle* etc. ist allerdings eingeschränkt. (Vgl. **161**)
- *Où* kann auch mit den Präpositionen *de, par* und *jusque* verbunden werden.
  Beispiele: La région **d'où** (de laquelle) il vient est très touristique.
  Comment s'appelle le village **par où** (par lequel) nous sommes passés?
  Voilà l'endroit **jusqu'où** (jusqu'auquel) tu peux aller en voiture.
- *Où* kann auch in temporaler Funktion stehen.
  Beispiele: Je me rappelle **le soir où** vous êtes venus dîner.
  Au moment où nous sommes sortis, la pluie s'est arrêtée.

161 *Der Relativsatz mit dont*

Quand on regarde des photos …

1. Voilà **Marc et Cécile.**		Je t'ai **parlé** **d'eux** hier.	parler **de** qn/qc
Voilà **Marc et Cécile,**	**dont**	je t'ai **parlé** hier.	
	von denen	ich dir gestern erzählt habe.	
2. Marc est **un garçon de Limoges.**		**Le père** **de Marc** est informaticien.	le père **de** qn
Marc est **un garçon de Limoges**	**dont**	**le père** est informaticien.	
	dessen	Vater Informatiker ist.	
3. Claire **est une jeune Belge.**		Marc est très **amoureux** **d'elle.**	(être) amoureux **de** qn
Claire **est une jeune Belge**	**dont**	Marc est très **amoureux.**	
	in die	Marc ganz verliebt ist.	
4. Nadine a **plusieurs photos.**		**Quelques-unes/Trois** **de ces photos** sont très belles.	
Nadine a **plusieurs photos**	**dont**	**quelques-unes/trois** sont très belles.	
	von denen	einige/drei sehr schön sind.	

- Die Ergänzungen, die *dont* vertritt, können von einem Verb (z. B. *parler de*), einem Nomen (z. B. *le père de*), einem Adjektiv (z. B. *amoureux de*) oder einem Zahlwort (z. B. *quelques-un(e)s/trois*) abhängen.
- *Dont* steht im Relativsatz für Ergänzungen und Erweiterungen mit *de*. Es hat wie *qui* und *que* nur eine Form.
- *Dont* kann maskuline und feminine Nomen im Singular und im Plural vertreten. Die Bezugselemente können Personen oder Sachen bezeichnen.

☞ • *Dont* steht in Verbindung mit **Verben** nur für *de*-Ergänzungen, die die Funktion eines **indirekten Objekts** haben (Beispiel 1).
De-Ergänzungen, die die örtliche **Herkunft** bezeichnen, werden im Relativsatz durch *d'où* vertreten.

Unterscheide also:

La ville **dont il a parlé**	se trouve au Sénégal.	parler de qc	= indirektes Objekt
La ville **d'où il vient**	est en Afrique.	venir de …	= Herkunft, Ortsangaben.

F/D • *Dont* entspricht häufig dem Deutschen ‚dessen', ‚deren'. In diesem Fall ergeben sich zwischen dem Französischen und dem Deutschen Unterschiede im **Satzbau** und im Gebrauch des **Artikels**.
Beispiel:

Voilà Joël,	un Belge	**dont**	**tu**	**connais**	**la**	**sœur.**
	ein Belgier,	dessen				Schwester du kennst.
Wörtlich:	ein Belgier,	wovon	du		die	Schwester kennst.

Die Wortstellung nach *dont* ist Subjekt – Verb – Verbergänzung.

Das Nomen, das im *dont*-Satz Subjekt oder indirektes Objekt ist, steht mit einem Begleiter. Abweichend vom Deutschen kann dies auch, wie in dem Beispiel, der bestimmte Artikel sein.

☞ • Wenn auf *dont* eine Zahlenangabe folgt, kann der Relativsatz ohne Verb stehen:
Dans ma classe, il y a 30 élèves, **dont 18 filles.** … darunter 18 Mädchen.

- *Dont* kann die *de*-Ergänzung eines Nomens nur dann vertreten, wenn dem Nomen **keine** Präposition vorangeht. – Beispiel:

Le Rhône est **un grand fleuve.**		**La vallée**	**de ce fleuve**	est riche en industries.
Le Rhône est **un grand fleuve,**	**dont**	**la vallée**		est riche en industries.
	dessen	Tal …		

Aber:

Le Rhône est un grand fleuve.	**Dans**	la vallée	**de ce fleuve,**	il y a beaucoup d'industries.
Le Rhône est un grand fleuve	**dans**	la vallée	**duquel**	il y a beaucoup d'industries.
	in		dessen Tal …	

162 *Der Relativsatz mit ce qui und ce que*

F/D In der Funktion des deutschen neutralen Relativpronomens ‚was' steht im Französischen das neutrale Relativpronomen *ce qui* oder *ce que*. Diese Pronomen werden häufig in der **indirekten Frage nach Sachen** verwendet. – Beispiele:

Relativsatz	**Indirekte Frage**	
Ce qui m'intéresse, c'est le sport. (**Was** mich interessiert …)	Dis-moi ce qui te plaît. (dir. Frage: Qu'est-ce qui te plaît?)	*ce qui* als **Subjekt**
Je ne sais pas toujours ce que tu veux. (… **was** du willst.)	J'aimerais savoir ce que tu veux faire. (dir. Frage: Qu'est-ce que tu veux faire?)	*ce que* als **dir. Objekt**

- *Ce qui* und *ce que* stehen auch mit Bezug auf einen ganzen Satz, z. B.

  Pierre a eu son permis de conduire, ce qui est super.
  ↑ ce que je trouve super.

- Wenn im Hauptsatz das Verb oder das prädikative Adjektiv durch *à* oder *de* ergänzt werden, steht die entsprechende Präposition auch vor *ce qui* bzw. *ce que*. – Beispiele:

  Nous réfléchissons **à ce que** vous avez dit.
  Je suis content **de ce qui** s'est passé.

Zum Relativpronomen in Subjekt- und Objektfunktion vgl. auch **159**.

163 **Adverbialsätze** – Les propositions circonstancielles

Adverbialsätze sind Gliedsätze, die im Satz die Funktion einer adverbialen Bestimmung haben.

A la mort de son père, il avait cinq ans.	**Adverbiale Bestimmung**
Quand son père est mort, il avait cinq ans.	**Adverbialsatz**
Grand-père va souvent à la piscine **malgré ses 80 ans.**	**Adverbiale Bestimmung**
Grand-père va souvent à la piscine **bien qu'il ait 80 ans.**	**Adverbialsatz**

- Adverbialsätze werden mit einer Konjunktion eingeleitet.
- Sie können dem Hauptsatz folgen oder ihm vorangehen. – Zum Gebrauch des Modus vgl. **169**.

L'indicatif et le subjonctif dans la subordonnée 13

164 Indikativ und Subjonctif – L'indicatif et le subjonctif

Die im untergeordneten Satz verwendeten **Modi** sind der **Indikativ** (einschließlich des Conditionnel) und der **Subjonctif**. – Beispiele:

Il est **certain** que Françoise **viendra**. — **Indikativ** (Futur)
Il est **possible** que son frère **vienne** aussi. — **Subjonctif**

In der Mehrzahl der Fälle besteht **keine Wahlmöglichkeit** zwischen Indikativ und Subjonctif: Die Modi werden vielmehr durch ein Element des einleitenden Satzes **automatisch** ausgelöst. Beispiele:

Je **sais**	**que** Julie	n'est pas **venue.**	Je **regrette**	**que** Julie ne	**soit** pas **venue.**
Je suis **sûr(e)**	**qu'** elle	**est** en voyage.	C'est **dommage**	**qu'** elle	**soit** en voyage.
Auslösendes Element	→ Modus:	**Indikativ**	**Auslösendes Element**	→ Modus:	**Subjonctif**

Der **Subjonctif** ist ein **Modus des Besprechens**, mit dem der Sprecher zum Inhalt des *que*-Satzes Stellung nimmt. **Subjonctif-Auslöser** sind **Verben und Ausdrücke der Willensäußerung** (**165**), **Verben und Ausdrücke des subjektiven Empfindens und der wertenden Stellungnahme** (**166**, **167**) und bestimmte **Konjunktionen** (**169**). Zum Subjonctif im **Relativsatz** vgl. **168**.

F/D Der französische Subjonctif darf, was seine Funktion angeht, nicht mit dem deutschen Konjunktiv verwechselt werden. Der deutsche Konjunktiv dient im untergeordneten Satz vor allem zur Kennzeichnung indirekter Rede; der französische Subjonctif hat diese Funktion nicht. – Unterscheide:

Il dit qu'il **est** malade. — Er sagt, er **sei** krank.
Je regrette qu'il **soit** malade. — Es tut mir leid, dass er krank **ist**.

☞ • **Die Formen des Subjonctif** gehören unterschiedlichen Sprachebenen an:

- Der **Subjonctif présent** (*Il faut qu'il vienne*) und der **Subjonctif passé** (*Je regrette qu'il ne soit pas venu*) werden in der gesprochenen und in der geschriebenen Sprache verwendet, der **Subjonctif présent** häufig auch als Ersatzform für den Subjonctif imparfait.
- Der **Subjonctif imparfait** (*Il fallait qu'il vînt*) und das **Plus-que-parfait du subjonctif** (*Je regrettais qu'il ne fût pas venu*) gehören ausschließlich der gehobenen geschriebenen Sprache an. Es wird auch dort meist nur die 3. Person verwendet. In der Standardsprache werden diese Formen durch den Subjonctif présent bzw. durch den Subjonctif passé ersetzt.

• Der Subjonctif steht fast immer in **Gliedsätzen** (**Nebensätzen**) mit *que*; im Hauptsatz steht der Subjonctif nur in einigen festen Wendungen, z. B.

Vive la France! (Es lebe Frankreich!) Vive(nt) les vacances!

und in Aufforderungen an die 3. Person, z. B.

Qu'il sorte! (Er soll hinausgehen! Statt: Dites-lui de sortir.)

13 Indikativ und Subjonctif im untergeordneten Satz

Der Subjonctif im Gliedsatz mit *que*

165 Der Subjonctif nach Verben und Ausdrücken der Willensäußerung

Jean se plaint de son père:

Comment **voulez**-vous **que** nous **nous sentions** bien chez nous?
Mon père n'**accepte** pas **que** nous **sortions** le soir.
Il **demande que** nous **restions** à la maison.
Il ne **permet** même pas **que** nous **invitions** des copains.
Il **interdit que** nous **allions** au ciné.
Moi, je n'**aime** pas **qu'**on me **prenne** pour un enfant.
Je **préférerais qu'**on **apprenne** à se respecter.
Ma mère, il est vrai, fait tout pour **empêcher que** nous **nous disputions.**

Der Subjonctif steht **automatisch** nach den Verben der **Willensäußerung** (des Wünschens, des Verlangens, des Erlaubens, des Verbietens, des Vorschlagens, des Einverständnisses etc.). Dazu gehören z. B.

accepter que	akzeptieren	exiger que	verlangen
aimer (mieux) que	(lieber) mögen	interdire que	untersagen
attendre que	erwarten, darauf warten	permettre que	erlauben
autoriser que	erlauben, genehmigen	préférer que	vorziehen, lieber mögen
avoir envie que	es gern sehen/sich freuen, wenn	proposer que	vorschlagen
défendre que	verbieten	désirer que	} wünschen
demander que	(er)fordern, verlangen	souhaiter que	
empêcher que	verhindern	vouloir que	wollen

☞

- **Unterscheide:** Dites-lui **qu'** il **vienne** ce soir. — Dire = auffordern + **Subjonctif**
  Dites-lui **que** Luc **viendra** ce soir. — Dire = mitteilen + **Indikativ**.
- Ein *que*-Satz mit dem Subjonctif steht nach diesen Verben nur, wenn Hauptsatz und *que*-Satz **verschiedene** Subjekte haben.
  Ist dies nicht der Fall, steht eine Infinitivkonstruktion. – Unterscheide also:

  Mon père n'aime pas que **nous allions** à la discothèque. — Zwei verschiedene Subjekte
  Mon père n'aime pas **aller** à la discothèque. — Nur ein Subjekt (Vgl. **101**, 4)

Zur Konstruktion *dire/demander/permettre/défendre/interdire/proposer à qn de faire qc* vgl. **103**, 1.

166 Der Subjonctif nach Verben und Ausdrücken des subjektiven Empfindens und der wertenden Stellungnahme

L'avis d'une jeune fille:

Je **regrette que** mon père **soit** si sévère.
J'**ai peur qu'**il ne me **comprenne** pas.
Je **suis triste qu'**on en **soit arrivé(s)** là.
Je **trouve bien que** ma mère **soit** plus compréhensive (verständnisvoll).
Mais je **suis malheureuse qu'**elle ne **puisse** rien faire pour m'aider.

Der Subjonctif steht **automatisch** nach den Verben und Ausdrücken des **subjektiven Empfindens** bzw. der **Gefühlsäußerung** (des Bedauerns, des Befürchtens, des Zweifelns, der (Un)Zufriedenheit, der Verwunderung etc.). Dazu gehören z. B.

admirer que	bewundern	être étonné que	erstaunt sein
avoir honte que	sich schämen	être fier que	stolz sein
avoir peur que	Angst haben	être (mal)heureux que	(un)glücklich sein
craindre que	fürchten	être surpris que	überrascht sein
critiquer que	kritisieren	être triste que	traurig sein
détester que	verabscheuen	regretter que	bedauern
douter que	zweifeln	trouver curieux/bien/	seltsam/gut/
être content que	zufrieden sein	génial etc. que	genial finden
être déçu que	enttäuscht sein	(Weitere Adjektive vgl. **167**.)	

☞ Verben des **Denkens und Meinens** ziehen in **bejahender** Form automatisch den Indikativ nach sich. In **verneinender** Form können sie kontextabhängig ebenfalls einen Zweifel (Unsicherheit) oder eine Befürchtung ausdrücken und lösen dann im *que*-Satz meist den Subjonctif aus. – Beispiele:

Je ne crois pas / **Je ne pense pas** / **Je ne suis pas sûr(e)** } que Claire **soit/est** de retour.

Aber nur: Je **crois** / Je **pense** / Je **suis sûr(e)** } que Claire **est** rentrée.

Verben dieser Gruppe sind z. B.

croire, penser	glauben
être sûr, être certain	sicher sein
être d'avis	der Meinung sein
espérer	hoffen

Im **fragenden** und **bedingenden** Satz ist der Subjonctif möglich, der Indikativ überwiegt jedoch.
Beispiele: **Croyez-vous** qu'il **viendra** (vienne)?
Si vous **pensez** qu'il **viendra** (vienne), vous vous trompez.

Bei **fragendem** und **verneintem il me semble/paraît** steht der Subjonctif.
Beispiele: **Vous semble-t-il** qu'il **ait** pris trop de risques?
Il ne me paraît pas que la situation **soit** si mauvaise. (Vgl. auch **167**)

Zu *regretter/craindre/avoir honte/avoir peur de faire qc* vgl. **103**. – Zu *être certain/sûr/content* u. a. *de faire qc* vgl. **48**.

167 Der Subjonctif nach unpersönlichen Ausdrücken

L'avis des parents: **Il faut que** les enfants **puissent** nous parler de leurs problèmes.
Il est important qu' ils le **sachent.**
Il est malheureux que nous **nous disputions** tout le temps.
Il vaudrait mieux que nous **essayions** de nous comprendre.
Il est temps qu' on se **mette** à discuter ensemble.
C'est bien dommage qu' on n'en **ait** pas toujours le temps.

Der Subjonctif steht **automatisch** nach einer Reihe von unpersönlichen Ausdrücken, die eine **Willensäußerung**, ein **subjektives Empfinden** oder eine **wertende Stellungnahme** bezeichnen. Dazu gehören z. B.

il est/c'est agréable que	angenehm	il faut que	man muss
bon/mauvais que	gut/schlecht	il faudrait que	man müsste
curieux que	seltsam	il vaut/vaudrait mieux que	es ist/wäre besser
faux/juste que	falsch/richtig	c'est une chance que	es ist ein Glück
(mal)heureux que	(un)glücklich	cela m'énerve que	es geht mir auf die Nerven
honteux que	schändlich	c'est/il est dommage que	es ist schade
important que	wichtig	il est (grand) temps que	es ist (höchste) Zeit
intéressant que	interessant		
(in)juste que	(un)gerecht	cela/ça m'amuse que	es macht mir Spaß
(im)possible que	(un)möglich	cela/ça me surprend/	
logique que	logisch	m'étonne que	es wundert mich
normal que	normal	cela/ça me dérange/	
surprenant que	überraschend	me gêne que	es stört mich
(in)utile que	nützlich, nutzlos	cela/ça me plaît que	es gefällt mir

Zum Gebrauch von *il* und *ce* vgl. **67**, 2. – Verben und Adjektive mit *de* + Infinitiv vgl. **103**, 2.

☞ Nach folgenden unpersönlichen Ausdrücken, die den Inhalt des *que*-Satzes als **sicher** oder **wahrscheinlich** hinstellen, steht in **bejahender** Form der **Indikativ**:

Il est **clair** que Nicole s'**est** trompée.	il est clair	klar
Il est **évident** } qu'elle **a fait** une faute.	il est évident	offensichtlich
Il est **sûr/certain** } qu'elle **a fait** une faute.	il est sûr/certain	sicher/gewiss
Il est **vrai** qu'elle ne s'**est** pas excusée.	il est vrai	wahr
Il **paraît** qu'elle **est** malheureuse.	il paraît	man sagt

☞
- Nach *il semble que* (es scheint, dass) kann der Subjonctif oder der Indikativ stehen.
- Nach *il me semble que* steht in der Regel der Indikativ.
- Nach den unpersönlichen Ausdrücken, die den Subjonctif auslösen, kann auch eine **Infinitivkonstruktion** stehen. – Unterscheide:

Que-Satz: mit ausdrücklich genanntem Subjekt – situationsbezogen:

Il faut **que**	**vous voyiez** ce film.	Sie müssen sich/Ihr müsst euch ... ansehen.
Il serait utile **que**	**Marc lise** ce livre.	Es wäre nützlich, wenn Marc ... läse.
Il est temps **que**	**tu partes.**	Es ist Zeit, dass du gehst.

Infinitivkonstruktion: kein ausdrücklich genanntes Subjekt – allgemeine Aussage, je nach Kontext auch situationsbezogen:

Il faut	**voir** ce film.	Ihr müsst/Du musst/Sie müssen/Man muss etc. ... ansehen.
Il serait utile **de**	**lire** ce livre.	Es wäre nützlich, dieses Buch zu lesen.
Il est temps **de**	**partir.**	Es ist Zeit zu gehen/, dass wir gehen.

168 Der Modus im Relativsatz

In den meisten Relativsätzen steht der Indikativ. Der **Subjonctif** steht in folgenden Fällen:

1. Zum Ausdruck einer gewünschten Eigenschaft einer Person oder Sache

Unterscheide:

Gewünschte Eigenschaft: Subjonctif	**Tatsächlich vorhandene Eigenschaft: Indikativ**
Nous **cherchons** / Il nous **faut** } un hôtel **qui** ne **soit** pas trop cher.	Nous **connaissons** / J'ai **découvert** } un petit hôtel **qui est** bien et pas cher.
Marc **a besoin de** quelqu'un / **Trouvez**-lui quelqu'un } qui le **comprenne**.	Sylvie est une jeune fille qui le **comprend** bien.
Avez-vous un pull **qui aille** avec ce jean? **Y a-t-il** dans le quartier un boulanger **qui fasse** du pain complet (Vollkornbrot)?	Anne **porte** un pull **qui** ne **va** pas avec son jean. **Voilà** un boulanger **qui fait** du pain complet.

- Der Subjonctif wird im Relativsatz häufig ausgelöst, wenn der übergeordnete Satz ein **Verb des Wünschens** (z. B. *chercher, il me faut, avoir besoin de, trouver*) enthält oder die Form eines **Fragesatzes** aufweist.

2. Nach Superlativen und superlativischen Ausdrücken

Le radium est peut-être **la découverte la plus importante** qu'on **ait faite** au début du siècle.

☞ Nach *le/la seul,e* steht häufig, nach *le/la premier,-ère* und *le/la dernier,-ère* gelegentlich der Subjonctif. – Beispiele:

Jan Ullrich est **le seul** Allemand **qui ait/qui a** gagné le Tour de France.
Neil Amstrong est **le premier** homme **qui a/qui ait** marché sur la lune.
Clément était le **seul** garçon du groupe **que** je ne **connaissais** pas encore.

Wenn die Aussage als **Tatsache** gewertet wird und wenn das Verb des einleitenden Satzes im **Imparfait** steht, ist der **Indikativ möglich**.

Zu *être le premier/le dernier/le seul à faire qc* vgl. **48**, 3.

3. Nach verneinenden oder einschränkenden einleitenden Sätzen

Unterscheide:

Verneinender einleitender Satz: Subjonctif	**Bejahender einleitender Satz: Indikativ**
Il n'y a pas de pays **où il fasse** toujours du soleil.	Mais **il y a** de nombreux pays **où il fait** chaud en décembre.
Je connais **peu de** Français **qui sachent** parler l'anglais aussi bien que vous.	Je connais **beaucoup de** Français **qui ont** appris l'anglais au collège.

☞
- Verneinung und Einschränkung des einleitenden Satzes erfolgen häufig durch Elemente wie

il n'y a pas de + N	ne … rien	ne … pas un seul	peu de.
ne… personne	ne … aucun	ne … pas de	

- Wenn das Verb des einleitenden Satzes im **Imparfait** steht, ist der Subjonctif nicht verbindlich:
  Il n'y avait que Martine qui me **comprenne/comprenait.**

13 Indikativ und Subjonctif im untergeordneten Satz

169 Der Modus im Adverbialsatz

1. Konjunktionen, die den Indikativ auslösen

Dabei handelt es sich vor allem um die meisten temporalen (→ 1) und alle kausalen (→ 2) Konjunktionen.

Beispiel	Konjunktion	Bedeutung
1. **Quand/Lorsqu'**elle **allait** à Paris, Anne s'achetait toujours des CD.	quand/ lorsque + Imparfait	(jedes Mal) wenn
Quand/Lorsqu'elle **y est allée** la dernière fois, elle a eu une mauvaise surprise;	quand/ lorsque + P. composé	als
pendant qu'elle **écoutait** un CD, quelqu'un a volé son sac.	pendant que + Imparf.	während
Elle l'a remarqué **au moment où** elle voulait payer.	au moment où	in dem Augenblick, als
Après cela, elle n'a pas pu rester à Paris **tant qu'**elle voulait.	tant que	solange, wie
Pierre se lève toujours immédiatement **après que** son réveil **a** (ait) sonné.	après que	nachdem
Dès que/Aussitôt que son réveil (Wecker) a sonné, il a sauté du lit.	dès que aussitôt que	sobald
Depuis qu'il habite assez loin du lycée, il a toujours peur de rater son bus.	depuis que	seit(dem)
2. – **Comme** il pleut, on pourrait aller au cinéma, si tu veux.	comme (geht dem Hauptsatz voran)	da
– Je ne peux pas sortir **parce que** ma mère est malade.	parce que (steht meist im Nachsatz)	weil
Mais **même si** j'avais le temps, je n'aurais pas envie de sortir.	même si	selbst wenn
Si tu m'avais téléphoné plus tôt, j'aurais pu demander à Muriel d'y aller avec toi.	si	wenn, falls
– On ira un autre jour, **puisque** tu ne peux pas.	puisque	da (ja)/weil
Anne est très bonne en mathématiques, **alors que/ tandis que** son frère n'aime pas cette matière.	alors que tandis que	während = wohingegen
En plus, il a raté deux contrôles, **de sorte qu'**il **aura** une mauvaise note en maths.	de sorte que **+ Ind.** = tatsächliche Folge	sodass
Aber: Anne travaille très souvent avec son frère **de sorte qu'**il **puisse** avoir de meilleures notes.	de sorte que **+ Subj.** = beabsichtigte Folge	sodass

☞
- Nach *après que* ist nach wie vor der Indikativ vorzuziehen, obwohl in gesprochener Sprache vereinzelt auch der Subjonctif verwendet wird.
- Werden Adverbialsätze gleicher Art nebengeordnet, so muss die Konjunktion vor jedem Gliedsatz wiederholt werden. Dabei kann die Konjunktion des zweiten Adverbialsatzes durch *que* vertreten werden. – Beispiel:

  Bien que j'aie le temps et **qu'**il fasse soleil, je reste chez moi.
  Obwohl ich Zeit habe und die Sonne scheint, …

2. Konjunktionen, die den Subjonctif auslösen

M. Lejeune a dit: «Vous ne pouvez pas quitter Paris **sans que** nous **soyons** montés à Montmartre et **avant que** je vous **aie** montré Versailles.» Il nous a conduits au château de Versailles, **bien qu'il ait/quoiqu'il ait/malgré qu'il ait** beaucoup de travail. Il a roulé lentement **pour que/afin que** nous **puissions** tout voir. Nous sommes restés là-bas **jusqu'à ce qu'il fasse** nuit, **en attendant que** la ville **soit** illuminée (beleuchtet). M. Lejeune ira à la conférence, **à condition que** le TGV de 7 heures ne **soit** pas complet. **A supposer que** le TGV **soit** complet, il pourrait voyager en avion.	Der **Subjonctif** steht nach sans que — ohne dass avant que — bevor bien que, quoique, malgré que — obwohl/obgleich/obschon pour que, afin que — damit jusqu'à ce que — bis en attendant que — (so lange) bis à condition que — unter der Bedingung, dass à supposer que — angenommen, dass

☞ **Adverbialsatz und Infinitivkonstruktion**

- Ein **Adverbialsatz** mit *pour que, afin que, à condition que* und *sans que* ist nur möglich, wenn Hauptsatz und Gliedsatz **verschiedene** Subjekte haben.
  Bei **gleichem** Subjekt steht eine Infinitivkonstruktion mit *pour, afin de, à condition de* oder *sans*.

  Unterscheide also:

  a) **Verschiedene Subjekte: Adverbialsatz:**

Nous avons roulé très vite { **pour que Jean n'arrive** pas trop tard. / **afin que Jean n'arrive** pas trop tard.	… damit Jean …
Je te prête ma voiture **à condition que tu me la rendes** ce soir.	… unter der Bedingung, dass du …
Martine est partie **sans que les autres** s'en **soient** aperçu.	… ohne dass die anderen …

  b) **Gleiches Subjekt: Infinitivkonstruktion:**

Nous avons roulé très vite { **pour ne pas arriver** trop tard. / **afin de ne pas arriver** trop tard.	… um … zu (= damit wir)
Tu peux prendre ma voiture **à condition de me la rendre** ce soir.	… unter der Bedingung, dass du …
Martine est partie **sans** nous **dire** au revoir.	… ohne … zu

- Nach *avant que* und *après que* kann auch bei gleichem Subjekt ein Adverbialsatz folgen, jedoch ist eine Infinitivkonstruktion mit *avant de (faire qc)* und *après (avoir fait qc)* geläufiger. – Also:

  a) **Verschiedene Subjekte: Adverbialsatz:**
  Après que **Pierre** a (ait) raté son bac, **son père** lui a dit de chercher du travail.

  Avant que **Pierre** ait trouvé un emploi, **son père** lui a dit de passer son permis de conduire.

  b) **Gleiches Subjekt: Infinitivkonstruktion (Adverbialsatz):**
  Après avoir raté son bac, **Pierre** a cherché du travail.
  (Après que **Pierre** a (ait) raté son bac, **il** a cherché du travail.)

  Avant de trouver un emploi, **Pierre** a passé son permis de conduire.
  (Avant que **Pierre** ait trouvé un emploi, **il** a passé son permis de conduire.)

170 Das konditionale Satzgefüge mit *si*

1. Das konditionale Satzgefüge besteht aus

- einem **Gliedsatz** (**Nebensatz**), der eine **Bedingung** enthält (Konditionalsatz) und
- einem **Hauptsatz**, der eine **Folge** ausdrückt (Folgesatz).

2. Die Bedingung kann in dem konditionalen Satzgefüge unterschiedlich formuliert sein. Man unterscheidet grundsätzlich zwei Fälle:

- Der Konditionalsatz enthält eine Bedingung, deren Erfüllung als **wahrscheinlich** oder **möglich** angesehen wird (realer Bedingungssatz). – Beispiele:

Si tu **crois** ça, tu **te trompes**.	Wenn du das glaubst, irrst du dich.
Si tu **as dit** ça, tu **t'es trompé(e)**.	Wenn du das gesagt hast, hast du dich geirrt.

- Der Konditionalsatz enthält eine nur gedachte Bedingung, deren Erfüllung **unwahrscheinlich** oder **unmöglich** ist (irrealer Bedingungssatz). – Beispiele:

Si j'**étais** député, je m'**engagerais** pour la protection de la nature.	Wenn ich Abgeordneter wäre, würde ich mich ... einsetzen.
Si j'**avais eu** le temps, je **serais allé**(e) au concert.	Wenn ich Zeit gehabt hätte, wäre ich ... gegangen.

3. Der Konditionalsatz kann dem Hauptsatz vorausgehen oder folgen:

Si vous croyez cela, vous vous trompez.
Vous vous trompez, **si vous croyez cela.**

Beim Gebrauch des konditionalen Satzgefüges mit *si* ist Folgendes zu beachten:

1. Gliedsatz: Erfüllbare Bedingung	**Hauptsatz: Tatsächliche oder mögliche Folge**
Si tu es libre ce soir,	**viens** me voir/on **va** au cinéma/on **ira** au cinéma ensemble.
Si tu **veux**,	je **vais** te **montrer**/je te **montrerai** des photos.
Si tu **as lu** le journal,	tu **dois** connaître les dernières nouvelles.
Si, demain, tu **as fini** ton livre,	tu me le **prêteras**?/**donne**-le-moi.
Si tu **venais**,	tu me **ferais** un grand plaisir.
Si + **Présent** *Si* + **Passé composé**	→ **Présent/Futur/Impératif**
Si + **Imparfait**	→ **Conditionnel présent**

- Im ***si*-Satz** steht **kein Futur** und **kein Conditionnel**, auch nicht, wenn sich die Bedingung auf die Zukunft bezieht (z. B. *demain*).
- F/D Im **Hauptsatz** entspricht einem dt. Präsens mit futurischer Bedeutung im Französischen in der Regel ein Futur (*... on ira au cinéma ensemble ...* gehen wir gemeinsam ins Kino.)

Zum Gebrauch des Présent in futurischer Bedeutung vgl. **177**.

2. Gliedsatz: Nicht erfüllte Bedingung | **Hauptsatz: Nur gedachte Folge**

Gliedsatz			Hauptsatz
Si Serge	**avait**	18 ans,	il **passerait** son permis de conduire.
S'il	**était**	déjà majeur,	il se **serait acheté** une petite voiture.
Si tu n'	**avais** pas **acheté**	de voiture,	tu **aurais** encore de l'argent pour partir en vacances.
S'il	**avait pris**	le métro,	il **serait arrivé** plus tôt.

Si + **Imparfait** / *Si* + **Plus-que-parfait** → **Conditionnel présent/Conditionnel passé**

- Im irrealen Bedingungsgefüge stehen
  - im *si*-**Satz** nur Tempora auf *-ais* (Imparfait oder Plus-que-parfait);
  - im **Hauptsatz** nur Tempora auf *-rais* (Conditionnel présent oder Conditionnel passé).
- Im *si*-**Satz** steht also grundsätzlich **kein Conditionnel**.

Unterscheide:

1. **Si** Françoise n'**est** pas chez elle, nous passerons chez Luc.
   Quand Françoise **sera** de retour, nous lui téléphonerons.

   Wenn (= **Falls**) Françoise nicht zu Hause ist: **kein** Futur (**Konditionalsatz**);
   Wenn (= **Sobald**) Françoise zurück ist: Futur (**Temporalsatz**).

2. Karima se demande **si** Gérard **viendra** à sa fête.
   Elle ne sera pas contente s'il ne **vient** pas.

   si = ‚**ob**' (indirekter Fragesatz) **mit** Futur;
   si = ‚**wenn**' (Konditionalsatz) **kein** Futur.

14 Gérondif – Partizip Präsens – Verbaladjektiv

171 Die Verbformen auf *-ant*

1. Das Französische hat zwei vom Verb abgeleitete Formen auf *-ant*:

- das **Participe présent:** chantant mangeant réfléchissant, etc.
- das **Gérondif:** en chantant en mangeant en réfléchissant, etc.

  Das Gérondif wird immer mit *en* eingeleitet.

Die **Ableitungsbasis** der *-ant*-Formen ist – wie beim Imparfait – der Stamm der **1. Person Plural** des **Présent** (Vgl. **82**, 1):

nous **finissons**	nous **mangeons**	nous **payons**	nous **faisons**
(en) **finissant**	(en) **mangeant**	(en) **payant**	(en) **faisant**

Sonderformen haben nur folgende drei Verben:

être	avoir	savoir
(en) **étant**	(en) **ayant**	(en) **sachant**
(Vgl. nous **étions**)	(Vgl. que nous **ayons**)	(Vgl. que nous **sachions**)

2. Mit Hilfe des Participe présent und des Gérondif kann man **Informationen raffen** und **Sätze verkürzen**. – Beispiele:

On cherche une employée { **parlant l'italien.** / qui parle l'italien.	• **Participe présent** in der Funktion eines **Relativsatzes**,
En cherchant bien, / Si vous cherchez bien, } vous trouverez ce qu'il vous faut.	• **Gérondif** in der Funktion eines **Konditionalsatzes**.

- Participe présent und Gérondif sind beide **unveränderliche** Verbformen.
- Das **Gérondif** wird in der **gesprochenen und** in der **geschriebenen** Sprache verwendet.
- Das **Participe présent** gehört der **geschriebenen** Sprache an.

3. Zu einigen Verben gibt es außerdem ein **Adjektiv** auf *-ant*.
   Man nennt es **Verbaladjektiv** (l'adjectif verbal). – Beispiele:

un livre	**intéressant**	des films	**amusants**	un escalier	**roulant** (Rolltreppe)
une histoire	**intéressante**	des industries	**polluantes**	une eau	**dormante** (stehendes Gewässer)

- Das Verbaladjektiv ist – wie alle Adjektive – **veränderlich**.
- Da nicht alle Verben ein solches Adjektiv bilden können und die Bedeutung, die das Verbaladjektiv in Verbindung mit dem jeweiligen Nomen annimmt, z. T. von dem zugrunde liegenden Verb abweicht, sind die Verbaladjektive im Wörterbuch gesondert aufgeführt.

172 Funktion und Gebrauch des Gérondif

Das Gérondif wird gebraucht

- in der Funktion eines **Adverbialsatzes** (Vgl. **163**):
  J'ai vu Pierre **en sortant** de la gare (= quand je suis sorti(e) de la gare).
- in der Funktion eines **Adverbs** oder einer **adverbialen Bestimmung:**
  Il a traversé la rue **en courant** (= rapidement/à toute vitesse).

☞ Das Gérondif kann nur für Adverbialsätze stehen, die das **gleiche Subjekt** wie der Hauptsatz haben. – Beispiel:

Quand je suis parti(e), j'ai rencontré Pierre.
En partant, j'ai rencontré Pierre.
Aber nur: **Quand je** suis parti(e), **il** était presque 5 heures.

L'appétit vient **en mangeant** (= quand on mange): In diesem Satz und in wenigen anderen Redewendungen bezieht sich das Gérondif nicht auf das Subjekt des Satzes.

Das Gérondif kann folgende **Bedeutungen** haben:

1. Temporale Bedeutung

En **arrivant** à la gare, / **Quand il arrive** à la gare, } Jean **rencontre** Claire.	**Bei** seiner Ankunft … trifft Jean … **Als** Jean … ankommt, trifft er …
En **attendant** le train, / **Pendant qu'ils attendent** le train, } il se **racontent** des blagues (Witze).	**Beim** Warten auf den Zug … **Während** sie … warten, erzählen sie …
Un serveur **passe** avec sa petite voiture {**en criant:** «Sandwichs! Sandwichs!» {**et crie en même temps:** «Sandwichs! Sandwichs!»	Ein Kellner geht … vorbei **und** ruft (dabei): «Belegte Brötchen!»

- Das Gérondif drückt die **Gleichzeitigkeit** zweier Ereignisse aus.
  Es kann also für einen **Temporalsatz** mit *quand* oder *pendant que* stehen sowie für einen mit *et* **nebengeordneten Satz**.

☞ Das Adverb *tout* steht häufig bei gleichzeitigen Vorgängen, die eigentlich nicht zueinander passen. Dadurch enthält der Satz eine konzessive (einräumende) Bedeutung. – Beispiel:

Beaucoup de fils de paysans ont quitté leur village, **tout en sachant** que la vie en ville ne serait pas facile.	… und wussten (dabei) sehr wohl/ obwohl sie wussten, dass …

2. Konditionale Bedeutung

En prenant le TGV, / **Si vous prenez** le TGV, } vous serez à Paris dans deux heures.	**Falls/Wenn** Sie den TGV nehmen, sind Sie in 2 Stunden in Paris.
Vous mettriez quatre heures {**en prenant** la voiture. / **si vous preniez** la voiture.	Sie würden 4 Stunden brauchen, **wenn** Sie mit dem Auto führen.

- Das Gérondif drückt eine **Bedingung** oder eine **Möglichkeit** aus.
  Es kann also für einen **Konditionalsatz** mit *si* stehen.

3. Modale Bedeutung

En ne **mangeant** plus de chocolat, Anne **a perdu** 5 kilos. Anne ne **mange** plus de chocolat: **ainsi** elle **a perdu** 5 kilos.	**Dadurch, dass/Indem** sie keine Schokolade mehr isst, …
Anne **a trouvé** un travail { **en lisant** les petites annonces. / **de la façon suivante/comme ça:** / **elle a lu** les petites annonces.	… **dadurch, dass** sie … gelesen hat/**durch die Lektüre** der Zeitungsanzeigen.
Voilà Anne: elle rentre **en chantant.**	Sie kommt **singend** heim.

- Das Gérondif bezeichnet das **Mittel** oder die **Art und Weise** eines Geschehens.

☞

- Wie der Adverbialsatz, den es vertritt, kann das Gérondif dem Hauptsatz vorangehen oder ihm folgen. – Beispiel:

En sortant de la gare,
Quand je suis sorti(e) de la gare, } j'ai rencontré Mourad.

J'ai rencontré Mourad { **en sortant de la gare.** / **quand je suis sorti(e) de la gare.**

- Das Gérondif ist **zeitlich neutral**, d. h. es kann in Verbindung mit Verben in allen Tempora stehen. Seine zeitliche Bedeutung ist am Tempus des Verbs im Hauptsatz zu erkennen. – Beispiel:

En écrivant trop vite, tu as fait/tu fais/tu feras des fautes.

- Das Gérondif kann nominale und pronominale Ergänzungen bei sich haben. – Beispiel:

En attendant Marc, Sonia a observé les passants.
En les observant, elle s'est drôlement amusée.

- Die **Verneinungselemente** (ne … pas, ne … rien, ne … jamais usw.) umschließen die Verbformen. – Beispiel:

En **ne** passant **pas** chez ta copine, tu arriverais plus vite à la maison.

173 Gebrauch und Stellung der Pronomen beim Gérondif

– Tu as		expliqué les problèmes à Nicole?
– Oui. Mais **en**	**les lui**	**expliquant**, je me suis énervé(e).
– Au fait, vous		êtes allés voir le match?
– Oui. Et **en**	**y**	**allant**, on a vu un terrible accident.

Mme Noblet m'a fait entrer	en	**s'**	**excusant.**
J'ai attendu l'arrivée de M. Noblet	en	**me**	**promenant** dans le parc.
Nous avons discuté pendant des heures	en	**nous**	**parlant** ouvertement.
On a discuté pendant des heures	en	**se**	**parlant** ouvertement.

- Beim Gérondif stehen die Objektpronomen und die Adverbialpronomen zwischen *en* und der Verbform auf *-ant*.
- Beim Gérondif eines reflexiven Verbs steht das Reflexivpronomen, das dem Subjekt des Satzes entspricht. Mit Bezug auf *on* (= *nous*) steht *se*.

Géröndif – Participe présent – Adjectif verbal 14

174 Funktion und Gebrauch des Participe présent

Das Participe présent kann vertreten:

- einen **Relativsatz** mit *qui*:

Annick Le Goff,	**habitant** Brest,	} **cherche** une correspondante allemande.	
Annick Le Goff, **qui**	**habite** Brest,		
Ulrike Schön,	**désirant faire un échange,**	} **a répondu** à l'annonce d'Annick.	
Ulrike Schön, **qui**	**désire faire un échange,**		

- einen **Kausalsatz** mit *parce que* oder mit *comme*:

Annick **a pris** allemand en deuxième langue,	ne **voulant** pas faire de l'espagnol.	
	parce qu'elle ne **voulait** pas faire de l'espagnol.	
Ne **parlant** pas **bien** l'allemand,	} elle **voudrait** passer ses vacances à Berlin.	
Comme elle ne **parle** pas **bien** l'allemand,		

☞ • Das Participe présent kann wie das Gérondif auch einen **Temporalsatz** vertreten. – Beispiel:

Regardant par la fenêtre,
Quand je regardais par la fenêtre, } je voyais le Mont-Blanc.

- Das Participe présent ist – wie das Gérondif – **zeitlich neutral**. Im Unterschied zum Gérondif und zum Adjectif verbal muss es aber eine Ergänzung bei sich haben.
- Zum Ausdruck der **Vorzeitigkeit** steht *ayant/étant* + Participe passé. – Beispiel:

Ulrike, **qui** n'a jamais **vu** la mer,
Ulrike, n'**ayant** jamais **vu** la mer, } **ira** en Bretagne au mois d'août.

Beim Gebrauch der Partizipalkonstruktion ist Folgendes zu beachten:

1. **Annick Le Goff, habitant** Brest, cherche une correspondante.
   Elle cherche **une correspondante parlant allemand.**

   Annick a vu **Patrick sortant** du lycée. … **der** gerade/als **er** aus der Schule herauskam.

   Aber:
   Annick a vu Patrick **en sortant** du lycée. … als **sie** aus der Schule herauskam.

2. Désirant faire un échange,
Comme elle désirait faire un échange, } **Ulrike** a répondu à l'annonce d'Annick.

- Das **Participe présent**, das einen **Relativsatz** vertritt (→ 1), bezieht sich auf das Satzglied, das ihm unmittelbar vorangeht (z. B. das Subjekt oder das Objekt).
  Das **Gérondif** hingegen bezieht sich auf das Subjekt. (Vgl. **172**)
- Das **Participe présent**, das einen **Kausalsatz** vertritt (→ 2), hat in der Regel das gleiche Subjekt wie der Hauptsatz.

14 Gérondif – Partizip Präsens – Verbaladjektiv

☞ In gehobener geschriebener Sprache wird das Participe présent auch mit **eigenem** Subjekt konstruiert:

La France étant } la première nation culturelle d'Europe au XVIIIe siècle,
Comme **la France** était } **on** trouvait partout des savants français.

Man nennt diese Verwendungsart **absolute Partizipialkonstruktion**.

175 Participe présent und Adjectif verbal

1. Das Verbaladjektiv unterscheidet sich vom Participe présent wie folgt:

Participe présent	Adjectif verbal
des livres **intéressant les jeunes**	des livres **intéressants**
= des livres **qui intéressent les jeunes**	= des livres { **qui sont/** **que je trouve** } **intéressants**
une histoire **amusant surtout les enfants**	une histoire **très amusante**
• Das **Participe présent** ist eine **unveränderliche Verbform**.	• Das **Adjectif verbal** ist ein **Adjektiv** und somit in Genus und Numerus **veränderlich**.
• Es hat **stets** eine **Ergänzung** bei sich (Objekt, adv. Bestimmung).	• Es kann attributiv und prädikativ gebraucht werden und hat **keine Verbergänzung** (Objekt, adv. Bestimmung) bei sich.
• Das Participe présent bezeichnet in der Regel einen **Vorgang** oder eine **vorübergehende Eigenschaft**.	• Das Adjectif verbal bezeichnet in der Regel einen **Zustand** oder eine **dauernde Eigenschaft** und kann durch ein Gradadverb näher bestimmt werden.

2. Während alle Verben ein Participe présent bilden können, haben nur bestimmte Verben ein Adjectif verbal. Häufig gebrauchte Verbaladjektive sind z. B.

amusant,e	lustig	croyant,e	gläubig	satisfaisant,e	befriedigend
brillant,e	glänzend	encourageant,e	ermutigend	suivant,e	folgend
charmant,e	bezaubernd	étonnant,e	erstaunlich	surprenant,e	überraschend
courant,e	geläufig	impressionnant,e	beeindruckend	vivant,e	lebendig

☞ • Bei einigen Verben haben Participe présent und Adjectif verbal verschiedene Formen. – Beispiele:

Participe présent:	**Verb:**	**Adjectif verbal:**	
le jour précéd**ant** son départ	précéder	la nuit précéd**ente**	vorhergehend
une lumière fatig**uant** les yeux	fatiguer	une journée fatig**ante**	anstrengend
deux styles différ**ant** profondément	différer	deux styles différ**ents**	unterschiedlich
une secrétaire **sachant** le russe	savoir	une femme **savante**	gelehrt
des paroles provo**quant** ma colère	provoquer	une attitude provo**cante**	provozierend
une voiture **pouvant** faire du 200 à l'heure	pouvoir	une voiture **puissante**	stark

Gérondif – Participe présent – Adjectif verbal 14

☞ • Bei einigen Verben hat das Adjectif verbal eine besondere Bedeutung. – Beispiele:

courir:	de l'eau courante	fließendes Wasser
dormir:	une eau dormante	stehendes Gewässer
monter:	une robe montante	hochgeschlossenes Kleid
payer:	un parking payant	gebührenpflichtiger Parkplatz
passer:	une rue passante	belebte Straße
plier:	une chaise pliante	Klappstuhl
rouler:	un fauteuil roulant	Rollstuhl
	des escaliers roulants	Rolltreppen

F/D • Im Französischen wird ein deutsches Partizip Präsens häufig auf eine andere Art wiedergegeben.

Beispiele:	une bougie allumée	brennende Kerze
	des voitures en stationnement	parkende Autos
	un train en marche	fahrender Zug
	une maison en flammes	brennendes Haus
	des enfants en larmes	weinende Kinder

F/D • Wenn das deutsche Partizip Präsens einen Vorgang ausdrückt, entspricht ihm im Französischen häufig ein Relativsatz:

Auf der Straße < sind / waren > **spielende** Kinder.

= Dans la rue, < il y a / il y avait > des enfants < **qui jouent.** / **qui jouaient.**

15 Gebrauch der Tempora

176 Tempora und Zeitbezug

1. Die Tempora (Sg.: das Tempus), d. h. die grammatischen Zeitformen des Verbs, entsprechen nicht unmittelbar der Zeit, wie sie nach Stunden, Tagen oder Jahren gemessen wird. Sie setzen vielmehr das durch die Verben ausgedrückte Geschehen in ein **zeitliches Verhältnis** zum Augenblick des Sprechens (oder Schreibens), dem **Sprechzeitpunkt**. – Beispiel:

Sprechzeitpunkt (Gegenwart)

	Il y a deux jours, il **a fait** 30 degrés. Personne n' **avait** envie de travailler.	Ce matin, il y **a** beaucoup de nuages.	Demain, il **pleuvra** certainement.
Tempora	**Passé composé/ Imparfait**	**Présent**	**Futur simple**
Beziehung zum Sprechzeitpunkt	**vorzeitig** ←	**gleichzeitig**	→ **nachzeitig**
Zeitstufen	**Vergangenheit**	**Gegenwart**	**Zukunft**

- Die Tempora drücken aus, in welcher zeitlichen Beziehung die Geschehnisse **zum Sprechzeitpunkt** stehen: ob sie **vorzeitig**, **gleichzeitig** oder **nachzeitig** sind.
- Durch die Tempora werden die Geschehnisse den drei Zeitstufen **Vergangenheit**, **Gegenwart** und **Zukunft** zugeordnet.
- Die zeitliche Situierung in Bezug auf den Sprechzeitpunkt kann zusätzlich durch **Zeitangaben** präzisiert werden, z. B.

Il y a deux jours,
Avant-hier,
La semaine dernière, } il a fait 30 degrés.

Ce matin,
Aujourd'hui,
Maintenant, } il y a beaucoup de nuages.

Ce soir,
Demain,
Après-demain, } il pleuvra certainement.

2. Außer dem Sprechzeitpunkt können auch Geschehnisse der Vergangenheit oder der Zukunft zeitlicher Bezugspunkt für weitere Geschehnisse sein. – Beispiele:

	Zeitlicher Bezugspunkt Vergangenheit		Zeitlicher Bezugspunkt Zukunft
Vorzeitig	Quand je **suis arrivé(e)** chez Luc,	**Vorzeitig**	Nous **ferons** une excursion,
il **était** déjà **parti.**		dès qu'il **aura acheté** un nouveau vélo.	

- Das **Plus-que-parfait** bezeichnet die Vorzeitigkeit zu einem Geschehen in der Vergangenheit.
- Das **Futur antérieur** bezeichnet die Vorzeitigkeit zu einem Geschehen in der Zukunft.

Zum Gebrauch dieser Tempora vgl. auch **185** + **179**.

Die Tempora der Gegenwart und der Zukunft

177 Das Présent

Das Présent ist in erster Linie das Tempus, das die Geschehnisse als gleichzeitig zum Sprechzeitpunkt darstellt. Der Gebrauch des Présent entspricht meist dem des deutschen Präsens.

	Das **Présent** bezeichnet
– Qu'est-ce que tu **fais en ce moment**? – Je **lis** le journal. – Qu'est-ce qu'on **mange aujourd'hui**? – Des légumes.	• den Sprechzeitpunkt bzw. die Zeitstufe der Gegenwart;
Françoise **lit toujours** le journal après le déjeuner. **Tous les jours,** elle se **repose** pendant 20 minutes.	• Geschehnisse, die als zeitlos dargestellt werden, z. B. – Gewohnheiten,
Le sucre **est** mauvais pour les dents. L'appétit **vient** en mangeant. Deux et deux **font** quatre.	– allgemeingültige Aussagen.

- Die jeweilige Bedeutung des Présent ergibt sich aus dem Kontext.
  Der **Sprechzeitpunkt** wird häufig zusätzlich gekennzeichnet durch adverbiale Ausdrücke wie
  en ce moment, maintenant, aujourd'hui.

  Adverbiale Ausdrücke, die die **Gewohnheit** bezeichnen, sind z. B.
  toujours, souvent, tous les jours, chaque soir, d'habitude (gewöhnlich), *généralement.*
- Das Présent kann auch in die **Zukunft** hineinreichen.
  Es steht in dieser Bedeutung aber nur, wenn ein zukünftiges Geschehen als fest geplant oder sicher gilt. (Vgl. **178**)
  Die futurische Bedeutung des Présent erkennt man an adverbialen Ausdrücken wie *demain, dimanche prochain, ce soir* u. a. – Beispiel:

  Je **pars demain matin.** A midi, je **rencontre** Frédéric et je **rentre demain soir.**
  Martine, tu es prête? – Oui, j'**arrive dans deux minutes.**

- Auch **Vergangenes** kann durch das Présent ausgedrückt werden, und zwar, ähnlich wie im Deutschen, bei lebhafter Schilderung. Dabei wird dem Présent durch entsprechende Zeitangaben (z. B. *hier*) Vergangenheitsfunktion zugewiesen. – Beispiel:

  Figure-toi: **hier**, j'**arrive** à la gare. Devine qui je **rencontre**: ton frère.

- Von dieser Verwendung des Présent ist das **Présent historique** zu unterscheiden, welches eine stilistische Variante des Passé simple darstellt. – Beispiel:

  En 1962, de Gaulle **met** fin à la guerre d'Algérie et **reconnaît** son indépendance. Il **signe** avec le chancelier Adenauer, en 1963, le Traité sur la coopération franco-allemande: **c'est** la réconciliation entre la France et l'Allemagne.
  (Aus: *Découvertes 4*, Ernst Klett Verlag, Stuttgart 1997)

Zum Gebrauch des Présent im Konditionalsatz mit *si* vgl. **170**.

178 Das Futur simple und das Futur composé

1. Das Französische hat zwei Tempora zum Ausdruck künftigen Geschehens:

   - das **Futur simple:** Pierre **viendra.**
   - das **Futur composé:** Pierre **va venir.**

   Beide Tempora kommen in der gesprochenen und in der geschriebenen Sprache vor, doch wird in der geschriebenen Sprache das Futur simple bevorzugt.

2. Das Futur simple und das Futur composé sind vor allem in der gesprochenen Sprache in vielen Fällen austauschbar. In bestimmten Fällen steht jedoch nur die eine oder die andere Form.

Attendez une minute. Elle **va arriver.** Attention, tu **vas tomber!** Je **vais** leur **téléphoner tout de suite.** **Maintenant**, ils **vont comprendre.**	• Das **Futur composé** steht, wenn die Zukunft in unmittelbarem Anschluss an die Gegenwart geschehen wird. Dies ist z. B. oft der Fall in Verbindung mit *tout de suite* und *maintenant*.
Tu viendras **quand** tu **voudras.** Téléphone-moi **quand** tu **seras** de retour. **Si** vous n'avez pas le temps, on **se verra** un autre jour. **Un jour**, tu **comprendras** ma réaction. M. Fournier **restera toujours** à Paris. Il **ne quittera jamais** la capitale.	• Das **Futur simple** steht, wenn die nahe oder ferne Zukunft eher losgelöst von der Gegenwart gesehen wird. Dies ist besonders der Fall – im *quand*-Satz, – im Hauptsatz des realen Bedingungsgefüges (Vgl. **170**), – häufig in Verbindung mit Adverbien wie *un jour*, *toujours* oder *ne … jamais*.

(F/D) In Aussagen, die in die Zukunft weisen, verwendet das Deutsche meist Präsensformen. Im Französischen stehen zukünftige Geschehnisse in der Regel im Futur. – Vergleiche:

J'espère qu'il ne **pleuvra** pas **demain.**	Hoffentlich **regnet** es **morgen** nicht.
Au quatrième top, il **sera** exactement 10 heures, 15 minutes et 30 secondes.	Beim vierten Ton des Zeitzeichens **ist** es genau 10 Uhr, 15 Minuten und 30 Sekunden.

Zum gelegentlichen Gebrauch des Présent mit Bezug auf zukünftige Geschehnisse vgl. **177**.

3. Das Futur simple hat auch modale Funktion.

Tu **rangeras** d'abord ta chambre. Pour demain, tu **mettras** une autre chemise.	Als **Modalform** steht das Futur simple • in Befehlen, Anordnungen und Anweisungen (statt des Imperativs); (Vgl. **140**, 2)
Vous me **permettrez** un conseil. Vous **prendrez** bien une tasse de thé?	• in höflichen Bitten und Fragen (statt des Présent).

179 Das Futur antérieur

Il est 9 heures. A 11 heures, le maire **aura lu** son courrier (Post).
Quand il **aura terminé** son travail, il **recevra** les journalistes.

Das Futur antérieur wird verwendet, wenn ein zukünftiges Geschehen
- vor einem zukünftigen Zeitpunkt (*11 heures*) oder
- vor einem anderen zukünftigen Geschehen (*il recevra les journalistes*) als abgeschlossen betrachtet wird.

☞ • Wenn im *quand*-Satz das Futur antérieur steht, kann im Hauptsatz kein Futur composé stehen, sondern nur das Futur simple.

F/D • Im Deutschen gebraucht man in Sätzen mit futurischer Bedeutung statt des Futur II normalerweise das Perfekt und statt des Futur I meist das Präsens. – Vergleiche:

Quand il **aura terminé** son travail, le maire **recevra** les journalistes.	Wenn der Bürgermeister seine Arbeit **beendet hat**, **empfängt** er die Journalisten.

☞ • Wenn der Hauptsatz und der untergeordnete Satz das **gleiche Subjekt** haben, verwendet man besonders in der geschriebenen Sprache statt eines *quand*-Satzes häufig die Konstruktionen *après avoir fait qc* und *avant de faire qc.* – Beispiele:

Après avoir terminé son travail, **le maire recevra** les journalistes.
Avant de recevoir les journalistes, **le maire terminera** son travail. (Vgl. auch **169**, 2)

180 Das Conditionnel présent

1. Das Conditionnel présent ist, wie das Futur simple, ein **Tempus**, das die Nachzeitigkeit ausdrückt.

Unterscheide jedoch:

- Das **Futur simple** bezeichnet ein von der **Gegenwart** aus gesehenes zukünftiges Geschehen:

  Jean **parle** de ce qu'il **fera** après le bac.

- Das **Conditionnel présent** bezeichnet ein von der **Vergangenheit** aus gesehenes zukünftiges Geschehen und wird in dieser Funktion auch als ‚futur du passé' bezeichnet:

  Jean parlait de ce qu'il ferait après le bac.

J'espérais toujours qu'il **reviendrait.** Jacques ne **savait** pas que je **partirais** le lendemain. Anne **était** sûre que Pierre **réussirait.** Elle **avait rêvé** qu'un jour, il **serait** directeur d'une grande entreprise.	● Das Conditionnel présent steht als ‚Futur du passé' im *que*-Satz nach Verben des Sagens und Denkens, wenn diese in einer Form der Vergangenheit stehen.

Zum Gebrauch der Tempora in der indirekten Rede vgl. **188**.

2. Neben dem **temporalen Gebrauch** wird das Conditionnel in **modaler Bedeutung** verwendet und drückt dann folgende Redeabsichten aus:

Je **voudrais** un litre de lait. M. Larose **aimerait** vous parler.	Ich **hätte gern** einen Liter Milch. M. Larose **möchte** Sie sprechen.	● einen zurückhaltend formulierten **Wunsch** oder
Pourriez-vous me traduire cela?	**Könnten** Sie mir das übersetzen?	eine höfliche **Bitte**;
Avec ce vélo, on n'**irait** pas loin.	Mit diesem Rad **kämen** wir nicht weit.	● eine **Vermutung**,
A ta place, **j'achèterais** un vélo moderne. Je **pourrais** prendre le train, mais je **perdrais** beaucoup de temps.	An deiner Stelle **würde** ich ein modernes Fahrrad kaufen. Ich **könnte** mit der Bahn fahren, aber ich **würde** viel Zeit **verlieren**.	einen **Ratschlag** oder eine in Erwägung gezogene **Möglichkeit**;
Un accident de la route s'est produit ce matin. Il y **aurait** plus de 5 morts.	Es **soll** mehr als 5 Tote **gegeben haben**.	● eine noch **nicht bestätigte Nachricht** (in den Medien).

Eine in Erwägung gezogene Möglichkeit oder bloße Annahme liegt auch im irrealen Bedingungssatz vor. (**Aber:** Im *si*-Satz steht nie Conditionnel. Vgl. **170**)

181 Das Conditionnel passé

1. Das Conditionnel passé ist, wie das Futur antérieur, ein **Tempus**, das die **Vorzeitigkeit** ausdrückt.

Das Conditionnel passé wird in der **indirekten Rede** für ein Futur antérieur der direkten Rede verwendet, wenn das redeeinleitende Verb in einem Tempus der Vergangenheit steht. – Beispiel:

Direkte Rede: Frédéric a dit: «J' **aiderai** François quand j' **aurai lu** le journal.»
Indirekte Rede: Frédéric **a dit** qu'il **aiderait** François quand il **aurait lu** le journal.

Nicolas **a dit** qu'il **partirait** **quand** Sandra **serait rentrée**/ **dès qu'il aurait dîné**/ **aussitôt que** Pierre **aurait téléphoné.**	● Das Conditionnel passé steht meist in einem Satz mit *quand, dès que* oder *aussitôt que*. Es bezeichnet ein Geschehen, das vor dem im Conditionnel présent ausgedrückten Geschehen als abgeschlossen betrachtet wird.

Zum Gebrauch der Tempora in der indirekten Rede vgl. **188**.

2. Wie das Conditionnel présent wird auch das Conditionnel passé in **modaler Bedeutung** verwendet. Es drückt dann aus, dass ein Geschehen in der Vergangenheit unter bestimmten Umständen hätte stattfinden können. – Beispiele:

– D'accord. J'**aurais pu** prendre le train, mais j'**aurais perdu** plus de deux heures.	– Ich **hätte** mit der Bahn fahren **können**, aber ich **hätte** mehr als 2 Stunden **verloren**.
– A ta place, je **serais rentré(e)** en taxi.	– ... **wäre** ich mit dem Taxi **nach Hause gefahren**.

In dieser Bedeutung steht das Conditionnel passé auch im irrealen Bedingungssatz.
(**Aber:** Im *si*-Satz steht nie Conditionnel. Vgl. **170**)

Die Tempora der Vergangenheit

182 Tempus und Aspekt

Die französischen Tempora der Vergangenheit – Passé composé, Passé simple und Imparfait – unterscheiden sich in ihrer Verwendung deutlich von den entsprechenden deutschen Zeitformen, dem Perfekt und dem Präteritum/Imperfekt. – Beispiel:

A 7 heures, j'ai **regardé** ma montre. Je **me suis levée** et j'ai **regardé** par la fenêtre. Il **neigeait**.	A 7 heures, Anne **regarda** sa montre. Elle **se leva** et **regarda** par la fenêtre. Il **neigeait**.

In diesen Beispielsätzen stehen die Vergangenheitsformen *j'ai regardé* und *je me suis levée* (Passé composé) sowie *elle regarda* und *elle se leva* (Passé simple) jeweils in Opposition zu einer dritten Form: *il neigeait* (Imparfait).
Der Unterschied zwischen Passé composé bzw. Passé simple und Imparfait ist nicht zeitlicher Art: Diese Formen drücken vielmehr zwei unterschiedliche **Sichtweisen** des Geschehens aus. Diese Sichtweisen nennt man **Aspekt**.

- Das **Passé composé** und das **Passé simple** bezeichnen abgeschlossene Handlungen, die in klar abgrenzbarer Weise nacheinander stattgefunden haben und die der Erzähler in den **zeitlichen Ablauf** seiner Erzählung einordnet: *regarder sa montre – se lever – regarder par la fenêtre.*
  Dabei wird die einzelne Handlung in ihrer **zeitlichen Begrenzung** gesehen, d. h. mit Anfang und Ende: (Anfang) |———| (Ende).
  Mehrere aufeinander folgende Handlungen ergeben eine **Handlungskette:** |—|—|—|—|
  Sie bilden das **Handlungsgerüst** im Vordergrund der Erzählung.
  (Man kann fragen: „Was geschah? Was geschah dann? Wie ging es weiter?")
- Im **Imparfait** stehen hingegen Geschehnisse, die nicht Bestandteil der Handlungskette sind, sondern parallel dazu stattfinden: *il neigeait.*
  Dabei wird das einzelne Geschehen als im Verlauf begriffen, d. h. **ohne zeitliche Begrenzung** (Anfang/Ende) gesehen.
  Zu den durch das Imparfait ausgedrückten Geschehnissen gehören alle Arten von Begleitumständen (z. B. Zustandsbeschreibungen, Situationsschilderungen, Beschreibungen von Gewohnheiten, Erklärungen, Begründungen, Kommentare). (Man kann fragen: „Was war schon?").
  Die Begleitumstände bilden eine Art **Hintergrund** bzw. **Rahmen**, vor dem die Handlungen oder die Handlungskette ablaufen, oder sie erläutern **Voraussetzungen** für das Geschehen.

Das obige Textbeispiel (S. 159) kann man demnach folgendermaßen darstellen:

A 7 heures, j' **ai regardé** ma montre.	Je me **suis levée**	**et j'ai regardé** par la fenêtre.
A 7 heures, Anne **regarda** sa montre.	Elle se **leva**	et **regarda** par la fenêtre.

.... **Il neigeait** ....

F/D Deutsche Vergangenheitszeiten können also nicht ohne Weiteres durch die gleichen Zeitformen im Französischen wiedergegeben werden.

183 Passé composé und Passé simple

Passé composé und Passé simple können gleichermaßen Handlungen bzw. die Handlungskette in einem Text ausdrücken. Sie unterscheiden sich aber im Hinblick auf die **Textsorten**, in denen sie verwendet werden:

- Das **Passé composé** steht in Textsorten, die einen deutlichen Bezug zur Redesituation und zum Hörer/Leser herstellen.
- Das **Passé simple** ist üblich in Textsorten, bei denen der Autor neutral und distanziert an den Leser berichtet.

Une personne raconte:	*Dans un roman policier:*
Le lendemain, je me **suis levé** tard. **J'ai pris** une douche et j'**ai bu** un café noir. Puis **j'ai ouvert** le journal: j'**ai** tout de suite **reconnu** l'homme sur la photo. J'**ai** alors **décidé** d'appeler la police.	Le lendemain, il se **leva** tard. Il **prit** une douche et **but** un café noir. Puis **il ouvrit** le journal: il **reconnut** tout de suite l'homme sur la photo. Il **décida** alors d'appeler la police.

- Das **Passé composé** wird in der **gesprochenen** und in der **geschriebenen** Sprache verwendet.
- Es wird z. B. in Unterhaltungen, Vorträgen, Briefen, Theaterstücken gebraucht und kommt daher in allen Personen vor.

- Das **Passé simple** gehört der **geschriebenen** Sprache an.
- Es wird vor allem in erzählenden Texten gebraucht, z. B. in historischen Darstellungen, im Roman, und kommt deshalb meist in der 3. Person vor.

☞

- Im Unterschied zum Passé simple bezeichnet das Passé composé häufig ein Geschehen der Vergangenheit, dessen Folgen sich zum Sprechzeitpunkt noch auswirken. – Beispiele:

  Vos date et lieu de naissance? – Je **suis né**(e) à Lyon, le 3 mai 1965.
  Une cigarette? – Non, merci. Je ne fume (rauchen) plus. **J'ai arrêté** de fumer il y a deux mois.
  Sylvie **a passé** son permis de conduire l'année dernière.

- Eine unmittelbare Vergangenheit wird häufig mit *venir de faire qc* ausgedrückt. – Beispiel:

  Est-ce que Cédric est là? – Oui, il **vient de** rentrer. Er ist **gerade** heimgekommen.

184 Passé composé und Imparfait

Einzelhandlungen oder Handlungskette einerseits und die Begleitumstände andererseits werden im gesprochenen und geschriebenen Französisch durch das Passé composé bzw. Imparfait ausgedrückt. Begleitumstände oder Hintergrundinformationen, die vorzeitig sind, stehen im Plus-que-parfait.

Begleitumstände/Hintergrund: Imparfait	Handlungskette/Vordergrund: Passé composé
J'étais dans le jardin et ne **faisais** rien,	
Geschehensbasis: „Was war (schon)?"	Eintretende Handlung: „Was geschah?"
	quand Alceste **est venu.**
	Fortgang der Handlungskette: „Was geschah dann?"
	Alceste m'**a dit:** «Viens avec moi, j'ai quelque chose à te montrer, on va rigoler.» Moi, j'**ai** tout de suite **suivi** Alceste. (...)
Pendant que nous **marchions** dans la rue, il **regardait** derrière lui comme pour voir si on ne nous suivait pas.	
Bemerkung zu Begleitumständen auf dem Weg.	„Und was geschah dann/schließlich?"
	Enfin, quand on **a tourné** au coin de la rue, Alceste **a sorti** de sa poche un gros cigare. «Regarde, il m'**a dit**, c'est un vrai, pas en chocolat.»
Ça, qu'il n'**était** pas en chocolat, il n'**avait** pas besoin de me le dire (...). Moi, j'**étais** un peu déçu, Alceste m'**avait dit** qu'on allait rigoler.	
Kommentar zur Aussage Alcestes und Stimmung des Erzählers.	„Und wie ging es weiter?"
	«Et qu'est-ce qu'on va faire avec ce cigare?» j'**ai demandé**. «Cette question! m'**a répondu** Alceste, on va le fumer, bien-sûr!»

(Nach: Sempé/Goscinny, *Le petit Nicolas*, Denoël, Paris 1960)

Als **Begleitumstände** können in eine Handlungskette eingeblendet werden
- Schilderungen von Gewohnheiten und Verhaltensweisen;
- Beschreibungen von gleichzeitig bestehenden Gegebenheiten und Zuständen;
- Kommentare, Erklärungen und Hintergrundinformationen zum eigentlichen Geschehen (Wahrnehmungen, Begründungen, Absichten).

☞ • Im Temporalsatz mit *pendant que* (während) steht als Tempus der Gleichzeitigkeit in der Vergangenheit das **Imparfait**. – **Unterscheide** jedoch:

Pendant que nous **marchions**,	Alceste **regardait** derrière lui.	Parallel ablaufende Geschehnisse
	il m'**est venu** une drôle d'idée.	Neu einsetzendes Geschehen

• Die Opposition Passé composé – Imparfait besteht auch im Satzgefüge mit *quand* und *lorsque*.

Unterscheide:

Quand/Lorsque Alceste **est venu**, (= **Au moment où** il est venu,)	j'**étais** dans le jardin.	Im Ablauf begriffenes Geschehen/Zustand
	je **suis parti** avec lui.	Unmittelbar darauf einsetzendes Geschehen
Quand/Lorsque mon ami **venait**, (= **Chaque fois** qu'il **venait**,)	ma mère **se retirait**.	Gewohnheitsmäßige Verhaltensweise

• Bei anderen Textsorten der geschriebenen Sprache, z. B. in historischen Darstellungen und in Romanen (Vgl. **183**), werden die in diesem Paragraphen beschriebenen Aspektunterschiede durch die Opposition Passé simple – Imparfait ausgedrückt. – Beispiel:

Le jour de la fête **arriva**. Mme Loisel **eut** un succès. Elle **était** plus jolie que toutes, élégante, gracieuse, souriante et folle de joie. Tous les hommes la **regardaient**, **demandaient** son nom, **cherchaient** à être présentés. Tous les attachés du cabinet **voulaient** valser avec elle.
Le ministre la **remarqua**. (Aus: Guy de Maupassant, *La parure*)

185 Das Plus-que-parfait

Das Plus-que-parfait wird in der gesprochenen und in der geschriebenen Sprache verwendet.
Es wird in Verbindung mit dem Passé composé, dem Passé simple und dem Imparfait gebraucht.

Vorzeitig	Zeitlicher Bezugspunkt: Vergangenheit
	François raconte: «A 2 heures, enfin, je **suis entré** dans un restaurant. J'avais faim et soif.
J'**avais marché** pendant des heures et je n'**avais** rien **mangé**.	
	Une heure plus tard, j'**ai continué** mes courses. En passant sur les Champs-Elysées j'**ai rencontré** Muriel.
Je ne l'**avais** pas **vue** depuis plus d'un an.»	

• Das Plus-que-parfait bezeichnet – wie das deutsche Plusquamperfekt – die Vorvergangenheit, d. h. ein Geschehen, das zeitlich vor einem anderen Geschehen in der Vergangenheit stattgefunden hat.

Zum Plus-que-parfait im *si*-Satz vgl. **170**.

186 Das Passé antérieur

Das Passé antérieur wird vornehmlich in literarischen Texten und in gehobener geschriebener Sprache verwendet.

Gehobene geschriebene Sprache	Gesprochene und geschriebene Sprache
Aussitôt qu'il eut commencé son voyage, il **remarqua** qu'il était déjà fatigué. **Lorsqu'il eut roulé** jusqu'à Limoges, il **décida** de se reposer. **Dès qu'il fut arrivé** en ville, il **chercha** un hôtel. **Après qu'il eut dormi** quelques heures, il **continua son voyage.**	**Dès le début** de son voyage, il **a remarqué** qu'il était déjà fatigué. **Après avoir roulé** jusqu'à Limoges, il **a décidé** de se reposer. **Dès son arrivée** en ville, il **a cherché** un hôtel. **Après avoir dormi** quelques heures, il **a continué** son voyage.

- Das Passé antérieur steht hauptsächlich in Temporalsätzen, die mit Konjunktionen wie *lorsque, quand, après que, dès que* eingeleitet werden.
  Es drückt ein abgeschlossenes Geschehen der Vergangenheit aus, das vor dem im Hauptsatz durch ein Passé simple bezeichneten Geschehen stattgefunden hat (Vorvergangenheit).
- In neutraler Sprache bevorzugt man andere Konstruktionen, um die zeitlichen Bezüge auszudrücken.

☞
- In der gesprochenen Sprache findet man dafür mitunter das sog. **Passé surcomposé**, das aus dem Passé composé des Hilfsverbs *avoir* und *être* und dem Participe passé des betreffenden Verbs gebildet wird. (Vgl. **84**) – Beispiel:

  Dès que j'**ai eu protesté,** ils se sont tus.

- Unterscheide:

  Quand il **eut déjeuné,** il **fit** la sieste (Mittagsschlaf). Als er …
  Quand il **avait déjeuné,** il **faisait** la sieste. Immer wenn …

Zeitenfolge und Zeitangaben in indirekter Rede

187 Direkte und indirekte Rede

1. Man kann eine Äußerung auf zwei Arten wiedergeben: in **direkter** oder in **indirekter** Rede. Beispiele:

Direkte Rede (le style/discours direct)		**Indirekte Rede** (le style/discours indirect)	
Anne dit:	**«Je vais quitter Paris.»**	Anne dit	**qu'elle va quitter Paris.**
Marc demande:	**«Tu n'aimes pas Paris?»**	Marc lui demande	**si elle n'aime pas Paris.**
Luc veut savoir:	**«Où est-ce que tu iras?»**	Luc veut savoir	**où elle ira.**
René lui dit:	**«Tu m'écriras, n'est-ce pas?»**	René lui dit	**de lui écrire.**

15 Gebrauch der Tempora

- Sowohl die direkte Rede als auch die indirekte Rede ist abhängig von einem übergeordneten Satz, der ein redeeinleitendes Verb des Sagens oder Fragens (z. B. *dire*, *demander*) enthält.
- Die **direkte Rede** wird gekennzeichnet durch Doppelpunkt und Anführungszeichen (*les guillemets*), im Dialog auch durch Gedankenstrich (*le tiret*).
- Die **indirekte Rede** wird als *que*-Satz, als **Fragesatz** (Konjunktion *si* ‚ob', Fragewort *où*, *pourquoi*, *quand* u. a.) oder als **Infinitivkonstruktion** realisiert. (Vgl. **139**)

2. Da die indirekte Rede aus der Perspektive einer neuen Redesituation erfolgt, können Veränderungen der ursprünglichen Äußerung auftreten, die neben den **Personenangaben** insbesondere die **Zeitenfolge** (**188**) und die **Zeitangaben** (**189**) betreffen.

188 Die Zeitenfolge in indirekter Rede

In der indirekten Rede ist das Tempus des *que*-Satzes und des Fragesatzes von dem Tempus des redeeinleitenden Satzes abhängig. Dabei sind folgende Fälle zu unterscheiden:

1. Das Verb des redeeinleitenden Satzes steht in einem **Tempus der Nicht-Vergangenheit** (Présent, Futur, Conditionnel);

Gliedsatz (Nebensatz) ohne Tempusverschiebung:

	Direkte Rede		Indirekte Rede: *que*-Satz
Anne **dit/ va dire/ dira/ dirait:**	«J'**avais pris** une semaine de vacances.» «J'**ai fait** un beau voyage.» «Je **me repose** en ce moment.» «Je **repartirai** mardi.» «Je **pourrais** rester plus longtemps.» «J'**aurais dû** vous écrire plus souvent.»	Anne **dit/ va dire/ dira/ dirait**	qu'elle **avait pris** une semaine de vacances. qu'elle **a fait** un beau voyage. qu'elle **se repose** en ce moment. qu'elle **repartira** mardi. qu'elle **pourrait** rester plus longtemps. qu'elle **aurait dû** nous écrire plus souvent.
			Fragesatz
Anne **se demande/ va se demander/ se demandera:**	«Pourquoi Jean ne m'a pas **invitée**?» «Est-ce qu'il **va** encore me **téléphoner**?» «Est-ce qu'il **a mon** numéro de téléphone?» «Qu'est-ce que je **peux** faire?»	Anne **se demande/ va se demander/ se demandera**	pourquoi Jean ne l'**a** pas **invitée**. s'il **va** encore lui **téléphoner**. s'il **a son** numéro de téléphone. ce qu'elle **peut** faire.

- In diesem Fall steht in der indirekten Rede dasselbe Tempus wie in der direkten Rede.
- Die Pronomen und Possessivbegleiter ändern sich sinngemäß wie im Deutschen.
- Die Wortstellung in der direkten und in der indirekten Rede ist gleich.
- In der indirekten Frage steht kein *est-ce que*.
- Nach dem redeeinleitenden Satz steht kein Komma.
- ☞ Im Gegensatz zum Deutschen (‚dass') und zum Englischen (‚that') kann *que* nicht wegfallen.

2. Das Verb des redeeinleitenden Satzes steht in einem **Tempus der Vergangenheit** (Passé composé, Imparfait, Plus-que-parfait, Passé simple);

Gliedsatz (Nebensatz) mit Tempusverschiebung:

Direkte Rede		**Indirekte Rede: *que*-Satz**	
Isabelle **a dit/ disait/ avait dit/ dit** (P. simple):	«J'**ai fait** un long voyage.» «Alors je **me repose**.» «Je **repartirai** mardi.» «Je **vais repartir** mardi.» «Samedi je **serai repartie**.»	Isabelle **a dit/ disait/ avait dit/ dit** (P. simple)	qu'elle **avait fait** un long voyage. qu'elle **se reposait**. qu'elle **repartirait** mardi. qu'elle **allait repartir** mardi. que, samedi, elle **serait repartie**.
		Fragesatz	
Isabelle **s'est demandé/ se demandait s'était demandé/ se demanda**:	«Pourquoi Jean ne m'écrit pas?» «Est-ce qu'il m'**a oubliée**?» «Qu'est-ce que je **ferai**?» «Qu'est-ce que je **vais faire**?	Isabelle **s'est demandé/ se demandait/ s'était demandé/ se demanda**	pourquoi Jean ne lui **écrivait** pas. s'il l'**avait oubliée**. ce qu'elle **ferait**. ce qu'elle **allait faire**.

- Gegenüber der direkten Rede ergeben sich in der indirekten Rede folgende **Tempusverschiebungen:**

Direkte Rede:		**Indirekte Rede:**
Passé composé	→	**Plus-que-parfait**
Présent	→	**Imparfait**
Futur simple	→	**Conditionnel présent (Futur du passé)**
Futur antérieur	→	**Conditionnel passé**

- Bei allen vier Tempora der indirekten Rede endet das konjugierte Verb bzw. Hilfsverb des abhängigen Satzes auf *-ais*, *-ais*, *-ait* etc.

☞ • Es tritt **keine Tempusverschiebung** ein, wenn das konjugierte Verb der direkten Rede bereits auf *-ais*, *-ais*, *-ait* etc. endet, also bei **Imparfait**, **Plus-que-parfait**, **Conditionnel**. – Beispiele:

Anne a dit: «Je **voulais** voir la côte atlantique.
J' **avais pris** une semaine de vacances, mais
j' **aurais aimé** rester plus longtemps.» } **Direkte Rede**

Anne a dit **qu'**elle **voulait** voir la côte atlantique,
qu'elle **avait pris** une semaine de vacances, mais
qu'elle **aurait aimé** rester plus longtemps. } **Indirekte Rede**

- Nach einem Tempus der Vergangenheit im redeeinleitenden Satz kann in indirekter Rede ein Présent stehen, wenn es sich um eine von der Redesituation unabhängige, allgemeingültige Aussage handelt. – Beispiel:
  On ne vous **a** pas **dit** que les musées **étaient/sont** fermés le mardi?

15 Gebrauch der Tempora

☞ • Die in **188**, 1+2, dargestellte Zeitenfolge gilt nicht nur in der indirekten Rede, sondern auch in anderen Nebensätzen mit *que*. – Beispiele:

Je **pense** qu'Isabelle **est** bien arrivée. Je **pensais** qu'Isabelle **était** bien arrivée.

F/D • Im Deutschen steht in der gepflegten Sprache im untergeordneten Satz der Konjunktiv:

Er sagte, er **sei** krank. Il a dit qu'il **était** malade.

Im Französischen wird der Subjonctif nur dann gesetzt, wenn das redeeinleitende Verb ohnehin diesen Modus auslöst. Dabei steht der Subjonctif présent bzw. der Subjonctif passé. – Beispiel:

Je doute	que vous **ayez** raison.	*Gleichzeitigkeit*
	qu'il **fasse** beau demain.	*Nachzeitigkeit*
	que Jacques se **soit trompé**.	*Vorzeitigkeit*

189 Zeitangaben in indirekter Rede

Zeitangaben wie *aujourd'hui, hier, demain* sind von der Redesituation abhängig. Sie müssen in indirekter Rede gegebenfalls der neuen Redesituation angepasst werden:
- Sind die Zeitangaben auf den Sprechzeitpunkt bezogen, ergibt sich keine Veränderung.
- Sind die Zeitangaben auf einen anderen Zeitpunkt der Vergangenheit oder der Zukunft bezogen, ergibt sich eine Verschiebung. – Vergleiche:

Bezugspunkt: Sprechzeitpunkt

Ce matin, René **a dit** qu'il vous téléphonerait **aujourd'hui.**	... heute
Tout à l'heure, René **a dit** qu'il avait essayé de vous téléphoner **hier.**	... gestern
Hier, René **a dit** qu'il se marierait **le mois prochain.**	... im nächsten Monat

Bezugspunkt: ein anderer Zeitpunkt

Après cette réunion, René **avait dit** qu'il vous téléphonerait **ce jour-là.**	... an jenem Tag
Avant de partir, René **avait dit** qu'il avait essayé de vous téléphoner **la veille.**	... am Vortag, tags zuvor
En partant, René **avait dit** qu'il se marierait **le mois suivant.**	... im darauffolgenden M.

Weitere Zeitangabenverschiebungen:

Bezugspunkt: Sprechzeitpunkt			*Bezugspunkt: ein anderer Sprechzeitpunkt*	
demain	morgen	→	le lendemain	am folgenden Tag
ce matin	heute Morgen	→	ce matin-là	an jenem Morgen
ce soir	heute Abend	→	ce soir-là	an jenem Abend
en ce moment	gerade, in diesem Augenblick	→	à ce moment-là	da, in jenem Augenblick
la semaine prochaine	[in der] nächste[n] Woche	→	la semaine suivante	in der darauffolgenden Woche
dans trois jours	in drei Tagen	→	trois jours après	drei Tage danach
il y a trois jours	vor drei Tagen	→	trois jours avant	drei Tage vorher
lundi dernier	[am] letzten Montag	→	le lundi précédent	am vorhergehenden Montag

☞ Für die Ortsangabe *ici* tritt in direkter Rede *là-bas* ein, wenn die Redesituation es erfordert. – Beispiel:

Anne écrit à Eric:	*Eric dit à ses copains:*
«Je suis à Chamonix. Il fait très beau **ici.**»	«Anne écrit qu'elle est à Chamonix et qu'il fait très beau **là-bas.**»

190 Graphische Hilfssymbole des Französischen

l'accent aigu [aksɑ̃tegy]	kennzeichnet ein geschlossenes *e* [e]:	été, fermé, la vérité
l'accent grave	kennzeichnet ein offenes *e* [ɛ]: oder unterscheidet einige sonst graphisch gleiche Wörter:	le père, la règle, il achète où – ou; à – (il) a; là – la (table); dès – des
l'accent circonflexe	steht für ein ausgefallenes *-s-* einer früheren Schreibweise: oder zur Unterscheidung sonst graphisch gleicher Wörter:	l'île, la fenêtre, l'hôtel, Pâques sûr – sur; dû – du; mûr (reif) – mur; notre – le nôtre
le tréma	kennzeichnet die zweisilbige Aussprache bei zwei aufeinanderfolgenden Vokalen:	une Citroën [sitrɔɛn], héroïque, haïr ['air] (hassen), Noël
la cédille (unter c)	kennzeichnet die Aussprache [s] von *c* vor *a/o/u*:	ça, le garçon, j'ai reçu
l'apostrophe *f*	kennzeichnet die Auslassung von *a, e, i* vor Vokalen oder vor *h muet*:	l'école, d'abord, l'île, l'homme, le journal d'hier

191 Die Verwendung der großen Anfangsbuchstaben

Das französische Nomen wird in der Regel, außer am Satzanfang, klein geschrieben. Ausnahmen:

	Mit Großbuchstaben (la majuscule) werden geschrieben:
les **F**rançais, un **A**llemand, des **A**nglais Notre professeur est **F**rançais. **Aber:** la langue **f**rançaise; parler bien (le) **f**rançais	• **Völkernamen**, wenn sie Nomen sind;
la **F**rance, la **S**eine, la **B**retagne, **M**arseille, la **C**orse	• **geographische Namen**;
Jean-**P**ierre, **C**hristine, **M**. et **M**me **L**acroix	• **Personennamen**;
Il viendra à **P**âques/à **N**oël/à la **T**oussaint (Allerheiligen)	• die Namen der **kirchlichen Feste**;
l'**E**tat, l'**E**glise protestante, l'**I**nstitut **P**asteur, l'**A**ssemblée nationale, le **P**arlement européen	• die Namen **kirchlicher** und **öffentlicher Einrichtungen**;
Monsieur,/**C**hère **M**adame, J'ai l'honneur de ... (Briefanfang) **M**adame la **P**résidente, **M**onsieur le **M**aire; (Vgl. **11**)	• eine Reihe von **Titeln** in der höflichen Anrede;
l'**A**mérique du **N**ord, le **M**idi, le pôle **S**ud; **Aber:** le vent du **n**ord; au **n**ord le la Loire	• die Namen der **Himmelsrichtungen**, wenn sie ein Gebiet bezeichnen;
un **CD**, un **A**irbus, une **R**enault, un **B**ordeaux (Weinlage), un moteur **D**iesel **Aber:** un **d**iesel	• die Namen von **Produkten**.

- Im heutigen Französisch ist der Gebrauch der großen Anfangsbuchstaben vielfach schwankend. Sonderfälle:

  Bonjour, **madame/Madame**; le **président** de la **République**; le **Premier ministre**; le **Président français** (höchste Ämter)/le **président du comité de jumelage**; le **Tour de France** (wichtiges Ereignis).

- Bei geographischen Namen mit charakteristischem Adjektiv wird meist nur dieses groß geschrieben. Beispiele:

  l'océan **Atlantique/Pacifique**; la mer **Rouge**, le mont **Blanc**; **aber:** le **Massif** central; la **Forêt-Noire**, la **Grande-Bretagne**.

192 Die Silbentrennung

Bei der Silbentrennung gelten folgende Regeln:

ca-**pi**-tale, ré-**gu**-**liè**-**re**-ment, cou-**teau**, cha-**peau**, se-**con**-**daire**, en-**fin**, en-**suite**	Ein **einzelner Konsonant** zwischen zwei geschriebenen Vokalen tritt zur folgenden Silbe (la syllabe).
ar-**gent**, par-**tir**, ex-**cur**-**sion**, al-**ler**, in-té-res-**sant**, com-**men**-**cer**, res-**pec**-**ter**, comp-**ter**, cons-**ti**-**tu**-**tion**	Bei **Gruppen von Konsonanten** zwischen zwei geschriebenen Vokalen tritt der letzte Konsonant zur folgenden Silbe.
a-**che**-ter, té-lé-**phone**, mé-**thode**, ma-**gni**-fi-que, pa-**villon** (**aber:** vil-la)	**Nicht getrennt** werden • die Konsonantengruppen *ch, ph, th, gn, ll* [j];
ta-**bleau**, an-**glais**, com-**plet**, en-**trer**, cons-**truit**	• Konsonant + *l* oder *r*;
lion, **tuer**, cu-**rio**-si-té, hé-**roïne**, dé-**truit**, Ci-**troën**	• aufeinanderfolgende **Vokale**;
l'ar-gent, au-jour-**d'hui**, quel-**qu'un**	• *l', d', qu'* vom folgenden Wort.
pu-**blique**, **théâtre**, **rouge**, **lorsque**, ap-**prendre**	Vermieden wird die Abtrennung **tonloser** Endsilben.

193 Die Zeichensetzung

Im Französischen verwendet man folgende **Satzzeichen** (les signes de ponctuation):

.	le point	?	le point d'interrogation	–	le tiret (Gedankenstrich)
,	la virgule	!	le point d'exclamation	( )	les parenthèses *f*
;	le point-virgule	:	les deux-points *m*	« »	les guillemets [gijmɛ] *m*

- Die Satzzeichen werden im Französischen im Allgemeinen so wie im Deutschen verwendet. – **Aber:** Das **Komma** ist im Französischen Zeichen einer kurzen **Sprechpause** innerhalb des Satzes und nicht syntaktisches Gliederungszeichen wie im Deutschen. Beachte:

	Es steht:
1. J'ai enfin trouvé **le livre que je cherchais.**	**kein Komma** vor Relativsätzen, die für das Verständnis des Satzes notwendig sind;
C'est un vieux dictionnaire, que j'ai acheté d'occasion (antiquarisch).	ein **Komma** vor erläuternden, ergänzenden Relativsätzen.
2. J'espère **que tout se passera bien.** J'avais espéré **te revoir bientôt.** Je suis curieux de savoir **s'ils viendront.** Je vous téléphonerai **dès que je serai de retour.**	**Kein Komma** steht ferner vor • Gliedsätzen (Nebensätzen), die mit *que* etc. eingeleitet werden (Vgl. **157**), • Infinitivgruppen, • indirekten Fragesätzen, • Adverbialsätzen.
3. **A quatre heures de l'après-midi,** il faisait déjà nuit. **Après une marche de trois heures,** nous avons fait halte.	Nach adverbialen Bestimmungen am Satzanfang steht ein **Komma**.
Ensuite (,) nous avons continué notre route.	Nach Einzeladverbien kann das Komma fehlen.

☞ • Das **Ausrufezeichen** (le point d'exclamation) steht nur in wirklichen Ausrufen. *Aïe, tu me fais mal!* Beim **Imperativ** steht im Normalfall ein **Punkt**: *Asseyez-vous. Ne pleure pas.*

• **Kein Punkt** steht bei **Datumsangaben**: *le 3-5-1998* oder *le 3/5/1998;*
bei **Ordnungszahlen**: *la 3e question; Napoléon Ier;*
bei **Maßangaben**: *1 kg; 10 km; 1 l (litre).*

194 Alphabetische Liste der wichtigsten unregelmäßigen Verben

Wie bei den Nomen gibt es bei den Verben Komposita (les verbes composés).
Diese bestehen in der Regel aus einem Verb, dem ein Präfix (le préfixe) vorangeht, z. B.

re + faire > refaire
dé + faire > défaire.

Da die Komposita in der Regel die gleichen Formen wie die entsprechenden einfachen Verben bilden, sind sie in der Verbliste nicht gesondert aufgeführt.
Man findet also *refaire* und *défaire* unter *faire.* – Ebenso:

ac-cueillir	con-venir	é-lire	per-mettre	r-envoyer
ad-mettre	contre-dire	é-mettre	pré-dire	satis-faire
ap-paraître	dé-couvrir	s'en-fuir	pré-venir	sou-rire
ap-prendre	dé-faire	entre-prendre	pro-mettre	se sou-venir
com-prendre	dé-plaire	inter-dire	re-connaître	sur-prendre
con-tenir	de-venir	ob-tenir	re-cueillir	sur-vivre
con-vaincre	dis-paraître	par-courir	re-joindre	trans-mettre u. a.

A Anhang

Infinitif Futur simple	Présent (Impératif)	Imparfait Subj. présent	Passé composé Passé simple	Ebenso Anmerkungen
acquérir erwerben, erlangen j'**acquerrai**	j' **acquiers** il acquiert ns **acquérons** ils **acquièrent**	j'**acquérais** que j' acquière que ns **acquérions** qu'ils acquièrent	j'ai **acquis** il **acquit**	conquérir erobern, erringen u.a.
aller gehen, fahren reisen j'**irai**	je **vais** tu **vas** il **va** ns **allons** ils **vont** (**va/allez**)	j'allais que j' **aille** que ns allions qu' ils **aillent**	je suis **allé,e** il **alla**	s'en aller weggehen Impératif: va-t'en/allez-vous-en/vas-y **Beachte:** Als Passé composé steht meist: je suis parti,e
(s')**apercevoir**	vgl. **recevoir**			
appartenir	vgl. **tenir**			
s'asseoir sich setzen je m'**assiérai**/ *assoirai*	je m'**assois**/*assieds* il s'assoit/*assied* ns ns **asseyons**/ *assoyons* ils s' **assoient**/ *asseyent* [-ɛj] (**assieds-toi**/ **asseyez-vous**)	je m'asseyais que je m'**asseye** que ns ns asseyions qu' ils s' asseyent	je me suis **assis,e** il s'**assit**	Die schräggedruckten Formen sind in der gesprochenen Sprache weniger geläufig. **Merke:** être assis,e sitzen
atteindre erreichen j'**atteindrai**	j' **atteins** il atteint ns **atteignons** ils **atteignent**	j'atteignais que j'atteigne	j'ai **atteint** il **atteignit**	éteindre auslöschen peindre malen restreindre be-/einschränken u.a.
battre schlagen je **battrai**	je **bats** il bat ns **battons** ils battent	je battais que je batte	j'ai **battu** il **battit**	abattre nieder-schlagen, fällen combattre kämpfen
boire trinken je **boirai**	je **bois** il boit ns **buvons** ils **boivent**	je buvais que je boive que ns **buvions** qu' ils boivent	j'ai **bu** il **but**	
conclure folgern; (Vertrag) abschließen je **conclurai**	je **conclus** il conclut ns **concluons** ils **concluent**	je concluais que je conclue	j'ai **conclu** il **conclut**	exclure ausschließen

Infinitif Futur simple	Présent (Impératif)	Imparfait Subj. présent	Passé composé Passé simple	Ebenso Anmerkungen	
conduire führen, (Fahrzeug) fahren je **conduirai**	je **conduis** il conduit ns **conduisons** ils **conduisent**	je conduisais que je conduise	j'ai **conduit** il **conduisit**	construire cuire détruire introduire réduire traduire	bauen kochen, backen, braten zerstören einführen reduzieren übersetzen u. a.
connaître kennen je **connaîtrai**	je **connais** il connaît/connait ns **connaissons** ils **connaissent**	je connaissais que je connaisse	j'ai **connu** il **connut**	reconnaître Zu il connaît/connait vgl. **195**, 4.	anerkennen, wiedererkennen
conquérir	vgl. **acquérir**				
construire	vgl. **conduire**				
coudre nähen je **coudrai**	je **couds** il coud ns **cousons** ils **cousent**	je cousais que je couse	j'ai **cousu** il **cousit**		
courir laufen, rennen je **courrai**	je **cours** il court ns **courons** ils **courent**	je courais que je coure	j'ai **couru** il **courut**	parcourir	durchlaufen/ -fahren (Text) überfliegen u. a.
couvrir	vgl. **offrir**				
craindre fürchten je **craindrai**	je **crains** il craint ns **craignons** ils **craignent**	je craignais que je craigne	j'ai **craint** il **craignit**	se plaindre	sich beklagen u. a.
croire glauben je **croirai**	je **crois** il croit ns **croyons** ils **croient**	je croyais que je croie que ns croyions qu' ils croient	j'ai **cru** il **crut**		
cueillir pflücken je **cueillerai**	je **cueille** ns **cueillons** ils **cueillent**	je cueillais que je cueille	j'ai **cueilli** il **cueillit**	accueillir recueillir	aufnehmen, empfangen sammeln, empfangen u. a.
cuire	vgl. **conduire**				
décevoir	vgl. **recevoir**				
décrire	vgl. **écrire**				
détruire	vgl. **conduire**				

Infinitif Futur simple	Présent (Impératif)	Imparfait Subj. présent	Passé composé Passé simple	Ebenso Anmerkungen	
devoir müssen; schulden je **devrai**	je **dois** il doit ns **devons** ils **doivent**	je devais que je doive que ns **devions** qu' ils doivent	j'ai **dû** (due, du(e)s) il **dut**		
dire sagen je **dirai**	je **dis** il dit ns **disons** vs **dites** ils **disent**	je disais que je dise	j'ai **dit** il **dit**	**Aber** (auf *vous -disez*): contredire interdire prédire	 widersprechen untersagen voraussagen u. a.
se **distraire** sich vergnügen/ zerstreuen je me **distrairai**	je me **distrais** il se distrait ns ns **distrayons** ils se **distraient**	je me distrayais que je me distraie que ns ns distrayions qu' ils se distraient	je me suis **distrait,e** (kein Passé simple!)	distraire extraire	unterhalten (Bodenschätze) gewinnen, fördern; (Zahn) ziehen
écrire schreiben j'**écrirai**	j' **écris** il écrit ns **écrivons** ils **écrivent**	j'écrivais que j'écrive	j'ai **écrit** il **écrivit**	décrire inscrire prescrire	beschreiben eintragen vor-/ver- schreiben
envoyer schicken, senden j'**enverrai**	j' **envoie** ns **envoyons** ils **envoient**	j'envoyais que j' envoie que ns envoyions qu' ils envoient	j'ai **envoyé** il **envoya**	renvoyer	zurückschicken, entlassen
éteindre	vgl. **atteindre**				
exclure	vgl. **conclure**				
extraire	vgl. se **distraire**				
faire machen, tun je **ferai** [f(ə)rɛ]	je **fais** il fait ns **faisons** [fəzõ] vs **faites** ils **font**	je faisais [fəzɛ] que je **fasse** que ns **fassions** qu' ils **fassent**	j'ai **fait** il **fit**	défaire refaire satisfaire	lösen; aufmachen, noch einmal machen zufriedenstellen
falloir nötig sein, müssen il **faudra**	il **faut**	il **fallait** qu'il **faille**	il a **fallu** il **fallut**		
fuir fliehen, meiden je **fuirai**	je **fuis** il fuit ns **fuyons** ils **fuient**	je fuyais que je fuie que ns fuyions qu' ils fuient	j'ai **fui** il **fuit**	s'enfuir	entfliehen

Infinitif Futur simple	Présent (Impératif)	Imparfait Subj. présent	Passé composé Passé simple	Ebenso Anmerkungen	
haïr ['air] hassen je **haïrai** ['airɛ]	je **hais** ['ɛ] il hait ns **haïssons** ['aisõ] ils **haïssent** ['ais]	je haïssais que je haïsse	j'ai **haï** ['ai] il **haït**	Seltenes Verb, dafür meist: détester.	
inscrire	vgl. **écrire**				
introduire	vgl. **conduire**				
joindre verbinden je **joindrai**	je **joins** il joint ns **joignons** ils **joignent**	je joignais que je joigne	j'ai **joint** il **joignit**	rejoindre qn	jdn (wieder)-treffen; einholen (bei Rennen)
lire lesen je **lirai**	je **lis** il lit ns **lisons** ils **lisent**	je lisais que je lise	j'ai **lu** il **lut**	élire relire	wählen nochmals lesen
luire	vgl. **nuire**				
mettre setzen, stellen, legen je **mettrai**	je **mets** il met ns **mettons** ils **mettent**	je mettais que je mette	j'ai **mis** il **mit**	admettre émettre permettre promettre transmettre	zugeben (aus)senden; äußern erlauben versprechen übertragen u. a.
mourir sterben je **mourrai**	je **meurs** il meurt ns **mourons** ils **meurent**	je mourais que je meure que ns **mourions** qu' ils meurent	il/elle est **mort,e** il **mourut**		
naître geboren werden; entstehen je **naîtrai**	je **nais** il naît/nait ns **naissons** ils **naissent**	je naissais que je naisse	je suis **né,e** il **naquit**	renaître Zu il naît/nait vgl. **195**, 4.	wiederaufleben/ -aufblühen/ -erwachen
nuire schaden je **nuirai**	je **nuis** il nuit ns **nuisons** ils **nuisent**	je nuisais que je nuise	j'ai **nui** il **nuisit**	luire	leuchten
offrir anbieten, schenken j'**offrirai**	j' **offre** ns **offrons** ils **offrent**	j'offrais que j' offre que ns offrions qu' ils offrent	j'ai **offert** il **offrit**	couvrir découvrir ouvrir souffrir	bedecken entdecken, enthüllen öffnen leiden

Infinitif Futur simple	Présent (Impératif)	Imparfait Subj. présent	Passé composé Passé simple	Ebenso Anmerkungen
paraître (er)scheinen je **paraîtrai**	je **parais** il **paraît/parait** ns **paraissons** ils **paraissent**	je paraissais que je paraisse	j'ai **paru** il **parut**	apparaître auftauchen disparaître verschwinden u. a. Zu il paraît/parait vgl. **195**, 4.
peindre	vgl. **atteindre**			
plaindre	vgl. **craindre**			
plaire gefallen je **plairai**	je **plais** il **plaît/plait** ns **plaisons** ils **plaisent**	je plaisais que je plaise	j'ai **plu** il **plut**	déplaire missfallen Zu il plaît/plait vgl. **195**, 4.
pleuvoir regnen il **pleuvra**	il **pleut**	il **pleuvait** qu'il **pleuve**	il a **plu** il **plut**	
poursuivre	vgl. **suivre**			
pouvoir können; dürfen je **pourrai**	je **peux** tu **peux** il **peut** ns **pouvons** ils **peuvent** (kein Imperativ!)	je pouvais que je **puisse** que ns **puissions** qu' ils **puissent**	j'ai **pu** il **put**	Die Formen des Présent puis-je } je ne puis } + Infinitiv gehören der gehobenen Sprache an.
prendre nehmen je **prendrai**	je **prends** il **prend** ns **prenons** ils **prennent**	je prenais que je prenne que ns **prenions** qu' ils prennent	j'ai **pris** il **prit**	apprendre lernen comprendre verstehen entreprendre unternehmen surprendre überraschen u. a.
prescrire	vgl. **écrire**			
prévoir vorhersehen je **prévoirai**				sonst wie *voir*
recevoir empfangen; erhalten je **recevrai**	je **reçois** il **reçoit** ns **recevons** ils **reçoivent**	je recevais que je reçoive que ns **recevions** qu' ils reçoivent	j'ai **reçu** il **reçut**	apercevoir wahrnehmen, bemerken s'apercevoir de qc etw. bemerken, einer Sache gewahr werden décevoir enttäuschen u. a.
réduire	vgl. **conduire**			

Infinitif Futur simple	Présent (Impératif)	Imparfait Subj. présent	Passé composé Passé simple	Ebenso Anmerkungen
résoudre qc (Problem) lösen **résoudre de** + Inf. beschließen je **résoudrai**	je **résous** il **résout** ns **résolvons** ils **résolvent**	je résolvais que je résolve	j'ai **résolu** il **résolut**	
rire lachen je **rirai**	je **ris** il **rit** ns **rions** [rijõ] ils **rient**	je riais ns riions que je rie que ns riions qu' ils rient	j'ai **ri** il **rit**	sourire lächeln
savoir wissen, können je **saurai**	je **sais** il **sait** ns **savons** ils **savent** (**sache/sachez**)	je savais que je **sache** que ns **sachions** qu' ils **sachent**	j'ai **su** il **sut**	Participe présent/Gérondif: (en) **sachant**
souffrir	vgl. **offrir**			
suffire genügen je **suffirai**	je **suffis** ns **suffions** ils **suffisent**	je suffisais que je suffise	j'ai **suffi** il **suffit**	
suivre folgen je **suivrai**	je **suis** il **suit** ns **suivons** ils **suivent**	je suivais que je suive	j'ai **suivi** il **suivit**	poursuivre verfolgen je suis { ich folge (suivre), ich bin (être)
se taire schweigen je me **tairai**	je me **tais** il se **tait** ns ns **taisons** ils se **taisent**	je me taisais que je me taise	je me suis **tu,e** il se **tut**	
tenir halten je **tiendrai**	je **tiens** il **tient** ns **tenons** ils **tiennent**	je tenais que je **tienne** que ns **tenions** qu' ils tiennent	j'ai **tenu** il **tint** ils tinrent [tɛ̃r]	appartenir gehören contenir enthalten entretenir unterhalten maintenir aufrechterhalten obtenir erhalten soutenir unterstützen u. a.
vaincre (be)siegen je **vaincrai**	je **vaincs** [vɛ̃] il **vainc** ns **vainquons** ils **vainquent**	je vainquais que je vainque	j'ai vaincu il **vainquit**	Im Présent selten; dafür meist être/sortir vainqueur. convaincre überzeugen

A Anhang

Infinitif Futur simple	Présent (Impératif)	Imparfait Subj. présent	Passé composé Passé simple	Ebenso Anmerkungen	
valoir Wert sein; gelten il **vaudra**	je **vaux** il vaut ns **valons** ils **valent**	je valais que je **vaille** que ns **valions** qu' ils **vaillent**	j'ai **valu** il **valut**		
venir kommen je **viendrai**	je **viens** il vient ns **venons** ils **viennent**	je venais que je vienne que ns **venions** qu' ils viennent	je suis **venu,e** il **vint** ils vinrent [vɛ̃r]	convenir à qn devenir intervenir se souvenir parvenir prévenir	jdm passen werden eingreifen sich erinnern gelangen zuvorkommen, benachrichtigen
vivre leben je **vivrai**	je **vis** il vit ns **vivons** ils **vivent**	je vivais que je vive	j'ai **vécu** il **vécut**	survivre à qn/à qc	weiter fortleben; jdn/etw. über- leben
voir sehen je **verrai**	je **vois** il voit ns **voyons** ils **voient**	je voyais que je voie que ns voyions qu' ils voient	j'ai **vu** il **vit**	revoir prévoir	wiedersehen vorhersehen (aber: Futur je prévoirai)
vouloir wollen je **voudrai**	je **veux** il veut ns **voulons** ils **veulent** (**veuille/veuillez**)	je voulais que je **veuille** que ns **voulions** qu' ils **veuillent**	j'ai **voulu** il **voulut**	en vouloir à qn Impératif: Ne m'en veux/veuille/voulez/ veuillez pas(de partir si tôt).	jdm böse sein

195 Auszug aus den *Rectifications de l'orthographe* von 1990

Der *Conseil supérieur de la langue française* legte mit den *Rectifications de l'orthographe* vom 06.12.1990 einen Katalog von Empfehlungen zu einer Rechtschreibreform vor, die zwar keinen zwingenden Charakter haben, jedoch neben der bisher üblichen Orthographie gültig sind.

In die Grundgrammatik wurden folgende Bereiche aufgenommen:

1. **Zusammengesetzte Nomen** vom Typ *Verb + Nomen* oder *Präposition + Nomen* verhalten sich wie einfache Nomen, d.h. das Nomen erhält nur in der Mehrzahl eine Pluralmarkierung. – Beispiele:

   un tire-bouchon – des tire-bouchons (Korkenzieher); un après-ski – des après-skis. (Vgl. **7**)

2. Die Einzelelemente **zusammengesetzter Zahlen** können alle durch Bindestrich verknüpft werden. Beispiele:

   vingt-quatre; quatre-vingt-quatre; mille-deux-cent-quatre-vingt-quatre. (Vgl. **50**)

3. Bei **laissé** + Infinitiv wird das Participe passé nie verändert. – Beispiele:

   – Où sont tes enfants? – Je les ai laiss**é** **jouer** à la maison.
   – Ils ne pleurent plus? – Non, ils se sont laiss**é** **calmer**. (Vgl. **89**)

   Aber: – Où sont tes enfants? – Je les ai laissés à la maison.

4. Der **accent circonflexe** auf **i** oder **u** ist verzichtbar, es sei denn er dient zur Unterscheidung von Homonymen (Beispiele: du – dû; sur – sûr) oder er markiert eine Verb*endung* im Passé simple bzw. im Imparfait oder Plus-que-parfait du subjonctif. – Beispiele:

   conna**î**tre (conna**i**tre) – elle conna**î**t (elle conna**i**t); **aber nur:** nous conn**û**mes – qu'elle conn**û**t;
   para**î**tre (para**i**tre) – il para**î**t (il para**i**t); **aber nur:** vous par**û**tes – qu'il par**û**t;
   il pla**î**t (il pla**i**t); il na**î**t (il na**i**t).

5. Beim Futur und Conditionnel der Verben vom Typ **céder** (nachgeben) steht anstelle des accent aigu der **accent grave**, also:
   je cèderai(s) anstatt je céderai(s). (Vgl. **79**, 3)

6. Bei den Verben auf **-eler/-eter** steht anstelle der Konsonantenverdoppelung der **accent grave**:
   ruisseler (fließen, rinnen, triefen): il ruissèle anstatt il ruisselle;
   étiqueter (etikettieren): il étiquète anstatt il étiquette; (Vgl. acheter)

   Aber: Ausgenommen von dieser Regelung sind appeler und jeter. (Vgl. **79**, 2)

Die anderen, in der Grundgrammatik nicht beschriebenen Bereiche, betreffen:

- den **accent grave** auf dem **e** der 1. Person Singular, wenn bei der Inversionsfrage das Subjektpronomen je folgt:
  aimè-je anstatt aimé-je;

- die regelmäßige Pluralmarkierung von **Lehnwörtern**:
  des jazzmans anstatt des jazzmen; des lieds anstatt des lieder.

G Grammatische Begriffe

A

ableiten (eine grammatische Form, ein Wort)	former à partir de, dériver (z. B. former à partir de l'infinitif, qc est dérivé de qc)
Ableitungsbasis	la base servant pour la formation des temps du verbe
absolute Fragestellung	l'interrogation *f* complexe
Adjektiv	l'adjectif *m*
– adverbial gebrauchtes ~	– l'adjectif employé adverbialement
– attributives ~	– l'adjectif épithète
– prädikatives ~	– l'adjectif attribut
Adverb	l'adverbe *m*
– abgeleitetes ~	– l'adverbe en *-ment*
– ursprüngliches ~	– l'adverbe simple
adverbiale Bestimmung	le complément circonstanciel
adverbialer Ausdruck	la locution adverbiale
Adverbialpronomen	le pronom adverbial
Adverbialsatz	la proposition circonstancielle, la proposition adverbiale
Aktiv	l'actif *m*; la voix active
Aktivsatz	la phrase active
Akzent	l'accent *m*
	– l'accent aigu
	– l'accent grave
	– l'accent circonflexe
Alphabet	l'alphabet [ɛ] *m*
alphabetisch	(par ordre) alphabétique
Anführungszeichen	les guillemets *m*
Angleichung	l'accord *m* (z. B. du participe)
Apostroph	l'apostrophe *f*
apostrophieren	mettre l'apostrophe
Apposition	l'apposition *f*
Art und Weise	la manière
Artikel	l'article *m*
– bestimmter ~	– l'article défini
– unbestimmter ~	– l'article indéfini
– Teilungs~	– l'article partitif
Aspekt	l'aspect *m* (du verbe)
Attribut	l'attribut *m*, le complément
Aufforderungssatz	la phrase/la proposition impérative
Ausdruck	l'expression *f*
ausdrücken	exprimer
ausgehen auf	se terminer par
Auslassung	l'omission *f*
auslösendes Element	un élément qui déclenche … (z. B. le subjonctif)
Ausnahme	l'exception *f*
Ausrufebegleiter	le déterminant exclamatif
Ausrufesatz	la phrase/la proposition exclamative
Ausrufezeichen	le point d'exclamation
Aussage	l'énoncé *m*
Aussagesatz	la phrase déclarative
Aussprache	la prononciation

B

bedeuten	signifier; vouloir dire
Bedeutung	le sens, la signification
Bedingungssatz	la proposition conditionnelle
Begleiter	le déterminant
– Demonstrativ~	– le déterminant démonstratif
– Interrogativ~	– le déterminant interrogatif
– Possessiv~	– le déterminant possessif
– indefiniter ~	– le déterminant indéfini
Begleitumstände	les circonstances *f*
Beifügung	l'apposition *f*
bejahend	affirmatif
Bejahung	l'affirmation *f*
Besonderheit	la particularité
Bestandteile des Satzes	les constituants *m* de la phrase
bestimmen	déterminer
sich beziehen auf	se rapporter à
Beziehung	la relation
– örtliche ~	– de lieu
– zeitliche ~	– de temps
– modale ~	– modale, de mode
Bezugspunkt	le point de référence
Bezugswort/-element	l'antécédent *m*
Bildung	la formation (z. B. de l'adverbe)
binden	faire la liaison
Bindestrich	le trait d'union
Bindung	la liaison (des mots)
Bruchzahl	la fraction

D

Demonstrativbegleiter	le déterminant/l'adj. démonstratif
Doppelkonsonant	deux consonnes *m* (z. B. deux -l-)
Doppelpunkt	les deux points *m*

E

Eigenname	le nom propre
einfache Verbform	le temps simple
einräumend	concessif
einschränkend	restrictif
Einschränkung	la restriction
Endkonsonant	la consonne finale

Endung	la terminaison; la désinence
– hörbare ~	– la terminaison audible/ perceptible à l'oreille
– nicht hörbare ~	– la terminaison muette
endungsbetont	à radical atone
Endvokal	la voyelle finale
entnasalieren	dénasaliser
Ergänzung	le complément
– Verb~	– le complément de verbe
– Satz~	– le complément de phrase
Ergänzungsfrage	l'interrogation partielle
est-ce que-Frage	l'interrogation *f* avec *est-ce que*

F

fakultativ	facultatif
Familienname	le nom de famille
Farbadjektiv	l'adjectif désignant une couleur
Femininum	le (genre) féminin
Finalsatz	la circonstancielle de but; la proposition finale
finite Verbform	la forme conjuguée (du verbe)
Form	la forme
Frage	l'interrogation *f*
– direkte ~	– l'interrogation directe
– indirekte ~	– l'interrogation indirecte
– ~mit nachgestelltem Fragewort	– l'interrogation (partielle) avec rejet du mot interrogatif
Fragesatz	la phrase interrogative
Fragestellung, absolute	l'interrogation complexe
Fragewort	le mot interrogatif
Fragezeichen	le point d'interrogation
Funktion	la fonction
Futur I	le futur simple/composé
Futur II	le futur antérieur

G

Gattungsname	le nom commun
Gebrauch	l'emploi *m*
gebrauchen	employer
Gedankenstrich	le tiret
Genus	le genre
Gesamtfrage (ohne Fragewort)	l'interrogation totale/globale
gleichlautendes Wort	l'homonyme *m*
gleichzeitig	simultané
Gleichzeitigkeit	la simultanéité
Gliedsatz	la proposition subordonnée
grammatisch	grammatical
grammatische Zeitformen	les temps du verbe
Großbuchstabe	la majuscule
Grund	la cause
Grundbedeutung	le sens primaire
Grundzahl	le nombre/le numéral cardinal

H

– aspiriertes h	h aspiré
– stummes h	h muet
Handlung	l'action *f*
Handlungskette	la chaîne d'actions
Hauptsatz	la (proposition) principale
hervorheben	mettre en relief
Hervorhebung	la mise en relief
Hilfsverb	l'auxiliaire *m*
Hintergrund	l'arrière-plan *m*
hinweisend	démonstratif
Höflichkeitsform	la forme de politesse
Homonym	l'homonyme *m*

I

Imperativ	l'impératif *m*
Imperfekt	l'imparfait *m*
indefinit	indéfini
– indefinite Begleiter	– les déterminants indéfinis
– indefinite Pronomen	– les pronoms indéfinis
Indikativ	l'indicatif *m*
(in)direkt	(in)direct
– (in)direkte Frage	– l'interrogation (in)directe
– (in)direkte Rede	– le style/le discours (in)direct
(in)finite Formen	les formes (non) conjuguées
Infinitiv	l'infinitif *m*
Infinitivergänzung	le complément infinitif
Infinitivgruppe	le groupe infinitif
Infinitivkonstruktion	la construction infinitive
Infinitivsatz	la phrase/proposition infinitive
Interrogativpronomen	le pronom interrogatif
Intonation	l'intonation *f*
Intonationsfrage	l'interrogation par intonation
intransitiv	intransitif
Inversion	l'inversion *f* du sujet
Inversionsfrage	l'interrog. par inversion du sujet

K

Kausalsatz	la proposition circonstancielle de cause
Kennzeichen	la marque
kennzeichnen	marquer
Kern	le noyau

G Grammatische Begriffe

Klammer; in ~n	la parenthèse; entre ...s
Kleinbuchstabe	la minuscule
Komma	la virgule
Komparativ	le comparatif (d'égalité/d'infériorité/de supériorité)
komplexer Satz	la phrase complexe
Kompositum	le nom composé
Konditional I	le conditionnel présent
Konditional II	le conditionnel passé
Konditionalsatz	la circonstancielle de condition/la proposition conditionnelle
Konjugation	la conjugaison
konjugieren	conjuguer
Konjunktion	la conjonction
Konsekutivsatz	la circonstancielle de conséquence/la proposition consécutive
Konsonant	la consonne
konsonantisch	consonantique
Kontext	le contexte
Konzessivsatz	la circonstancielle de concession, la proposition concessive

L

Lautbild	le code phonique
Lautschrift	la transcription phonétique

M

Maskulinum	le (genre) masculin
Mengenadverb	l'adverbe *m* de quantité
Mengenausdruck	l'expression marquant la quantité
modal	modal
Modaladverb	l'adverbe *m* de modalité
Modalverb	l'auxiliaire *m* de mode
Modalität	la modalité
Modus	le mode
mündlich	oral

N

nachstehen	se placer après (un mot)
nachstellen	postposer
Nasallaut	la nasale
nebengeordnet	coordonné
Nebenordnung	la coordination; la parataxe
Nebensatz	la (proposition) subordonnée
neutral	neutre
Nomen	le nom/le substantif
nominal	nominal
nominale Ergänzung	le complément nominal
Nominalgruppe	le groupe nominal
Norm	la norme
Numerus	le nombre

O

Objekt	le complément d'objet
– (in)direktes ~	– le complément d'objet (in)direct
Objektpronomen	le pronom (personnel) objet
obligatorisch	obligatoire
Ordnungszahl	le nombre/le numéral ordinal
Orthographie	l'orthographe *f*

P

Partitiv	l'article partitif
partitives *de*	le *de* partitif
Partizip Präsens	le participe présent
Partizip Perfekt	le participe passé
Partizipialsatz	la proposition participiale
Partizipialkonstruktion	la construction participiale
Passiv	le passif; la voix passive
– Vorgangs~	– le passif-action
– Zustands~	– le passif-état
Passivsatz	la phrase passive
– ~ mit Nennung des Urhebers	– la phrase passive achevée
– ~ ohne Nennung des Urhebers	– la phrase passive non achevée
Perfekt, historisches	le passé simple
Person	la personne
Personalform	la forme conjuguée/personnelle
Personalpronomen	le pronom personnel
– verbundenes ~	– le pronom personnel conjoint/atone
– unverbundenes ~	– le pronom personnel disjoint/tonique
Personenname	le nom de personne
Plural	le pluriel
Plural -*s*	le -*s* du pluriel
Pluralmarkierung	la marque du pluriel
Positiv (Grundform)	le positif
Possessivbegleiter	le déterminant/l'adjectif possessif
Possessivpronomen	le pronom possessif
Prädikat	le prédicat
prädikative Ergänzung	l'attribut du sujet/du complément
prädikatives Adjektiv	l'adjectif attribut
Prädikatskern	le noyau du prédicat
Prädikatsnomen	l'attribut *m*
Präfix	le préfixe
Präposition	la préposition

präpositionales Objekt im Passivsatz	le complément d'agent
präpositionaler Ausdruck	la locution prépositive
Präpositionalgruppe	le groupe prépositionnel
Präsens	le présent
– historisches ~	– le présent historique
Pronomen	le pronom
pronominal	pronominal
pronominales Objekt	le complément pronominal
Pronominalisierung	la pronominalisation
Punkt	le point
Punkte, drei (...)	(les) points de suspension

Q

que-Satz	la proposition introduite par *que*

R

Rechtschreibung	l'orthographe *f*
Rede	le discours
– (in)direkte ~	– le discours/le style (in)direct
– erlebte ~	– le discours/le style indirect libre
Redesituation	la situation d'énonciation
Regel	la règle
reflexives Verb	le verbe pronominal
Reflexivkonstruktion	la construction pronominale
Reflexivpronomen	le pronom réfléchi
Reihenfolge der Satzglieder	l'ordre *m* des mots
Reihung	
– nebenordnende	– la coordination
– unverbundene	– la juxtaposition
– unterordnende	– la subordination
Relativpronomen	le pronom relatif
Relativsatz	la proposition relative
sich richten nach	s'accorder avec

S

Sammelzahl	le nombre collectif
Satz	la phrase, la proposition
– einfacher ~	– la phrase simple
– einfacher erweiterter ~	– la phrase simple étendue
– segmentierter ~	– la phrase segmentée
Satzarten	les types de phrases
Satzergänzung	le complément de phrase
Satzformen	les formes de phrases
– bejahende Satzform	– la forme affirmative
– verneinende Satzform	– la forme négative
Satzgefüge	la phrase complexe
Satzglied	la partie de la phrase
Satzkern	le noyau de la proposition
Satzlehre	la syntaxe
Satzmelodie	l'intonation *f* (de la phrase)
Satzteil	la partie de la phrase
Satzzeichen	le signe de ponctuation
Schriftbild	le code graphique
schriftlich	écrit; par écrit
segmentierter Satz	la phrase segmentée
Segmentierung	la segmentation
Silbe	la syllabe
Silbentrennung	la division syllabique; la division des mots en syllabes
Singular	le singulier
Sinn	le sens; la signification
– im übertragenen ...	au sens figuré
– im wörtlichen ...	au sens propre
Sonderform	la forme irrégulière
Sprache	la langue; le langage
– familiäre ~	– la ~ familière
– gehobene ~	– la ~ soutenue
– geschriebene ~	– la ~ écrite
– gesprochene ~	– la ~ parlée
– Standard ~	– la ~ standard
Sprachgebrauch	l'usage *m*
Sprecher	le locuteur
Sprechsituation	la situation d'énonciation
Sprechzeitpunkt	le moment de l'énonciation
Stamm	le radical
– Singular ~	– la base du singulier
– Plural ~	– la base du pluriel
stammbetont	à radical tonique
Steigerungsstufen	les degrés (de signification)
Stellung (im Satz)	la place
Stellung der Satzglieder	l'ordre *m* des mots
stimmhaft	sonore
stimmlos; stimmloses ***h***	sourd; *h* muet
Strichpunkt (Semikolon)	le point-virgule
Subjekt	le sujet
Subjektpronomen	le pronom sujet
Substantiv	le substantif; le nom
Suffix	le suffixe
Superlativ	le superlatif (relatif/absolu)
syntaktisch	syntaxique

T

Teilfrage (mit Fragewort)	l'interrogation partielle
Teilmenge	la quantité partielle
Teilsatz	la proposition
Teilungsartikel	l'article partitif
Tempora	les temps du verbe

Temporalsatz	la proposition circonstancielle de temps
Tempusverschiebung	le changement de temps
Textsorte	le type de texte
transitiv	transitif direct/indirect
Trema (ï)	le tréma
Trennungsstrich	le tiret

U

übereinstimmen mit	s'accorder avec
Übereinstimmung	l'accord *m*
Umschreibungsfrage	l'interrogation *f* avec *est-ce que*
(un)bestimmt	(in)défini
(un)gebräuchlich	(in)usité
(un)persönlich	(im)personnel
(un)regelmäßig	(ir)régulier
untergeordneter Satz	la proposition subordonnée
Unterordnung	la subordination; l'hypotaxe *f*
unterscheiden	distinguer
(un)veränderlich	(in)variable
unverbundene Reihung	la juxtaposition

V

Verb	le verbe
– regelmäßiges ~	– ~ régulier
– unregelmäßiges ~	– ~ irrégulier
– reflexives ~	– ~ pronominal
– transitives ~	– ~ transitif
– intransitives ~	– ~ intransitif
– ~mit advB	– le verbe exigeant un complément circonstanciel
– ~mit prädE	– le verbe exigeant un attribut
– Verb auf *-er/-ir* usw.	– le verbe en *-er/-ir* etc.
veränderlich	variable
Veränderlichkeit	l'accord *m* (z. B. du participe)
Verbaladjektiv	l'adjectif verbal
Verbalgruppe	le groupe verbal
Verbalergänzung	le complément de verbe
verbaler Ausdruck	la locution verbale
Verbform	la forme du verbe
– (in)finite ~	– la forme (non) conjuguée
– einfache ~	– la forme simple
– zusammengesetzte ~	– la forme composée
Vergangenheit	le passé
Vergleich	la comparaison
Vergleichsadverb	l'adverbe *m* de degré
Vergleichsformen des Adjektivs/Adverbs	les degrés (de signification)
Vergleichssatz	la phrase/la proposition de comparaison
Verknüpfungsadverb	l'adverbe *m* de liaison/ de coordination
Verknüpfung (Satz~)	
– unterordnende ~	– la subordination
– nebenordnende ~	– la coordination
Verknüpfungsadverb	l'adverbe *m* de liaison/ de coordination
verkürzt (z. B. Stamm)	raccourci (p. ex. le radical)
verneinend	négatif
Verneinung	la négation
Verneinungselement	l'élément *m* de négation
Verwendung	l'emploi *m*; l'utilisation *f*
Vokal	la voyelle
vokalisch	vocalique
voranstehen, vorausgehen	précéder (un mot)
Vordergrund	le premier plan

W

Wendung	la locution
Wortarten	les classes de mots; les parties du discours
Wortbildung	la formation des mots
Wortgruppe	le groupe de mots; le syntagme
Wortstamm	le radical
Wortstellung	l'ordre *m* des mots

Z

Zahl	le nombre
Zahladverb	l'adverbe numéral
zählbar (nicht ~)	comptable (non ~) ; qu'on peut compter/qu'on ne peut pas compter
Zahlwort	le numéral
Zeichensetzung	la ponctuation
Zeiten	les temps du verbe
– einfache ~	– les temps simples
– zusammengesetzte ~	– les temps composés
Zeitenfolge	la concordance des temps
zusammengesetzt	composé
Zukunft	le futur
Zusammenhang	le contexte
Zustand	l'état *m*

Wort- und Sachregister

Die Zahlenangaben verweisen auf die Kennziffern (Paragraphen).
Es werden folgende Abkürzungen verwendet:

Adj	= Adjektiv	Subj	= Subjonctif	nomE	= nominale Ergänzung
N	= Nomen	advB	= adverbiale Bestimmung	InfE	= Infinitivergänzung
NG	= Nominalgruppe	→	= Siehe	prädE	= prädikative Ergänzung

A

Wort- und Sachregister

D

Wort- und Sachregister

Wort- und Sachregister

Wort- und Sachregister

T

Wort- und Sachregister